浙学

第一辑

李圣华 主编

ZHE XUE

图书在版编目（CIP）数据

浙学.第一辑/李圣华主编. —北京：中华书局,2019.12
ISBN 978-7-101-14219-8

Ⅰ.浙… Ⅱ.李… Ⅲ.哲学学派-研究-浙江 Ⅳ.B2

中国版本图书馆 CIP 数据核字（2019）第 249676 号

书　　名　浙学（第一辑）
主　　编　李圣华
责任编辑　曹　静
出版发行　中华书局
　　　　　（北京市丰台区太平桥西里 38 号　100073）
　　　　　http://www.zhbc.com.cn
　　　　　E-mail:zhbc@zhbc.com.cn
印　　刷　北京瑞古冠中印刷厂
版　　次　2019 年 12 月北京第 1 版
　　　　　2019 年 12 月北京第 1 次印刷
规　　格　开本/710×1000 毫米　1/16
　　　　　印张 16¼　插页 2　字数 220 千字
印　　数　1-1200 册
国际书号　ISBN 978-7-101-14219-8
定　　价　88.00 元

目　录

◎学术史研究

◎名家研究

论永嘉礼学

刘　丰

提　要：永嘉学术以及永嘉礼学的源流上溯到二程洛学，可以划分为三条途径。其一是周行己，其二是胡安国，其三是薛季宣与疑似二程门人的袁溉之间的师承关系。但这一学术传承关系其实并不足够清晰，不妨将之视为北宋礼学的进一步发展。永嘉礼学的代表作为郑伯谦《太平经国之书》、陈傅良《周礼说》、王与之《周礼订义》、张淳《仪礼识误》。其主旨为探究三代礼制，以施于当世。永嘉礼学研究的重点是《周礼》，通过《周礼》来探究三代的制度与礼制，这是永嘉"经制之学"的主要内容。但是就价值层面来说，永嘉礼学在整体上是以二程洛学为指导的，因此功利主义便不符合永嘉礼学的价值导向。永嘉礼学由重视礼而走向了经制之学的探讨，而道学则由重礼进一步走向了对礼的心性基础和形上基础的探讨，由此也就显示出永嘉礼学与道学的不同学术走向。

关键词：永嘉　礼学　道学　经制

永嘉学派是南宋时期与朱、陆鼎足而立的一个学派。全祖望曾指出："乾、淳诸老既殁，学术之会，总为朱、陆二派，而水心断断其间，遂称鼎足。"①在南宋学术思想史上与朱、陆并称的永嘉学，其影响与重要性是显而易见的。

永嘉所在的浙东地区，在宋代也是礼学研究昌明发达的地区之一。据学者统计，宋代浙东地区的礼学家主要有：

1. 越州

会稽：夏休。山阴：傅崧卿、陆佃、孙之宏。新昌：黄度。

2. 明州

慈溪：黄震、杨简、张虙。奉化：舒璘、王时会、王宗道、赵敦临、竺大年。鄞县：高闶、林保、史定之、史浩、王应麟、郑锷。镇海：沈焕。

3. 婺州

金华：吕祖谦、薛衡、叶秀发、赵溥。东阳：马之纯、乔行简。永康：陈亮。武义：徐邦宪。兰溪：范浚、范锺、邵困、徐畸、应铺。浦江：卢祖皋。

4. 衢州

衢县：郑若。

5. 台州

天台：车垓、黄宜、贾蒙。黄岩：戴良齐。临海：陈骙、徐昭、杨明复、叶皆。宁海：陈寿、舒岳祥、杨杰。

6. 温州

平阳：陈尧英。瑞安：曹叔远、陈傅良、王奕。温州：叶味道。永嘉：郑伯谦、陈兼、陈植、戴溪、戴仔、苏太古、薛季宣、徐自明、杨恪、张淳、周端朝、周行己。乐清：王十朋、陈汲、陈汪、王与之。

---

① 黄宗羲原撰，全祖望补修：《宋元学案》卷五十四《水心学案上》，中华书局，1986年，第1738页。

7. 处州

处州：王义朝。括苍：林椅、项世安。青田：蒋继周。遂昌：龚原。①

这里可以看出宋代浙东地区以及永嘉礼学研究的一个概况。这里提到的一些学者，如吕祖谦、陈亮，虽然也有一些礼学著作，但总体上并不以礼学研究著称。另外，这个统计也有不完备的地方，如永嘉地区研究礼学的学者还有郑伯熊、陈汉、李嘉会、胡一桂等，这里都没有包括在内。文中所说的处州地区的林椅，王与之《周礼订义》篇首的"编类姓氏世次"中说永嘉林椅"字奇卿，有《周礼纲目》"，还是将林椅算在永嘉礼学的群体内。② 在中国哲学思想史上，永嘉学的主要内容与特色是事功之学。在传统儒家思想当中，重视事功，探究历代典制，多与礼学以及《周礼》相关，正因如此，永嘉地区的学者也多以研究礼学而著称。

我们所说的永嘉礼学，与学术界通常所说的永嘉学派有密切关系，但又不完全一致。它是指在地域上以永嘉地区为核心，在学术上以礼学为纽带，并由于学术师承等关系辐射周边地区而形成的一个重视礼学研究的学术派别。永嘉礼学在宋代学术史上独具特色，与北宋时期同具地域性的"关中礼学"遥相呼应，值得作专门的深入研究。

一、永嘉礼学的渊源

学术界通常所谓的永嘉学派是指南宋时期以薛季宣、陈傅良、叶适为代表，且以叶适为集大成者的事功之学。永嘉地处南宋的浙东地区，永嘉学也

---

① 这里的统计参见程继红《近两千年浙东学派礼学研究史概观》，载《浙江海洋学院学报》（人文科学版）2010 年第 4 期。该文的统计参考了王锷《三礼研究论著提要》（增订本）甘肃教育出版社，2007 年。

② 孙诒让认为林椅"实非永嘉人"，参见孙诒让《温州经籍志》卷三，中华书局，2011 年，第 151 页。陈振孙《直斋书录解题》和何镗《括苍汇纪》说林椅为括苍人。孙诒让据此又认为："东岩籍隶乐清，其所著书不应误认他郡人为乡人，疑椅或本贯永嘉，侨寓丽水，亦未可定。"参见《温州经籍志辨误》，《温州经籍志》第四册，第 1788 页。

是南宋儒学发展过程中的一支,但永嘉学派以及永嘉礼学的渊源都可以上溯到北宋时期的儒学与礼学。

研究永嘉学派的学术渊源,一般都会上溯到北宋时期的二程洛学。全祖望和黄百家在《宋元学案》中指出:"永嘉以经制言事功,皆推原以为得统于程氏。""永嘉之学,薛、郑俱出自程子。"①但是,从整体上来看,二程洛学的传承流变与以事功著称的永嘉学还是有本质的区别,因此从二程洛学至永嘉学之间,还应该有比较复杂的思想的传承与变化。

永嘉学术以及永嘉礼学的源流上溯到二程洛学,可以划分为三条途径。其一是周行己。

北宋神宗时期,太学里有周行己、许景衡、刘安节、刘安上、戴述、赵霄、张辉、沈躬行、蒋元中等人,号称"永嘉九先生"。另外还有鲍若雨、潘闳与陈经正兄弟等七人。在这些学者当中,永嘉学派的先驱周行己是二程的弟子。真德秀指出:

> 二程之学,龟山得之,而南传之豫章罗氏,罗氏传之延平李氏,李氏传之朱氏,此其一派也。上蔡传之武夷胡氏,胡氏传其子五峰,五峰传之南轩张氏,此又一派也。若周恭叔、刘元承得之为永嘉之学,其源亦同自出。然惟朱、张之传最得其宗。②

真德秀所言虽然有强烈的正统意识,但总体上是符合学术传承脉络的。北宋时期的温州地区在文化上比较落后,因此周行己等永嘉九先生传程学至永嘉,开启了永嘉地区学术发展的先河,其历史意义是应当充分肯定的。陈振孙特别强调周行己对于永嘉学的开创之功——"永嘉学问所从出也"③。

---

① 黄宗羲原撰,全祖望补修:《宋元学案》卷五十六《龙川学案》,第 1830 页、1832 页。
② 真德秀:《西山读书记》卷三十一,《文渊阁四库全书》本。
③ 陈振孙:《直斋书录解题》卷十七《浮沚先生集》,上海古籍出版社,1987 年,第 515 页。

叶适说：

> 昔周恭叔首闻程、吕氏微言，始放新经，黜旧疏，挈其侪伦，退而自求，视千载之已绝，俨然如醉忽醒，梦方觉也。颇益衰歇，而郑景望出，明见天理，神畅气怡，笃信固守，言与行应，而后知今人之心可即于古人之心矣。故永嘉之学，必兢省以御物欲者，周作于前而郑承于后也。
>
> 薛士隆愤发昭旷，独究体统，兴王远大之制，叔末寡陋之术，不随毁誉，必摭故实，如有用我，疗复之方安在！至陈君举尤号精密，民病某政，国厌某法，铢称镒数，各到根穴，而后知古人之治可措于今人之治矣。故永嘉之学，必弥纶以通世变者，薛经其始而陈纬其终也。①

叶适是公认的永嘉学派的集大成者。他在这里所说的其实是一个简要的永嘉学的发展线索，他也承认永嘉学是从周行己开始的。因此，全祖望也认为"吾浙学之盛，实始于此。"②

由上可知，无论是属于永嘉学派的叶适，还是朱子的后学真德秀，都承认永嘉学的先驱是周行己。这可以作为二程洛学与永嘉学之间学术渊源的第一条线索。

第二，永嘉礼学与二程之间学术关系的连接者是胡安国。永嘉地区从北宋后期逐渐开始出现大量文士，在文化上逐渐发展起来，但其真正作为一个在思想学术界形成独特风貌的永嘉学派，是从薛季宣开始的。

全祖望曾说：

> 永嘉之学统远矣，其以程门袁氏之传为别派者，自艮斋薛文宪公

---

① 叶适：《水心文集》卷十《温州新修学记》，《叶适集》，中华书局，1961年，第178页。
② 黄宗羲原撰，全祖望补修：《宋元学案》卷三十二《周许诸儒学案》，第1131页。

始。艮斋之父学于武夷，而艮斋又自成一家，亦人门之盛也。①

全祖望指出，薛季宣的父亲曾学于胡安国，这应是永嘉学术与洛学之间传承的另一条线索。元代理学家程端礼指出：

> 余谓士之谈诗书而略事功，其来已久，遂使俗吏嗤儒为不足用，观在心少试学校为人之佐，已如此，使为世用，得行其志，效当何如哉？余少读薛常州《行述》，窃欣慕之，盖其学本濂洛，其自得之，实于经无不合，于事无不可行，莅官文武，应机处变，政无巨细，靡不曲当。②

程端礼作为正统的程朱理学家，对薛季宣的学术成就与学术风格是充分肯定的，而且他还将薛季宣的学术渊源上溯到濂洛之学。从学术源流的角度来看，这样的说法也是有依据的。薛季宣的父亲薛徽言曾学于胡安国门下，因此从学派传承上来讲，永嘉学派可以上溯到胡安国以及二程洛学。胡安国的学术思想偏重史学，吕祖谦更多地继承了胡安国的学脉，但是若从思想的实质来说，永嘉学与胡安国的思想更为接近。

胡安国重视《春秋》。据胡寅《先公行状》记载：

> 初王荆公以《字说》训释经义，自谓千圣一致之妙，而于《春秋》不可以偏傍点画通也，则诋为"断烂朝报"，废之，不列于学官。下逮崇宁，防禁益甚。公自少留心此经，每日："先圣亲手笔削之书，乃使人主不得闻讲说，学士不得相传习，乱伦灭理，用夷变夏，殆由此乎！"于是潜心刻意，备征先儒。虽一义之当，片言之善，靡不采入。岁在丙申，初得伊川

---

①　黄宗羲原撰，全祖望补修：《宋元学案》卷五十二《艮斋学案》，第 1690 页。
②　程端礼：《畏斋集》卷三《送薛学正归永嘉序》，中国基本古籍库收"民国四明丛书本"。

先生所作传,其间大义十余条,若合符节,公益自信,研究玩索者二十余年,以为天下事物无不备于《春秋》,喟然叹曰:"此传心要典也。"①

其实,孟子已经讲得非常明确,《春秋》是经世之书,使乱臣贼子们感到惧怕的,正是《春秋》中蕴含的名分思想,因此《庄子》又说"《春秋》以道名分"。(《庄子·天下》)孔子"正名"的依据就是周礼,因此,《春秋》的主旨是礼,这是自古以来学者们一致承认的。胡安国研究《春秋》,"推明克己修德之方,所以尊君父、讨乱贼、存天理、正人心者,必再书屡书,恳恳致详。"②朱熹也认可《春秋》以及胡安国《春秋传》中体现的儒学价值观,说:"《春秋》大旨,其可见者:诛乱臣,讨贼子,内中国,外夷狄,贵王贱伯而已。"③

胡安国的《春秋传》是受到正统理学认可的。朱熹说:"某平生不敢说《春秋》。若说时,只是将胡文定说扶持说去。"④《四库全书总目》也说:

　　明初定科举之制,大略承元旧式,宗法程朱。而程子《春秋传》仅成二卷,阙略太甚。朱子亦无成书。以安国之学出程氏,张洽之学出朱氏,故《春秋》定用二家。盖重其渊源,不必定以其书也。后洽《传》渐不行用,遂独用安国书。⑤

胡安国的《春秋传》是道学家研究《春秋》的代表作品。胡安国的思想学术在《春秋》学,而《春秋》的精义在礼学。从这个角度来看,永嘉礼学也算是胡安国《春秋》学的继承者,永嘉礼学与胡安国的学术思想是内在呼应并契合的。

① 胡寅:《斐然集》卷二十五《先公行状》,中华书局,1993 年,第 552 页。
② 胡寅:《斐然集》卷二十五《先公行状》,第 552 页。
③ 黎靖德编:《朱子语类》卷八十三,中华书局,1986 年,第 2144 页。
④ 黎靖德编:《朱子语类》卷八十三,第 2150 页。
⑤ 《四库全书总目》卷二十七《春秋传》,中华书局,1965 年,第 219 页。

永嘉学与二程洛学之间传承关系的第三条线索，是薛季宣与袁溉之间的师承关系。薛季宣曾写有《袁先生传》，将他自己的洛学渊源追溯到二程门人袁溉。

陈亮曾说：

> 吾友陈傅良君举为余言："薛季宣士隆尝从湖襄间所谓袁道洁者游。道洁盖及事伊川，自言得《伊洛礼书》，欲至蜀以授士隆。士隆往候于蜀，而道洁不果来。道洁死，无子，不知其书今在何许。"伊川尝言："旧修《六礼》，已及七分。及被召乃止，今更一二年可成。"则信有其书矣。道洁之所藏近是，惜其书之散亡而不可见也。因集其遗言中凡参考《礼仪》而是正其可行与不可行者，以为《伊洛礼书补亡》。庶几遗意之未泯，而或者其书之尚可访也。①

程颐修定礼书之事，在今存《遗书》中也有记载。陈亮所言与《遗书》中伊川所言是一致的，但伊川又说："诸经则关中诸公分去，以某说撰成之。《礼》之名数，陕西诸公删定，已送与吕与叔，与叔今死矣，不知其书安在也？"②据《遗书》，协助伊川修定礼书的是陕西诸公，即三吕兄弟，且礼书的初稿也在三吕处，并未提及袁溉。

薛季宣说袁溉曾从学二程，但今本《二程集》以及朱熹编定的《伊洛渊源录》中并未提及袁溉，因此袁为二程门人的说法就只是来自薛季宣自己的陈述。据薛季宣写的《袁先生传》："（袁）与王枢密庶故善，王家有伊洛遗书，先生欲传未能。俄而王殁，先生不远千里，从其诸子传录，书毕遽行。"③袁溉曾到处搜罗伊洛遗书，曾在王庶处得到一些，陈亮说袁溉藏有伊川编的礼书，

① 陈亮：《伊洛礼书补亡序》，《陈亮集》卷十四，中华书局，1974 年，第 163 页。
② 《河南程氏遗书》卷十八，《二程集》，中华书局，1981 年，第 239—240 页。
③ 薛季宣：《袁先生传》，《薛季宣集》卷三十二，上海社会科学院出版社，2003 年，第 487 页。

应该就是在王庶这里得到的。吕祖谦说:"道洁语公,伊洛轶书多在蜀。"①魏了翁也说:"荆州袁道洁,及登河南之门,其游蜀访薛翁,亦谓伊洛轶书多在蜀者。"②吕、魏的说法应当也都来自薛季宣所写的《袁先生传》。

由上述可知,袁溉为二程门人的说法只是出自薛季宣本人写的《袁先生传》,此外并无其他可以佐证的史料。袁溉藏有程颐编定而未成的礼书,也是薛季宣所说的。另外,原本在吕大临处的礼书初稿,究竟如何流散至蜀地而后为袁溉所收藏,目前依现有文献也是不可确知的。

虽然目前有关袁溉的史料很少,但如果我们承认薛季宣本人的陈述,那么,对二程——袁溉——薛季宣之间的学术传承,还是不能轻易否定的。薛季宣指出:"先生学,自六经百氏,下至博弈、小数、方术、兵书,无所不通,诵习其言,略皆上口,于《易》《礼》说尤邃。"③《宋史·儒林传》也记载:"季宣既得溉学,于古封建、井田、乡遂、司马法之制,靡不研究讲画,皆可行于时。"④袁溉擅长礼学,因此薛季宣师从袁溉,所得也主要在礼学。

由以上三条线索可知,永嘉学与二程洛学之间还是存在一定的学术传承关系的。就二程洛学来说,二程虽然也有修定礼书的规划,他们对儒家礼的思想也有很大的发展与贡献,但整体上,其重点并不在礼学。因此,从礼学的角度来看,永嘉礼学与二程之间并没有直接的传承关系。薛季宣的直接师承袁溉出自二程,这只是薛季宣自己的说法,并未得到朱熹等人的认可,因此这一层关系就显得更加隐晦。但是,无论袁溉是否为二程的亲炙弟子,薛季宣承认与袁溉的师承关系,至少说明薛季宣本人愿意将永嘉礼学的渊源上溯至二程洛学。

永嘉地区作为南宋时期的文化后发地区,在这里兴起的以探究礼学著

---

① 吕祖谦:《宋右奉议郎新改差常州借紫薛公志铭》,《薛季宣集》附录,第617页。
② 《鹤山全集》卷四十二《简州四先生祠堂记》,中国基本古籍库收"四部丛刊景宋本"。
③ 薛季宣:《袁先生传》,《薛季宣集》卷三十二,第486页。
④ 《宋史》卷四百三十四,中华书局,1985年,第12883页。

称的学术派别,一方面确实有一些学术脉络可以上溯到北宋时期的二程,但更主要的是,无论他们与二程之间的传承是否真实可靠,他们自觉地将自己的学术渊源向当时主流的洛学靠拢,作为文化认同,这一点更有思想史的意义。

此外,还有学者将永嘉礼学的学术渊源上溯到王安石新学。王安石编撰的《三经新义》自北宋神宗时立为官学,并且在相当长的时间里是国家认可的官方教材,因此新学在全国范围内对士人所产生的影响是其他学派所无法比拟的。况且王安石新学的重点在《周礼》学,影响深远的荆公礼学对后起的永嘉学者产生影响,刺激永嘉学者用力于礼学,这样的学术渊源关系是非常自然而合理的。当代有学者指出:"新学学者对《周礼》的注解,也刺激了宋代制度之学的兴起,对于南宋永嘉学派可谓有筚路蓝缕的开拓之功。"①从整体上说,荆公新学也是永嘉礼学的渊源之一。

具体来说,永嘉之学的开山王开祖,在庆历、皇祐年间与王安石交往密切,相互影响。但王开祖对《周礼》持怀疑态度,他在《儒志编》中说:"吾读《周礼》,终始其间,名有礼、经有方者,周公之志为不少矣,其诸信然乎哉?罗羽刺介,此微事也,然犹张官设职,奚圣人班班与?奔者不禁,是天下无礼也;复仇而义,是天下无君也。无礼无君,大乱之道,率天下而为乱者,果周公之心乎?削于六国,焚于秦,出诸季世,其存者寡矣。圣人不作,孰从而取正哉?"②从他对《周礼》的怀疑态度可以看出,在关于《周礼》的问题上,王安石对他的影响不大。③

蒙文通先生曾指出:"盖自荆公主变法师《周官》,其徒陆佃、方悫、马晞孟、陈祥道继之,为王门说《礼》四家,而制度之学稍起。……至于林、吕而女婺经制之学以兴。《浙江通志》言:'龚原少从王安石游,笃志经学,永嘉先辈

① 刘成国:《荆公新学研究》,上海古籍出版社,2006年,第213页。
② 朱彝尊:《经义考》卷一百二十,林庆彰等主编:《经义考新校》第五册,上海古籍出版社,2010年,第2216页。
③ 刘成国也指出这一点,参见刘成国:《荆公新学研究》,第213—214页。

之学以经鸣者，渊源皆出于原。'此女婺之学有源于王氏者，不可诬也。"①由于《周官新义》的影响，在王门后学中有一批学者研究《周礼》，并且着重探讨《周礼》中的制度与新法以及与现实社会制度之间的关系，如王昭禹《周礼详解》就是这样一部著作。永嘉学的特征是经制学，也非常注重探讨历史上以及现实社会的制度及其流变，在这一点上永嘉学与荆公新学是相合的。按照蒙文通先生的看法，永嘉礼学与荆公新学的连接者是龚原。龚原著有《周礼图》十卷，《述礼新说》四卷，《宋史·艺文一》均有著录，今佚。蒙文通据《浙江通志》认为正是通过龚原，"浙东学者重制度、说《周官》，其于《春秋》不徒以褒贬，又疑其非伊洛之传，而有接于新学之统也。"②由于资料所限，永嘉先辈皆出于龚原也仅是一个比较宽泛且模糊的认识，其间具体的学术渊源与传承，尤其是思想的传承与发展，还难以有更深入明晰的了解。

永嘉学的开创者薛季宣与王安石新学之间的关系也是如此。有学者将王安石看做永嘉学"无法回避的前行者"③，这样的总体认识是正确的。薛季宣也重视《周礼》，著《周礼释疑》，但是由于资料缺失，难以准确、细致地辨析他们之间的学术影响与传承。

另外还有一种说法，将永嘉学的先辈"永嘉九先生"的学术渊源追溯到张载。全祖望在《宋元学案》中指出：

> 世知永嘉诸子之传洛学，不知其兼传关学。考所谓"九先生"者，其六人及程门，其三则私淑也。而周浮沚、沈彬老又尝从蓝田吕氏游，非横渠之再传乎？鲍敬亭辈七人，其五人及程门。④

①　蒙文通：《评〈学史散篇〉》，《蒙文通文集》第三卷《经史抉原》，巴蜀书社，1995 年，第 411 页。
②　蒙文通：《致柳翼谋〈诒徵〉先生书》，《蒙文通文集》第三卷《经史抉原》，第 415 页。
③　参见任峰：《薛季宣思想渊源新探》，《中国哲学史》2006 年第 2 期。
④　黄宗羲原撰，全祖望补修：《宋元学案》卷三十二《周许诸儒学案》，第 1131 页。

周、沈从学于吕大临,仅凭此就断言他们为"横渠之再传",论据并不充足。虽然礼学也是张载以及关学的重要特征,但我们也不必仅从《宋元学案》的这一段话就将永嘉礼学的渊源追溯到张载的礼学。

由上所述,我们认为,关于永嘉礼学的渊源,无论是薛季宣本人承认的洛学,还是后人推测的关学、王安石新学,所依据的资料都不是十分清晰可靠,之间还存在很多模糊不清甚至缺失断裂的地方。但是,这并不妨碍我们对永嘉礼学的学术渊源作进一步的分析。根据薛季宣本人的陈述,我们可以认为,永嘉作为南宋时期的文化后发地区,它在学术思想方面侧重于经制之学,而且永嘉学者们有意识地将自己的学脉嫁接在北宋以来主流的、影响甚广的学术思想脉络当中。这就说明,永嘉礼学其实是北宋以来在儒学复兴的背景之下,儒家礼学思想及礼学研究在永嘉地区的传承与发展。从这个角度来看,我们不必太在意永嘉学者的师承,不必认为只有师承某人才能算作是永嘉礼学的渊源,而是应从整体着眼,把永嘉礼学看作北宋以来礼学的进一步发展的结果。

二、永嘉礼学的主要内容

永嘉学派也称作经制之学。永嘉礼学也是以探究三代礼制为主,并且考订古制是为了施于当世。全祖望说薛季宣"其学主礼乐制度,以求见之事功"。[①] 黄百家说他"凡夫礼乐兵农莫不该通委曲,真可施之实用"。[②] 这都指明了永嘉礼学的主要特征。

在传统儒家看来,三《礼》当中的《周礼》是西周礼乐制度的集中反映。北宋时期的儒家学者在回到"三代"的感召之下,研究《周礼》,重点探讨《周礼》中的制度应用于当世的可能性与具体途径。王安石认为《周礼》一书"理

① 黄宗羲原撰,全祖望补修:《宋元学案》卷五十二《艮斋学案》,第 1690 页。
② 黄宗羲原撰,全祖望补修:《宋元学案》卷五十二《艮斋学案》,第 1691 页。

财居其半"，运用《周礼》的"理财"思想发动了轰轰烈烈的熙宁变法，将探讨礼乐制度并用之于现实的经世致用传统发挥到了极致。整体上，永嘉礼学继承了北宋时期儒家礼学经世的传统。永嘉礼学的创始者薛季宣重视《周礼》，《宋元学案》说"艮斋后出，加以考订千载，自井田、王制、《司马法》、《八阵图》之属，该通委曲，真可施之实用。"①据王与之《周礼订义》，薛季宣著有《周礼释疑》。孙诒让指出："艮斋《周礼释疑》，陈止斋《行状》未载其书。盖艮斋卒后，门人编辑遗说为之。其散见于王氏《订义》者，如'释司尊彝之九献''大司乐三大祭之乐''冯相氏之星土''栗氏之钧律'，并根据古义，辨析精当。"②孙诒让还指出："《订义·大司乐职》两引薛图，则薛书图说兼备。"③另据冯云濠，薛季宣的礼学著作还有《伊洛礼书补亡》《伊洛遗礼》等。从这些记载可以看出，薛季宣的《周礼》研究是相当深入的，得到了当时学者的认可。他所特别关注的井田、王制、《司马法》等问题，都是自北宋以来儒家学者在社会现实问题的刺激之下所着重探讨的问题，反映出薛季宣在研究《周礼》时强烈的现实关怀。

薛季宣的继承者陈傅良研究《周礼》，"解剥于《周官》《左史》，变通当世之治具条画"④。永嘉学的集大成者叶适讲学也很重视《周礼》，认为《周礼》体现的是周代的制度。叶适指出，《周礼》一书虽然晚出，但是，"周之道固莫聚于此书，他经其散者也；周之籍固莫切于此书，他经其缓者也。"⑤《周礼》学研究是永嘉礼学的重要内容，同时也正是在《周礼》研究中，体现出永嘉学的经制之学以及永嘉礼学经世的关切。

据朱彝尊《经义考》和孙诒让《温州经籍志》，永嘉学者治《周礼》之成果，除了薛季宣、陈傅良的相关著作之外，还有王十朋《周礼详说》、陈谦《周礼

① 黄宗羲原撰，全祖望补修：《宋元学案》卷五十三《止斋学案》，第 1710 页。
② 孙诒让：《温州经籍志》卷三，第 114 页。
③ 孙诒让：《温州经籍志》卷三，第 116 页。
④ 黄宗羲原撰，全祖望补修：《宋元学案》卷五十三《止斋学案》，第 1710 页。
⑤ 叶适：《水心文集》卷十二《黄文叔周礼序》，《叶适集》，第 220 页。

说》、杨恪《周礼辨疑》、陈汲《周礼辨疑》、郑伯谦《太平经国之书》（《宋史·艺文志》作《太平经国书统集》）、曹叔远《周礼地官讲义》、戴仔《周礼传》、陈汪《周官集传》、王奕《周礼答问》、胡一桂《古周礼补正》、周纲《周礼补遗》、叶嘉櫍《周官翊训》以及王与之《周礼订义》《周官补遗》。治《礼记》之成果有周行己《礼记讲义》、戴溪《曲礼口义》《学记口义》、徐自明《礼记说》、陈埴《王制章句》、叶味道《仪礼解》《祭法宗庙庙享郊祀外传》、缪主一《礼记通考》、郑朴翁《礼记正义》、周端朝《冠婚丧祭礼》以及苏太古《古礼书叙略》、王奕《三礼会元》等。这些礼学著作大多已经佚失，但最能代表永嘉礼学成就的应是陈傅良、郑伯谦的《周礼》研究著作及张淳的《仪礼》研究著作。

（一）郑伯谦《太平经国之书》

在永嘉学的发展历程中，郑伯熊是一位关键人物。郑伯熊字景望，《宋史》无传，与其弟伯英齐名，世称大郑公、小郑公。《宋元学案》说："乾、淳之间，永嘉学者联袂成帷，然无不以先生兄弟为渠率。"[①]这一方面说明永嘉学者影响之大，同时也表明郑伯熊为永嘉学的首领。郑伯熊的思想的主体方面还是在洛学的思想框架之内，服膺于二程的理学思想。[②] 另有学者认为他是永嘉学从性理学转向事功学的关键人物，[③]这个看法恐怕证据不足。

二程洛学在南宋绍淳年间的复兴，是宋代儒学发展史上极为重要的现象。郑伯熊是洛学复兴的参与者，同时也在这一过程中起了重要作用，具体来说，他的贡献是在福建任上协助朱熹刊刻二程著作以及朱熹编纂的其他著作。正如有学者所指出的，"朱熹花费许多心力编纂二程著作，不仅是为了洛学传播，而且也是为了清理南宋以来洛学分流所呈现的思想混乱。因

---

① 黄宗羲原撰，全祖望补修：《宋元学案》卷三十二《周许诸儒学案》，第 1153 页。
② 参见何俊：《郑伯熊与南宋绍淳年间洛学的复振》，《复旦学报》（社会科学版），2010 年第 4 期。
③ 周梦江：《永嘉之学如何从性理转向事功》，温州文献丛书《二郑集》"代前言"，上海社会科学院出版社，2006 年。

此,闽本一出,对于洛学的复振阐扬确实是一大贡献。"①伯熊与朱熹书信往返,讨论二程著作的编纂,他对二程著作的出版以及洛学的兴盛,确实作出了重要贡献,受到后人很高的评价。

郑伯熊是陈傅良的老师,"于古人经制治法,讨论尤精",《四库全书总目》引《浙江通志》,认为他"邃于经术"②。其著作大多散佚,今存《敷文书说》二十六篇是综合研究《尚书》的著作。从前人评价可见,他的经学研究造诣匪浅。就礼学来看,郑伯熊虽没有专门的礼学著作传世,但王与之《周礼订义》所收录的宋四十五家《周礼》说中有"永嘉郑氏伯熊"一家,可知伯熊的《周礼》解说在当时是能成一家言的。今人整理郑伯熊文集时从《周礼订义》中辑出十九条对《周礼》的训义,③由此可以对郑伯熊的礼学有简单的了解。

郑伯熊的礼学著作没有完整流传至后世,但是他的族弟郑伯谦的礼学著作《太平经国之书》则流传至今,成为永嘉礼学的代表作品之一。"是书发挥《周礼》之义,其曰《太平经国书》者,取刘歆周公致太平之迹语也。"④据《四库全书总目》,此书的整体内容是:

> 首列四图:一曰成周官制,一曰秦汉官制,一曰汉官制,一曰汉南北军。所图仅三朝之职掌宿卫,盖其大意欲以宫中府中、文事武事一统于太宰,故惟冠此四图,明古制也。其书为目三十:曰教化、奉天、省官、内治、官吏、宰相、官民、官刑、揽权、养民、税赋、节财、保治、考课、宾祭、相体、内外、官制、臣职、官民、宫卫、奉养、祭享、爱物、医官、盐酒、理财、内帑、会计、内治。其中内外一门,会计一门,又各分为上下篇。凡论三十二篇,皆以《周官》制度,类聚贯通,设为问答,推明建官之所以

---

① 何俊:《郑伯熊与南宋绍淳年间洛学的复振》,《复旦学报》(社会科学版)2010年第4期。《宋史》卷四百三十四,第12886页。
② 《四库全书总目》卷十一《郑敷文书说》,第91页。
③ 参见温州文献丛书《二郑集》之《郑伯熊集》当中的"周礼说"部分,第35—42页。
④ 《四库全书总目》卷十九,第151页。

然,多参证后代史事,以明古法之善。①

《四库全书总目》还说:"其时武统于文,相权可谓重极,而此书'宰相'一篇,尚欲更重其权。又宋人南渡之余,湖山歌舞,不复措意中原,正宜进卧薪尝胆之戒,而此书'奉养'一篇,乃深斥汉文帝之节俭为非,所论皆不可为训。毋乃当理宗信任贾似道时,曲学阿世以干进欤?"②这又是对《太平经国之书》提出一些批评。即便如《四库全书总目》所指出的,此书主张扩张相权,非议节俭,这些内容也均与宋代的社会现实密切相关,从这里也反映出《太平经国之书》的经世特征。

(二) 陈傅良《周礼说》

陈傅良有《周礼说》十三篇,《宋史·艺文志》、《直斋书录解题》、赵希弁《读书附志》、《文献通考》等均有著录。《宋志》作一卷,《文献通考》作三卷(有的版本也作"十三卷")③。《文献通考》又引《中兴艺文志》"傅良为《说》十二篇,专论纲领。"④

王与之《周礼订义》"序目编类姓氏世次"说陈傅良"其说有一集及经进四篇",丘葵《周礼全书》说陈傅良有"讲义集说",孙诒让据此认为,陈傅良的礼学著作除了《周礼说》之外,还有一篇《讲义》。孙诒让说:

> 《中兴艺文志》谓《周礼说》十二篇,专论纲领,今以《订义》所引核之,其说于名物度数,琐屑繁碎者,亦多考核,似不止论纲领。考《订义序目》云:陈说有一集,及《经进》四篇;丘氏《全书》则云:"有《讲义集

---

① 《四库全书总目》卷十九,第 151 页。
② 《四库全书总目》卷十九,第 151 页。
③ 参见《文献通考》卷一百八十一《经籍考八》,中华书局,2011 年,第 5353 页。
④ 《文献通考》卷一百八十一《经籍考八》,第 5353 页。

说》",疑止斋《进说》外,尚有《讲义》之一集,故如释《考工记·车制》,综贯群经,释名辨物,最为详审。而于原目所谓"格君心、正朝纲、均国势"者,则无可附丽,其为别有一集,殆无疑义。①

《周礼说》十二篇,曾献给皇帝,是陈傅良综论《周礼》制度的文字,而且流行于科场,如叶适说:"同时永嘉陈君举亦著《周礼说》十二篇,盖尝献之绍熙天子,为科举家宗尚。"②而《讲义》则应是对《周礼》经文的解说。或者《周礼说》十二篇是附于《讲义》之前的纲领。如此说属实,则《周礼说》十二篇与《讲义》一篇,共十三篇,恰合《宋史·儒林传》"以《周礼说》十三篇上之"之说。

陈傅良的《周礼说》已经佚失。真德秀《西山读书记》摘录了《周礼说》中《格君心》四篇,这是由于这四篇为"朱子之所是,故录之,余不取"。当代有学者从王与之《周礼订义》和真德秀《西山读书记》中辑录出了现存《周礼说》的部分文字。③

陈傅良还著有《周官制度精华》,《玉海》著录为二十卷。朱熹曾经指出:"于丘子服处见陈、徐二先生《周礼制度菁华》。下半册,徐元德作;上半册,即陈君举所奏《周官说》。"④据朱子所言,《周官制度精华》虽是陈傅良与徐元德合著的一部书,但其实陈傅良所作的上半部就是他的《周礼说》。孙诒让说:"不知何人合徐书编之。"⑤陈傅良与朱子是同时代的人,既然朱子见到的《周官制度精华》已经是陈、徐书的合编,可知《精华》的合编在陈在世时就已经有了。

① 孙诒让:《温州经籍志》卷三,第 124 页。
② 叶适:《水心文集》卷十二《黄文叔周礼序》,《叶适集》,第 220 页。
③ 王宇:《永嘉学派与温州区域文化》附录,社会科学文献出版社,2007 年,第 295—340 页。
④ 黎靖德编:《朱子语类》卷八十六,第 2206 页。
⑤ 孙诒让:《温州经籍志》卷三,第 127 页。

（三）王与之《周礼订义》

乐清王与之著《周礼订义》八十卷，是宋代礼学研究的一部重要著作。乐清与永嘉毗邻，同属温州地区，因此王与之的《周礼订义》也应被视为永嘉礼学的一部代表性著作。

王与之《订义》的价值主要在于汇集了大量宋人关于《周礼》的解说。据《周礼订义》篇首的"编类姓氏世次"，《订义》所采旧说共五十一家，唐以前有杜子春、郑兴、郑众、郑玄、崔灵恩和贾公彦六家，其余四十五家皆为宋人。此外，还有不列于序目者，有胡伸、窦严、高闶、徐卿、毛彦清、吕大临、张栻、张沂公、陈彦群、陈宏父、蓝氏、唐氏，以及陈旸《乐书》《尚书精义》等。① 这些宋人的解说至今大多已经散佚，仅赖《订义》得以保存片段。《四库提要》评价此书"搜罗宏富，固亦房审权《周易义海》之亚矣"②，孙诒让评价为"采摭浩博，为《周官》说之渊椒，易祓、王昭禹诸书莫能及也"，"搜辑之富，不减卫湜《礼记集说》"③，都突出强调了《订义》汇集、保存资料的贡献。

真德秀在《序》中指出：

> 永嘉王君次点，其学本于程、张，而于古今诸儒之说莫不深究，著为《订义》一编，用力甚至，然未以为足也，方将早夜以思，原作经本指以晓当世，其心抑又仁矣。以是心而为是学，《周礼》一书其遂大明矣。④

《四库全书总目》也说，其书"以义理为本，典制为末，故所取宋人独多矣"。⑤ 这是说，王与之《订义》之所以略古详今，汇集《周礼》的解释以今人为主，是因为此书也是"以义理为本"，而且王与之为学本于程、张，有理学的背

---

① 孙诒让：《温州经籍志》卷三，第151页。
② 《四库全书总目》卷十九，第152页。
③ 孙诒让：《温州经籍志》卷三，第149、151页。
④ 真德秀：《西山文集》卷二十九。
⑤ 《四库全书总目》卷十九，第152页。

景,这样看来,他的《订义》也是注重从义理的角度汇集、解释《周礼》的。

另外,王与之在《周礼》研究中也主《冬官》未亡之说,因此还著有《周官补遗》一书。据丘葵《周礼全书序》:

> 宋淳熙间,临川俞庭椿始著《复古编》,新安朱氏一见,以为《冬官》不亡,考索甚当,郑、贾以来,皆当敛衽退三舍也。嘉熙间,东嘉王次点又作《周官补遗》,由是《周礼》之六官始得为全书矣。

王与之《周礼订义》前有真德秀序,作于绍定五年(1232)闰九月甲戌。据丘葵,《周官补遗》作于嘉熙间(1237—1240)。若据此年代推断,《周官补遗》完成于《周礼订义》之后。孙诒让就是这样认为的。但是,《订义》书前还有赵汝腾的序文。据此序,王与之详细搜集前人讲解,间附以己见,"剖析微眇,是非审确",得到真德秀的击节称赞,于是为之作序。"德秀殁,与之益加意删繁取要,由博得约,今其书益精粹无疵矣",并"刊于家"。据此,真德秀作序之时看到的王与之《周礼》研究著作还只是一个未定的稿本。在真德秀作序之后,王与之还对他的书有进一步的修改,最终成《订义》。赵汝腾此序作于淳祐二年(1242)十二月。因此,《订义》未必成于绍定五年,之后还有进一步的修订。这样看来,《补遗》也未必成于《订义》之后。

(四) 张淳《仪礼识误》

张淳《宋史》无传,陈傅良所作墓志及楼钥《书陈止斋所作张忠甫墓铭后》对其生平有片段记载。① 万历《温州府志·义行传》、雍正《浙江通志》、乾隆《永嘉县志·儒林传》有传。

全祖望说:"永嘉自九先生而后,伊川之学统在焉,其人才极盛。《宋史》

_____

① 见《攻愧集》卷七十七,中国基本古籍库收"清武英殿聚珍版丛书"本。

不为忠甫(按：张淳字)立传,故其本末阙然。独见于陈止斋所作墓志,乃知其与薛士龙、郑景望齐名,固乾、淳间一大儒也。"①张淳是南宋时期以礼学著称的一位学者。据记载,他"居母丧,无不与《士丧礼》合。间为族姻治丧,亦断断持古制。"②由此可见,张淳是精于《仪礼》学的。全祖望又说:"宋《中兴艺文志》谓《仪礼》既废,学者几不复知有此书,忠甫始识其误,则是经在宋当以忠甫为功臣之首。"③

张淳的《仪礼》学著作是《仪礼识误》。《四库提要》指出：

> 《仪礼识误》三卷,宋张淳撰。淳字忠甫,永嘉人。是书乃乾道八年两浙转运判官直秘阁曾逮刊。《仪礼》郑氏注十七卷,陆氏《释文》一卷,淳为之校定,因举所改字句汇为一编。其所引据,有周广顺三年及显德六年刊行之监本,有汴京之巾箱本,有杭之细字本,严之重刊巾箱本,参以陆氏《释文》、贾氏《疏》,核订异同,最为详审。近世久无传本,故朱彝尊《经义考》以为"已佚"。惟《永乐大典》所载诸条,犹散附经文之后,可以缀录成编。其《乡射》《大射》二篇,适在《永乐大典》阙卷中,则不可复考矣。《朱子语类》有曰:"《仪礼》人所罕读,难得善本。而郑注、贾疏之外,先儒旧说多不复见,陆氏《释文》亦甚疏略。近世永嘉张淳忠甫校定印本,又为一书以识其误,号为精密,然亦不能无舛谬。"又曰:"张忠甫所校《仪礼》甚仔细,较他本为最胜。"今观其书,株守《释文》,往往以习俗相沿之字,转改六书正体,则朱子所谓"不能无舛谬"者,诚所未免。然是书存而古经汉注之讹文脱句借以考识,旧椠诸本之不传于今者,亦借以得见崖略。其有功于《仪礼》诚非浅小。今覆加检勘,各疏明其得失,俾瑜瑕不掩。④

---

① 黄宗羲原撰,全祖望补修：《宋元学案》卷五十二《艮斋学案》,第 1698 页。
② 黄宗羲原撰,全祖望补修：《宋元学案》卷五十二《艮斋学案》,第 1698 页。
③ 黄宗羲原撰,全祖望补修：《宋元学案》卷五十二《艮斋学案》,第 1698 页。
④ 《四库全书总目》卷二十,第 159 页。

　　张淳的《仪礼识误》是校正《仪礼》经注以及《释文》误字的校勘成果，共计三卷。此书在《仪礼》校勘史上具有重要的地位。张淳《识误》的学术价值，首先体现在作者所收集的众多优质底本。张淳所见到的《礼仪》版本，有宋监本、杭州细字本、京师巾箱本、浙江严州本、湖北漕司本、建阳本、开宝《释文》本等，其中以监本、巾箱本、细字本和严本四种质量较高。张淳校正《仪礼》，首先考订版本源流，以监本为最早，为其他本子之祖。他说："监本者，天下后世之所祖。"①宋刻《仪礼》重要的版本有北方京师之巾箱本和南方杭州之细字本，南宋时期浙江严州刻《仪礼》，即以巾箱本为底本翻刻，因此说"巾箱者，严本之所祖"②。辨明版本的源流，这是选择精校本的基础。在《仪礼》的各个本子当中，监本最早，严本最晚。严本虽然晚出，但经过精心校对，讹误反而少于监本、巾箱诸本。因此张淳以严本为主校本，以监本、巾箱本、杭州本为参校本。各本皆有疑问时，"不足则质之《疏》，质之《释文》；《疏》《释文》又不足则阙之，盖不敢以谀见断古今也。"③采众本之所长，据实事求是之精神，是《识误》校勘精良的又一重要原因。

　　阮元《仪礼注疏校勘记》指出《识误》在版本方面以严本为据，参以监本及汴京巾箱本、杭细字本，是"其精审之处，自不可没"④。孙诒让也指出："《识误》裒集众本，校列歧异，虽墨守陆氏《音义》，而精核居多，非毛居正《六经正误》所可并论。其所校各本，若广顺显德两监本、京本、杭本、湖北漕司本、开宝《释文》，今并亡佚。惟严州本仅有传帙，然亦罕觏，惟借此书，存其同异。"⑤

　　至于张淳《识误》在校勘《仪礼》方面的具体成就与失误，古今学者都有评判。如朱子指出："永嘉张忠甫所校《仪礼》甚仔细，然却于《目录》中《冠

---

① 张淳：《仪礼识误自序》，见孙诒让《温州经籍志》卷四，第158页。
② 张淳：《仪礼识误自序》，见孙诒让《温州经籍志》卷四，第158页。
③ 张淳：《仪礼识误自序》，见孙诒让《温州经籍志》卷四，第158页。
④ 孙诒让：《温州经籍志》卷四，第166页。
⑤ 孙诒让：《温州经籍志》卷四，第166页。

礼》玄端处便错了。但此本较他本为最胜。"①彭林先生撰《张淳〈仪礼识误〉校勘成就论略》一文,具体指出了《识误》的校勘成就,如"读注疏而得经注之误""以经校经""以《释文》校经注之误"等方面。彭林先生进而指出:"《识误》之功,并非仅用善本全面校订《仪礼》,使此书不致离原貌太远,忠甫之校语为后人留下校勘方法论之识见,不乏精辟之论,足以启迪后学。忠甫不仅有较强之版本意识,且能较纯熟地运用对校、本校、他校等校勘法,足见功力之深厚。此外,忠甫已尝试用理校之法。……如此则校勘学之四法,忠甫均已运用,这在校勘学尚未充分发达之宋代,实为难能。"②彭林先生《张淳〈仪礼识误〉校勘成就论略》一文是当代学者对张淳《识误》所作的较为全面的评述,可以代表当代学术界对《识误》的评价。

另外,张淳的外甥叶味道也是永嘉礼学的一位代表。叶味道(文修)是协助朱子编修礼书的一位重要学者。朱子曾提到"四明、永嘉"诸人,永嘉指的应是叶文修。文修原名贺孙,《语类》中多处记载他和朱子讨论编修礼书之事。朱子在书信中又提到:

> 《礼》书如何? 此已了得《王朝礼》,通前几三十卷矣。但欲将《冠礼》一篇附疏,以为诸篇之式,分与四明、永嘉并子约与刘用之诸人,依式附之,庶几易了。③

朱熹曾对叶贺孙说:"某已衰老,其间合要理会文字,皆起得个头在。及见其成与不见其成,皆未可知。万一不及见此书之成,诸公千万勉力整理。得成此书,所系甚大!"④从朱熹与叶贺孙的讨论以及这段文字来看,可以确

---

① 黎靖德编:《朱子语类》卷八十五,第 2195 页。
② 彭林:《张淳〈仪礼识误〉校勘成就论略》,《北京图书馆馆刊》1996 年第 3 期。
③ 朱熹:《文集续集》卷一《答黄直卿》,《朱子全书》第二十五册,上海古籍出版社、安徽教育出版社,2002 年,第 4652 页。
④ 黎靖德编:《朱子语类》卷八十四,第 2188 页。

认贺孙是协助朱子编修礼书的得力助手之一。这也说明叶味道的礼学有其家学传统，并深得朱子的首肯。

三、永嘉礼学的主旨

永嘉学也称作"经制之学"或"制度新学"，今人称之为"事功学派"或功利主义思想。其实，"经制之学"或"制度新学"是就内容而言，"事功"或"功利"是就价值评价而言的。对于永嘉礼学来说，事功学或经制学虽然也涉及到永嘉礼学的一些内容，但是整体来看，这样的评判还不足以概括永嘉礼学的特征。

永嘉礼学研究的重点是《周礼》，通过《周礼》来探究三代的制度与礼制，这是永嘉"经制之学"的主要内容。但是就价值层面来说，永嘉礼学在整体上是以二程洛学为指导的，因此功利主义便不符合永嘉礼学的价值导向。

王安石曾将《周礼》定性为"理财"之书，遭到而后许多学者的批评。永嘉学者对这一看法也基本持反对的态度。郑伯谦在《太平经国之书》中指出：

> 或问《周礼》真理财之书乎？曰：周之理财，理其出而已矣，非理其入也；理国之财而已矣，非理天下之财也。①

郑伯谦研究《周礼》虽然毫不讳言"理财"，但他所谓的理财是"理其出"，而不是对民众的敛财。他说："故财用之出，上无所肆其侈，下无所容其私，上不侈而下不私，则财常足于用，征敛常不至于虐，而民无复有受其病者。"②对于治天下来说，理财更不是主要的内容。这显然是不满王安石对《周礼》

---

① 郑伯谦：《太平经国之书》卷十《理财》，《二郑集》，第 180 页。
② 郑伯谦：《太平经国之书》卷十《理财》，《二郑集》，第 182 页。

的看法以及与《周礼》相关的新政了。

　　陈傅良指出,《周礼》书中确实有很多涉及到理财的地方。他说:"王荆公尝谓《周礼》一书理财居其半。自有《周礼》以来,刘歆辅王莽专为理财,至荆公熙宁亦专理财,所以先儒多疑于《周礼》。今细考之,亦诚有可疑。"①陈傅良对古今税制和兵制都有非常深入的研究,他认为《周礼》书中名目繁多的征敛项目正是《周礼》"可疑"的地方。《周礼·地官·廛人》:"廛人掌敛市絘布、总布、质布、罚布、廛布而入于泉府。"陈傅良将此类比为当时的赋税项目。他认为,絘布相当于房廊钱,廛布相当于白地钱,罚布、质布相当于搭地钱,总布相当于不系行钱人,屠布相当于纳筋骨者,如此等等。但是,从整体上来看,理财、赋税等内容在《周礼》属于可疑的部分,而且还不是主要内容。但是,王安石的《周官新义》却将理财判定为《周礼》书中的主要内容,因此之故,陈傅良说:"荆公用《周礼》,遂有坊场、河渡、白地、房廊、搭罚、六色免行、市例之类,无所不有。至使《周礼》之书,后人不得尝试。夫周家之法果如是耶? 抑用之者失其实耶?"②

　　孙诒让指出:"盖其著书宗旨,欲以《周官》职掌分合,考后世官制沿革,以究古今之变。故其说多以史志参互证验,而于宋初制度及王氏变法始末,考辨尤悉。永嘉诸儒,本以经制为宗,止斋为薛文宪弟子,于井地、军赋尤为专门之学,宜其精究治本,非空谭经世者比也。"③永嘉学者重视经制之学,尤其着重探讨《周礼》中的各项制度,其实正是为了正本清源,也从制度入手,来批驳王安石新学对古代制度的错误理解和运用。但是,从整体上来看,经制之学虽然是永嘉礼学的主要内容,但永嘉礼学的最终目的却不止于此。陈傅良《进周礼说序》曰:

　　① 王与之:《周礼订义》卷二十四,《文渊阁四库全书》本。
　　② 王与之:《周礼订义》卷二十四,《文渊阁四库全书》本。
　　③ 孙诒让:《温州经籍志》卷三,第123页。

　　尝缘《诗》《书》之义,以求文、武、周公、成、康之心,考其行事,尚多见于《周礼》一书,而传者失之,见谓非古。……熙宁用事之臣,经术舛驳,顾以《周礼》一书理财居半之说,售富强之术。凡开基立国之道,斫丧殆尽,而天下日益多故。迄于夷狄乱华,中原化为左衽。老生宿儒,发愤推咎,以是为用《周礼》之祸,抵排不遗力。幸以进士举,犹列于学官。至论王道不行,古不可复,辄以熙宁尝试之效借口,则论著诚不得已也。故有《格君心》《正朝纲》《均国势》说各四篇。①

　　据这篇序文,陈傅良讲说《周礼》的主要思想动因是为了反对王安石对《周礼》的解释。在陈傅良看来,王安石对《周礼》性质的判定有误,并进而引发了祸乱,因此必须正本清源,对《周礼》重新做解释。陈傅良认为,通过《周礼》来探讨文、武、周公、成、康之心及其行事,这才是《周礼》一书的真正价值。

　　朱熹说陈傅良“胸中有一部《周礼》”②。陈傅良对《周礼》有很精深的研究,并且由于他的《周礼说》还是“讲说举子所习经义”③,是科场举子应举的必备参考书,因此在社会上也有广泛的影响。陈傅良研究《周礼》,作《格君心》《正朝纲》《均国势》说各四篇,其实这也正是他解说《周礼》的“三纲领”。其中“格君心”一条,陈傅良有时又作“养君德”。《中兴艺文志》引陈傅良之言曰:“《周官》之纲领三,养君德、正朝纲、均国势也。”④王应麟曰:“陈君举说《周礼》,纲领有三:曰养君德,曰正朝纲,曰均国势。”⑤其实,“格君心”与“养君德”名异而实同。

　　前文已经指出,永嘉学的学术追求是宗奉程学的。程明道曾说:“必有

---

① 黄宗羲原撰,全祖望补修:《宋元学案》卷五十三《止斋学案》,第1716—1717页。
② 黎靖德编:《朱子语类》卷一百二十三,第2960页。
③ 陈傅良:《止斋文集》卷二十《吏部员外郎初对札子第三》,中国基本古籍库收“四部丛刊景明弘治本”。
④ 马端临:《文献通考》卷一百八十一《经籍考八》,中华书局,2011年,第5353页。
⑤ 朱彝尊:《经义考》卷一百二十三,《经义考新校》第五册,第2284页。

《关雎》《麟趾》之意,然后可行周公法度。"①明道的这句话宋人又引作"必有《关雎》《麟趾》之意,然后可以行《周官》之法度"。前文在论述《周礼》与北宋儒学的发展时曾专门讨论过这个问题。这是宋代理学家对于儒学的内外贯通的一个非常典型的概括说明。永嘉礼学的《周礼》学研究正是贯彻了道学的这个指导思想。陈傅良说:

> 尝读《关雎》,知三代而上,后妃极天下之选矣。后妃母仪天下,而嗛嗛然有不足配至尊之意,当是时夫人、嫔若干人,世妇若干人,女御若干人,各以其职奉上,所以共宾祭蕃,子姓之官备矣。后方恻然遐想,幽深侧陋之间,尚有遗贤,宜配君子,求而不可得,则中夜不寐,展转叹息,庶几得之,吾当推琴瑟钟鼓之奉与之,偕乐而后慊。后德如此,则宫掖之政,一以听后之所为,奚不可者?今内小臣而下凡阉官,九嫔而下凡妇官,下至于女奴晓祝者、晓书者、晓裁缝者,必属之大臣,则夫员数之增损,职掌之废置,禄秩之多寡,赐予之疏数,皆禀命于朝廷,而后不与。且使内宰得以稽其功绪,而赏罚其勤惰,苟违有司之禁,虽天子不得自以为恩,是故私谒不行而内政举,古之所谓正家者,盖如此。②

上文指出,"格君心""正朝纲"与"均国势"是陈傅良解说《周礼》的"三纲领",每一"纲领"由四篇文字组成。上引这段文字又见于真德秀《西山读书记》卷二十四《礼要旨》。真德秀在这篇读书笔记中首先引用了朱子的话"《周礼》,周公遗典也",然后照录了陈傅良《周礼说》之《格君心》四篇,最后说"自此而上盖朱子之所是,故录之,余不取"。由此可知,真德秀的读书笔记保留了陈傅良《格君心》四篇,并且说这四篇是得到朱子认可的。上引"尝

---

① 《河南程氏外书》卷十二,程颢、程颐:《二程集》,第428页。
② 王与之:《周礼订义》卷十二,《文渊阁四库全书》本。

读《关雎》"一段是《格君心》之第三篇。

　　"修齐治平"是传统儒家重要的思想模式,也是儒学关于个人品行修养与家国天下之间关系的简要概括。在这个模式当中,"齐家"是一个关键的环节。无论是《周易》的"家人"卦,还是《诗经》的《关雎》篇,儒家都从中引出齐家的重要性。帝王的家的规模虽非平常之家可比,但原理是相同的。而且帝王的修身、齐家与治国、平天下之间的关系更为密切、直接,因此很多儒家学者对帝王的后宫制度也格外关注。陈傅良就认为,所谓的"格君心"或"养君德",应从后宫制度开始。

　　朱熹对陈傅良的这个看法深表认可。朱子说:

　　　　如陈君举说,天官之职,如膳羞衣服之官,皆属之,此是治人主之身,此说自是。[1]

　　　　大概推《周官》制度亦稍详,然亦有杜撰错说处。如云冢宰之职,不特朝廷之事,凡内而天子饮食、服御、宫掖之事无不毕管。盖冢宰以道诏王,格君心之非,所以如此。此说固是。[2]

　　　　天官是正人主之身,兼统百官;地官主教民之事,大纲已具矣。春夏秋冬之官,各有所掌,如太史等官属之宗伯,盖以祝、史之事用之祭祀之故;职方氏等属之司马,盖司马掌封疆之政。……如此等处,皆是合著如此,初非圣人私意。大纲要得如此看。[3]

　　朱熹认为,天官冢宰为百官之长,他的职责就是正君主之身。在这一点

---

① 黎靖德编:《朱子语类》卷八十六,第 2204 页。
② 黎靖德编:《朱子语类》卷八十六,第 2206 页。
③ 黎靖德编:《朱子语类》卷八十六,第 2204 页。

上朱子是赞同陈傅良的看法的。

本来，按《周礼》的设计，天官冢宰为百官之首，但其属下所职掌之实际内容，则大多为宫廷内务，凡寝舍、膳食、饮料、服装、医药、妇寺，皆统于天官，相当于王室总管。历代有很多学者多对天官的名实不符感到困惑，甚至还有人将此看作刘歆伪造《周礼》的证据之一。朱熹说："五峰以《周礼》为非周公致太平之书，谓如天官冢宰，却管甚宫闱之事！其意只是见后世宰相请托宫闱，交结近习，以为不可。殊不知，此正人君治国、平天下之本，岂可以后世之弊而并废圣人之良法美意哉！"①从朱子的这段话中可知，胡宏极力主张刘歆伪造《周礼》，其根据之一就是将宫闱之事列于天官，认为这是不可信的。其实，《周礼》书中天官冢宰名实之间的矛盾，正是战国时期国家形态转型的体现。后世学者没有从历史发展的角度去看待《周礼》书中天官冢宰的职位与职掌之间的关系，仅仅按后世首辅或宰相的观念去衡量冢宰，自然觉得冢宰名不副实，觉得负责天子的宫闱内务，有损于冢宰之名。

但是，陈傅良却认为，《周礼》规定的天官冢宰主要负责天子的个人私生活，这不但无损于冢宰的名位，而且因为冢宰的地位高，可以接近帝王的日常生活，恰好还可以起到正君心、养君德的作用。② 陈傅良的这种认识，与道学家的看法是一致的。儒家的政治主张自孔子开始，虽然强调"以道事君，不可则止"（《论语·先进》），但另一方面，儒家更加重视君主在政治中的关键、枢纽作用。儒家的德治主张首先针对的就是君主，如孔子所说："政者，正也。子帅以正，孰敢不正？"（《论语·颜渊》）。孟子继承了孔子的看法，而且更加明确地提出"惟大人为能格君心之非"（《孟子·离娄上》）。孟子认为，实行仁政的关键系于君心，如果君心端正，则"君正莫不正，一正君而国定矣"（《孟子·离娄上》）。秦汉以后，虽然在现实政治格局中是以法家的思

---

① 黎靖德编：《朱子语类》卷八十六，第 2205 页。

② 郑伯谦也有类似的看法。他说："先王之制，事权欲合于一，而内外庭之势，本不容于分也。宫中府中，俱为一体。"见《太平经国之书》卷六《内外上》，《二郑集》，第 152 页。

想为主导而形成的君主专制体制,但儒家"格君心之非"的主张则一直延续下来,并且不断地对君主专制体制起到一种匡正的作用。

宋代兴起的新儒学在儒学史上是一座高峰,但正如李存山老师所指出的,"两宋时期,程朱理学在哲学上比汉唐儒学有重大的发展,但在政治哲学上却鲜有突破,大致是伸张孟子的政治思想"①。宋代以程朱为代表的道学家的政治思想,在总体上仍然没有突破先秦时期儒家关于政治的一些基本设定。具体来说,他们依然认为政治的改善关键在于掌握绝对权力的君主道德意识的觉醒和道德水准的提高,因此,"格君心之非"是道学家政治思想的主要内容。

早在治平年间,程颐就写有《为家君应诏上英宗皇帝书》,其中说道:"臣以为所尤先者有三焉,请为陛下陈之。一曰立志,二曰责任,三曰求贤。……三者之中,复以立志为本,君志立而天下治矣。所谓立志者,至诚一心,以道自任,以圣人之训为可必信,先王之治为可必行,不狃滞于近规,不迁惑于众口,必期致天下如三代之世,此之谓也。"②程颢也有相同的看法:"君道之大……在乎君志先定,君志定而天下之治成矣。所谓定志者,一心诚意,择善而固执之也。"③神宗即位之后,程颐在上神宗的《论王霸札子》中依然陈述的是治天下以君主立志为本的看法。熙宁新法令二程的这种看法更加坚定,他们认为治道最根本的是要"格君心之非":

> 治道亦有从本而言,亦有从事而言。从本而言,惟从格君心之非,正心以正朝廷,正朝廷以正百官。④

> "君仁莫不仁,君义莫不义"。天下之治乱系乎人君仁不仁耳。⑤

---

① 李存山:《程朱的"格君心之非"思想》,《气论与仁学》,中州古籍出版社,2009 年,第 465 页。
② 《河南程氏文集》卷五,程颢、程颐:《二程集》,第 521 页。
③ 《河南程氏文集》卷一,程颢、程颐:《二程集》,第 447 页。
④ 《河南程氏遗书》卷十五,程颢、程颐:《二程集》,第 165 页。
⑤ 《河南程氏外书》卷六,程颢、程颐:《二程集》,第 390 页。

二程的思想在熙宁前后有所转变,但他们的政治思想几乎没有任何变化,甚至在经历了新法之后,他们在涵泳天理的同时,更加重视君心在政治中的重要作用。

朱熹的政治思想也继承了二程的以"格君心之非"作为为政之本的思想。朱熹说:

> 熹常谓天下万事有大根本,而每事之中又各有要切处。所谓大根本者,固无出于人主之心术,而所谓要切处者,则必大本既立,然后可推而见也。如论任贤相、杜私门,则立政之要也;择良吏、轻赋役,则养民之要也。公选将帅,不由近习,则治军之要也。乐闻警戒,不喜导谀,则听言用人之要也。推此数端,余皆可见。然未有大本不立而可以与此者,此古之欲平天下者所以汲汲于正心诚意以立其本也。①

由此可见,道学对于政治的看法最终也就止步于"格君心之非"了。这其实也是由儒家修齐治平这种思维模式所决定的。从宋代道学的整体来看,道学家在修齐治平这个框架之内,重点在儒家内圣学领域有极大的发展与贡献。在他们看来,心性的基础愈坚实,最终治国平天下的成就才会愈牢固。因此,道学家其实所从事的是一项"基础"工作。在这方面,永嘉学者完全不能与道学家相比,但是他们在整体思路上是一致的,对于现实政治的改善以及儒家政治理想的实现,都寄希望于君臣品德的提高,这也正是陈傅良解说《周礼》的真正用心。也正是在这一点上,朱子是认可陈傅良的。

四、永嘉礼学与理学

永嘉礼学虽然在价值取向上是有意向程学靠拢的,但从实际内容来看,

---

① 朱熹:《朱子文集》卷二十五《答张敬夫》,《朱子全书》第二十一册,第1112页。

永嘉学者的礼学研究主要还是注重对历史与现实社会当中的礼乐制度的探讨。如黄宗羲说："永嘉之学，教人就事上理会，步步着实，言之必使可行，足以开物成务。"①朱熹虽然对陈傅良有一些肯定，但总体上又对永嘉学者多有批评，认为永嘉学者学问"没头没尾""小"。朱熹说："只是他稍理会得，便自要说，又说得不著。"又说："大抵只说一截话，终不说破是个什么；然皆以道义先觉自处，以此传授。"②所谓没有"说破"，应该是批评永嘉学没有真正实现儒家所理想的"贯通"。《语类》中还记载：

> 或曰："永嘉诸公多喜文中子。"曰："然，只是小。它自知定学做孔子不得了，才见个小家活子，便悦而趋之。譬如泰山之高，它不敢登；见个小土堆子，便上去，只是小。"③

朱熹还多次批评永嘉学问琐碎："永嘉看文字，文字平白处都不看，偏要去注疏小字中，寻节目以为博。"④其实，于"注疏小字中寻节目"，不正是古今礼学研究特别容易犯的一个通病吗？由此可见，朱子对永嘉礼学的批评还是很有现实意义的。朱子批评永嘉学者"小"，不但是指他们学问的规模还不够宏大，而且也值得今天的礼学研究者引以为戒。

从朱熹的这些批评来看，所谓永嘉学者的学问"小"，是自道学家的标准来衡量，永嘉学者还主要是关注于"事"的层面，对于"理"，对于形上问题的兴趣与关注则不够。从儒学的整体发展来看，这样的批评也是有道理的。《朱子语类》中有记载：

> 器远言："少时好读伊洛诸书。后来见陈先生，却说只就事上理会，

---

① 黄宗羲原撰，全祖望补修：《宋元学案》卷五十二《艮斋学案》，第 1696 页。
② 黎靖德编：《朱子语类》卷一百二十三，第 2960—2961 页。
③ 黎靖德编：《朱子语类》卷一百二十三，第 2962 页。
④ 黎靖德编：《朱子语类》卷一百二十三，第 2964 页。

较著实。若只管去理会道理,少间恐流于空虚。"曰:"向见伯恭亦有此意,却以《语》《孟》为虚著。《语》《孟》开陈许多大本原,多少的实可行,反以为恐流于空虚,却把《左传》做实,要人看。殊不知少间自都无主张,只见许多神头鬼面,一场没理会,此乃是大不实也!又只管教人看史书,后来诸生都衰了。……如人乘船,一齐破散了,无奈何,将一片板且守得在这里。"

……又曰:"又有说道,身己自著理会,一种应出底事又自著理会,这分明分做两边去。不知古人说修身而天下平,须说做不是始得。《大学》云'物格而后知至,知至而后意诚'云云,今来却截断一项,只便要理会平天下,如何得!"①

朱熹在这里主要是批评吕祖谦,但也将陈傅良相提并论,认为他们的学问一个重史,一个重事,却将儒学最为重要、关键的心性义理视为虚空。在朱熹看来,《语》《孟》《学》《庸》这些内容既切实可行,又可以从中别开生面,完美地体现出儒学修齐治平、内外贯通的整体局面。而如果对儒学的这个特质不能有整体把握,顾此失彼,就会将完整的儒学"截断一项",打成两截。理学家认为,内圣学是基础,只有将儒学的这个基础建筑牢固了,儒学"为万世开太平"的理想才有根基,才可以实现。

在理学家看来,真正的儒学不但要内外贯通,还要上下贯通,下学上达,认识到"礼者理也",礼无论是"经礼三百",还是"曲礼三千",其本质都是天理的具体展现。而这一点正是永嘉礼学所欠缺的。朱熹对于永嘉礼学的批评也是从此入手的。朱熹认为:

其(陈傅良)教人读书,但令事事理会,如读《周礼》,便理会三百六

---

① 黎靖德编:《朱子语类》卷一百二十,第2896—2897页。

十官如何安顿；读《书》，便理会二帝三王所以区处天下之事；读《春秋》，便理会所以待伯者予夺之义。至论身己上工夫，说道："'形而上者谓之道，形而下者谓之器。'器便有道，不是两样，须是识礼乐法度皆是道理。"①

又说：

礼乐法度，古人不是不理会。只是古人都是见成物事，到合用时便将来使。如告颜渊"行夏之时，乘殷之辂"，只是见成物事。如学字一般，从小儿便自晓得，后来只习教熟。如今礼乐法度都一齐乱散，不可稽考，若著心费力在上面，少间并得都困了。②

从这里可以看出，朱熹认为永嘉学者读《周礼》，读《书》，只是限于经典的具体内容，而没有融会贯通，没有认识到礼乐法度是和天理贯通的。朱熹对于永嘉礼学有一些具体细节上的批评，例如，陈傅良说："如大史、内史掌六典、八法、八则、八柄之贰，宜属天官，乃属春官；大小行人、司仪、掌客，宜属春官，乃属秋官……先王设官如此，当时不见文移回复职事侵紊之患，何也？六官之设，虽各有司存，然错综互见，事必相关。……后世礼官专治礼，刑官专治刑，兵官专治兵，财官专治财，并不相关，虽有遗失，他官不得搏节，而旷废多矣。"③据此，陈傅良认为，《周礼》设官的原则是各官虽然各有所掌，但整体上还要互相牵制，所谓"错综互见，事必相关"。但是，朱熹则认为，这样的原则并不符合周公设官的原则。朱熹说："但云，主客行人之官，合属春官宗伯，而乃掌于司寇；土地疆域之事，合掌于司徒，乃掌于司马：盖周家设

① 黎靖德编：《朱子语类》卷一百二十，第 2896 页。
② 黎靖德编：《朱子语类》卷一百二十，第 2896 页。
③ 王与之：《周礼订义·弁言》，《文渊阁四库全书》本。

六官互相检制之意。此大不然! 何圣人不以君子长者之道待其臣,既任之而复疑之邪?"①又说:"如陈君举说,天官之职,如膳羞衣服之官,皆属之,此是治人主之身,此说自是。到得中间有官属相错综处,皆谓圣人有使之相防察之意,这便不是。"②这是朱熹对陈傅良所说的《周礼》设官原则的批评。此外更为重要的是,朱熹从整体上认为永嘉礼学没有最终的归宿,因此朱熹的道学与永嘉礼学还是有本质的不同。朱熹并非不重视礼,但他认为,不能将学者的气力完全用在稽考古礼古制上面,对于礼学应从大处着眼,把握住了理,则礼自然有章可循。

朱子曾指出:

> 礼学是一大事,不可不讲,然亦须看得义理分明,有余力时及之乃佳。不然,徒弊精神,无补于学问之实也。③

这段话虽然简略,但其实是朱子晚年对于儒家礼学的一个总结性认识,其中包含了三层含义:第一,礼学作为儒学的重要内容,应该是儒家学者必须重视、研究的课题之一。第二,研究礼学重要的是研究礼学的思想含义。礼学应与义理之学相结合。第三,研究礼学需要在学问有了一定的根基或基础之后才可以进行,这样可以更好地认识到礼学中的义理,以及礼学在儒学整体中的位置与意义。否则很容易陷入繁琐的名物制度的纠缠中。这个学问的根基就是儒学的心性之学。由此可见,朱熹虽然也重视礼学,但他对于儒家礼学的理解与定位与永嘉礼学还是完全不同的。我们也可以把这段话看做是朱熹对永嘉礼学的一种批评与回应。

叶适认为,礼是为学之始,也是儒学的基础。他说:

---

① 黎靖德编:《朱子语类》卷八十六,第2206页。
② 黎靖德编:《朱子语类》卷八十六,第2204页。
③ 朱熹:《朱子文集》卷五十九《答陈才卿》,《朱子全书》第二十三册,第2848页。

程氏诲学者必以敬为始……以余所闻，学有本始，如物始生，无不懋长焉，不可强立也。孔子教颜子"克己复礼为仁"。……是则复礼者，学之始也。教曾子曰："安上治民莫善于礼。礼者，敬而已矣。故敬其父则子悦，敬其兄则弟悦，敬其君则臣悦，敬一人而千万人悦。"是则敬者，德之成也。学必始于复礼，故治其非礼者而后能复。①

如果仅就这一段话来看，尤其是就着儒家经典当中"克己复礼为仁""安上治民莫善于礼"来解说，恐怕是所有的儒家学者都可以承认的。但如果把这些话放在各自的思想脉络当中，叶适与永嘉学者由于重视礼而走向了经制之学的探讨，而道学则由重礼进一步走向了对礼的心性基础和形上基础的探讨，由此也就显示出永嘉礼学与道学的不同学术走向。

（本文作者为中国社会科学院研究员）

---

① 叶适：《水心文集》卷十《敬亭后记》，《叶适集》，第163—164页。

论浙学的内涵、精神、学派人物与当代价值

吴　光

提　要： 本文简要梳理浙江历史文化发展的背景与脉络，认为浙学以王充为开山祖，于南宋永嘉、永康、金华、四明之学异军突起时成型，于姚江学派、蕺山学派创立之际升华，梳理浙学与浙东学派两个概念的历史脉络，重申了"浙学"的狭义、中义、广义三个内涵，并根据广义的"浙学"概念，重新梳理了由宋至今"浙学"的主要学派与人物。文章进而详细阐述了"浙学"的基本精神，指出其中具有的实事求是、崇义谋利、知行合一、民主君客、兼容并包等思想，对浙学的当代价值作了充分肯定。

关键词： 浙学　渊源　演变　内涵　价值

"浙学"作为中华文化的重要分支，作为富有活力的地域文化形态之一，从南宋成型以来已历经 700 余年。它在历史上曾经起过重要作用，而在当代，随着浙江经济的迅猛发展和学术文化的日益繁荣，人们对隐藏在浙江经济社会发展背后的文化动力日益关注并进行深层次的探讨。因此，从理论上深入探讨"浙学"的思想内涵、基本精神、学派人物及其当代价值是十分必要的。

一、"浙学"的文化渊源与演变大势

考察浙学的来龙去脉，就不能不系统考察浙江历史文化发展的背景

与脉络。从地域文化的形成历史与特点看，浙江在古代属于吴越文化地区。吴越自古以来就关系密切。据《越绝书》所记，伍子胥云：“吴越为邻，同俗并土。”①同书记范蠡云：“吴越二邦，同气共俗。”②这说明吴越地区的文化联系历来非常密切，这也是人们经常合称“吴越”的历史原因。

但严格地说，“吴越文化”是有吴文化与越文化的各自传承与特色的。“吴文化”主要指苏南上海地区的文化传承，“越文化”主要是指浙江地区的文化传承。在越文化区，有 5 万年前的“建德人”文化，有距今 8 000 年以上的跨湖桥文化（在今杭州市萧山区境内）、有距今 7 000 年的河姆渡文化（在今余姚市境内），有距今 4 000 至 6 000 年的马家浜文化（在今嘉兴境内）和良渚文化（在今杭州市余杭区境内），以其在当时绝对先进的制陶、制玉工艺和石器、骨器、木器、竹器等生产工具、生活用具及干栏式建筑模式，向全世界宣告了浙江地区史前文明的悠久与发达。而在古代文明史上，浙江以其古越国、汉会稽郡、五代吴越国的辉煌历史著称于世。这一切，为浙江人文精神传统的形成及代表该传统的“浙学”的形成提供了丰富多彩的历史依据。也可以说，浙江的文明历史正是浙学的源头活水。例如，河姆渡文化遗址的“双鸟异日”象牙雕刻图案正可以解读为浙江先民的“天人合一”观念，良渚文化遗址的“羽冠、人面、兽身”三位一体玉琮雕刻图案也可以视为先民“万物一体”观念的象征。再如，我们可以从古越国勾践君臣“十年生聚，十年教训”兴越灭吴、称霸中原的历史经验中总结出以民为本、因势待时、艰苦奋斗、开拓创业的人文精神，可以从吴越国的历史中提炼出和平发展、多元包容的人文精神。

我认为，从学术发展的脉络而言，具有地域文化特色的“浙学”的理论源头，可以从东汉的王充算起。1993 年我在永康举行的陈亮学术研讨会发言中提出“王充是浙学开山祖”的观点，被一些学者接受和阐发。但也有人不同意拙见，认为王充“讥圣反儒，世目之为异教”，岂足以传承浙学！其实，这

---

① 袁康、吴平辑录：《越绝书》卷六《纪策考》，上海古籍出版社，1985 年，第 43 页。
② 袁康、吴平辑录：《越绝书》卷七《范伯》，第 49 页。

是不解王充《论衡》之故。盖《论衡》虽有《问孔》《刺孟》诸篇,但王充并不"讥圣反儒",相反,他是"尊圣崇儒"的。王充在《论衡》中处处以孔子为"圣人"。例如,《命禄篇》称"孔子圣人,孟子贤者,诲人安道,不失是非"①,《定贤篇》也说"孔子,圣人也"②。其《问孔篇》只是批评"世儒学者,好信师而是古,以为贤圣所言皆无非,专精讲习,不知难问"。王充评论说:"夫贤圣下笔造文,用意详审,尚未可谓尽得实,况仓卒吐言,安能皆是?……孔子,圣人也。"③这哪里是非圣,只是实话实说而已!难道在思想解放的当今,还有人认为圣人所言"句句是真理"、批评不得吗?至于断言王充"反儒",也是厚诬古人。据《后汉书·王充传》:"充少孤,乡里称孝。后到京师,受业太学,师事扶风班彪。"④(按:太学是当时最高学府,班彪是东汉著名史学家和古文经学家。)一个"乡里称孝"又受名师教诲的太学弟子,会是"反儒"学者吗?况且《论衡·非韩篇》明确批评了韩非"贵耕战而贱儒生"的主张是"弃礼义求饮食也",指出"国之所以存者,礼义也,民无礼义,倾国危主",进而主张:"治国之道,所养有二:一曰养德,二曰养力。养德者,养名高之人,以示能敬贤。"⑤这不正是儒家"德治""礼治"主张吗?与"讥圣反儒"毫不沾边!而我之所以以王充为浙学开山祖,更深层的原因在于,王充是浙江思想文化史上第一个建立了系统的哲学理论、形成了兼融儒道法思想体系的学者,其《论衡》一书以"实事疾妄"为学术宗旨,浸透了崇实黜虚、以民为本、经世致用、开拓创新的人文精神,而这正是后起的宋元明清乃至近现代"浙学"学者一脉相承的基本精神,也是浙学的特点所在。

然而,王充的思想虽然有引领风尚的作用,但王充所处时代并没有形成人才济济的"浙学"学派。"浙学"的成型还是在永嘉、永康、金华、四明之学

---

① 黄晖:《论衡校释》卷一《命禄篇》,中华书局,1990 年,第 24 页。
② 黄晖:《论衡校释》卷二十七《定贤篇》,第 1121 页。
③ 黄晖:《论衡校释》卷九《问孔篇》,第 395—415 页。
④ 范晔:《后汉书》卷四十九《王充王符仲长统列传》,中华书局,1965 年,第 1629 页。
⑤ 黄晖:《论衡校释》卷十《非韩篇》,第 438 页。

异军突起的南宋时代。陈傅良、叶适代表的永嘉之学与陈亮所代表的永康之学,给浙学打上了承认功利、讲求事功的思想烙印,吕祖谦代表的婺学与杨简、袁燮为代表的四明之学则分别传承了中原文献之学和江西陆学的精神传统。到了明代中后期,以王阳明为宗主的姚江学派不仅遍及两浙,而且风靡全国,确立了以"良知"为本体、"致良知"为方法、"知行合一"为实践模式、"明德亲民"为政治理想的良知心学体系。而在明清之际,刘宗周(蕺山)的诚意慎独之学独树一帜,形成了涵盖两浙的蕺山学派;其高足弟子黄宗羲接踵而起,力倡重视经世实践的"力行"哲学,开创了具有民主启蒙性质和实学特征的浙东经史学派,从而使"浙学"升华到足以主导中国思想潮流的地位,成为推动近代思想解放和民主革命运动的思想大旗。而自南宋至明清,浙学内部虽可谓学派林立,宗旨各异,但其主流,则是以"求实、批判、兼容、创新、民本"为根本精神的两浙经史之学。

这便是"浙学"从孕育到成型、发展的大致情形。

二、"浙学"的思想内涵

"浙学"与"浙东学派"是两个内涵不同的概念。"浙学"概念最早是由南宋大儒朱熹(1130—1200)提出的,而"浙东学派"的概念则始见于清初大儒黄宗羲(1610—1695)的著作,比"浙学"概念晚出 400 多年。

朱熹在评论浙东学者吕祖谦、陈傅良、叶适、陈亮的学术时,首次将"永嘉、永康之说"称为"浙学",并严加批评。他说"江西之学(引者注:指陆九渊心学)只是禅,浙学(引者注:指永嘉、永康之说)却专是功利。……若功利,则学者习之,便可见效,此意甚可忧。"①可见,朱熹是将"浙学"视为专讲功利、误导学者的异端加以批判的。尽管朱熹的批评很片面,但他最早提出

---

① 　黎靖德编:《朱子语类》卷一百二十三《陈君举》,中华书局,1986 年,第 2967 页。

"浙学"概念之事实却不能抹煞。

明代中期以后,阳明心学风靡两浙,故有学者从学术传播的师承、地域上突破南宋以来以浙东永嘉、永康、金华之学为"浙学"的视野,而从两浙大视野讨论"浙学"。如曾任浙江提学副使的福建籍学者刘鳞长,编纂了一部《浙学宗传》,将宋明时代包括浙东、浙西在内的儒学流派归入"浙学"。该书共立案44人,其中浙籍学者39人,非浙籍5人。浙籍学者中,属于浙东的34人,属于浙西的仅5人;以学术倾向论,属于程朱学、陆王学的各占三分之一,另外三分之一既非程朱,也非陆王,或可归入事功之学。此书之长在于涵盖了"两浙诸儒",粗具"大浙学"的规模,然而失之于简略。

黄宗羲在《移史馆论不宜立理学传书》一文中首次使用了"浙东学派"一词。但黄宗羲所谓"浙东学派",指的是浙东地区学术发展的主要脉络,即浙东学统,或曰浙东学脉,而非现代意义的学派。该文将姚江(王阳明)之学和蕺山(刘宗周)之学一起归入同一学脉,并称"向无姚江,则学脉中绝;向无蕺山,则流弊充塞。凡海内之知学者,要皆东浙之所衣被也"。[1] 可见在梨洲心目中,姚江之学和蕺山之学是承前启后、致使浙东学脉不至于中断的重要环节。

黄宗羲之后,自视"梨洲私淑"的清代大儒全祖望在所撰《宋元学案》中多次使用了"浙学"概念,并对"浙学"作了肯定性评价。其《士刘诸儒学案》称:

> 庆历之际,学统四起,齐、鲁则有士建中、刘颜夹辅泰山而兴;浙东则有明州杨、杜五子、永嘉之儒志、经行二子,浙西则有杭之吴存仁,皆与安定(引者注:胡瑗)湖学相应。[2]

---

[1] 黄宗羲:《南雷诗文集(上)·移史馆论不宜立理学传书》,沈善洪主编、吴光执行主编:《黄宗羲全集》第十册,浙江古籍出版社,2005年,第221页。
[2] 黄宗羲原撰、全祖望补修:《宋元学案》卷六《士刘诸儒学案》,沈善洪主编、吴光执行主编:《黄宗羲全集》第三册,第316页。

全氏又在《周许诸儒学案》称"浙学之盛，实始于此"①（指永嘉九先生），在《北山四先生学案》称赞金华四先生（何基、王柏、金履祥、许谦）为"浙学之中兴"②，在《东发学案》将四明朱学传人黄震归入"浙学"之列，赞其"足以报先正惓惓浙学之意"③。综上，全氏所谓"浙学"是指涵盖浙东、浙西的两浙之学，并认为其学术渊源，都与宋初大儒胡安定（瑗）在湖州（地属浙西）讲学时形成的"湖学"相呼应，且与当时蔚为大观的齐鲁学、闽学、关学、蜀学相媲美，可见全氏对浙学评价之高。

继全祖望之后，乾嘉时代的浙东学者章学诚在《文史通义·浙东学术》中论述了"浙东之学"与"浙西之学"的异同，并分析了各自的学术渊源。他说：

> 浙东之学，虽出婺源，然自三袁之流，多宗江西陆氏，而通经服古，绝不空言德性，故不悖于朱子之教。
>
> ……
>
> 世推顾亭林氏为开国儒宗，然自是浙西之学；不知同时有黄梨洲氏出于浙东，虽与顾氏并峙，而上宗王、刘，下开二万，较之顾氏，源远而流长矣。顾氏宗朱而黄氏宗陆，盖非讲学专家、各持门户之见者，故互相推服，而不相非诋。学者不可无宗主，而必不可有门户！故浙东、浙西，道并行而不悖也。④

在章学诚看来，"浙东之学"与"浙西之学"的学术渊源及其学风虽然不

---

①　黄宗羲原撰、全祖望补修：《宋元学案》卷三十二《周许诸儒学案》，沈善洪主编、吴光执行主编：《黄宗羲全集》第四册，第 405 页。

②　黄宗羲原撰、全祖望补修：《宋元学案》卷八十二《北山四先生学案》，沈善洪主编、吴光执行主编：《黄宗羲全集》第六册，第 214 页。

③　黄宗羲原撰、全祖望补修：《宋元学案》卷八十六《东发学案》，沈善洪主编、吴光执行主编：《黄宗羲全集》第六册，第 394 页。

④　章学诚：《文史通义》卷五《内篇五》，上海书店出版社，1988 年，第 65 页。

同,但都是儒家之学,其道可以并行不悖,特色是"宗陆而不悖于朱"。

那么,在当代应该如何定位"浙学"的内涵? 我在《简论"浙学"的内涵及其基本精神》一文中,首次明确地提出了对"浙学"内涵应该作狭义、中义与广义区分的观点:

> 狭义的"浙学"(或称"小浙学")概念是指发端于北宋、形成于南宋永嘉、永康地区的以陈傅良、叶适、陈亮为代表的浙东事功之学;中义的"浙学"概念是指渊源于东汉、酝酿形成于两宋、转型于明代、发扬光大于清代的浙东经史之学,包括东汉会稽王充的"实事疾妄"之学、两宋金华之学、永嘉之学、永康之学、四明之学以及明代王阳明心学、刘蕺山慎独之学和清代以黄宗羲、万斯同、全祖望为代表的浙东经史之学;广义的"浙学"概念即"大浙学"概念,指的是渊源于古越、繁荣兴盛于宋元明清而绵延泽惠于现当代的浙江学术思想传统与人文精神传统。这个"大浙学",是狭义"浙学"与中义"浙学"概念的外延,既包括浙东之学,也包括浙西之学;既包括浙江的儒学与经学传统,也包括浙江的佛学、道学、文学、史学、方志学等人文社会科学传统,甚至在一定意义上涵盖了有浙江特色的自然科学传统。当然,"大浙学"的主流,仍然是南宋以来的浙东经史之学。①

我认为,我们在总结浙江学术思想发展史时,必须对狭义、中义与广义的"浙学"分别加以系统的研究与整理,然而站在当今建设浙江文化大省的立场上,则应采取广义的"浙学"概念,不但要对两浙经史之学做系统的研究,也要对浙江文学、艺术、科学、宗教等作系统的全方位研究,而不应仅仅局限于"浙东学派"或"浙东史学"的视野。

---

① 吴光:《简论"浙学"的内涵及其基本精神》,《浙江社会科学》2004 年第 4 期。

如果从广义的大"浙学"视野观察与反思浙江的学术文化传统,那么显而易见的是,所谓"浙学",是多个学派"和齐斟酌,多元包容,互相融摄"而形成的一种地域性学术格局与学术传统,这个学术格局虽然异见纷呈,但也培养了共同的文化精神——浙学精神。

事实上,浙江这块土地,虽然有浙东、浙西之分,但仅仅一江之隔,是不可能从人文传统上将其截然分开或将两者对立起来的。在浙江学术史上,浙东、浙西往往是你中有我、我中有你、关系密切、互相影响的。例如,明末的蕺山学派当然属于"浙东学派"之一,但刘蕺山的弟子中却有好几位浙西籍学者,其中著名者如陈确(杭州府海宁县人)倾向浙东王学,而张履祥、吕留良(均为嘉兴府桐乡县人)则属于浙西朱学。在近现代,浙东、浙西之学更有相互融通之势,尤其是在省会杭州更是如此。如出身浙西杭州府的龚自珍、章太炎,其实堪称浙东学风的继承者与弘扬者。因此,我们在当代应当坚持"广义浙学"的研究方向。

三、"浙学"的学派与人物

应当承认,浙江在北宋以前,虽有名家(如王充、虞翻),但无学派。因为学派是不但要有宗师,有宗旨,而且要有团队,有传承的。而自北宋以至民国,浙江大地名家辈出,学派林立,可谓盛矣。下面列举北宋以来形成发展于浙江的主要学派以及游离于学派之外但属于大浙学的著名人物略作介绍:

北宋初期的安定湖学。两宋时期,出现了儒学复兴运动,形成了儒学新形态。如宋初三先生之一的胡瑗即在湖州府学教授任上开创了以重六经义理为特色的"湖州学派"。欧阳修论曰:"(胡瑗)其在湖州之学,弟子去来常数百人,各以其经转相传授,其教学之法最备,行之数年,东南之士莫不以仁义礼乐为学。……于是建太学于京师,而有司请下湖州取先生之法以为太学法。"①显然,胡瑗的"湖州之学",在宋初儒学发展中影响深远。可以说,湖学是宋代浙学的先导,是浙江学术史上第一个可称学派的学术群体。

1. 北宋元丰时期"永嘉九先生"。

九先生即周行己、许景衡、刘安节、刘安上、蒋元中、沈躬行、戴述、赵霄、张辉。他们都曾到北宋首都汴京的太学学习,学成后回到永嘉地区传播张载、吕大临的关学、二程的洛学和王安石的"新学",因而形成了北宋永嘉学派。

2. 北宋明州地区"庆历五先生"。

五先生即慈溪的杨适和杜醇,鄞县的王致、王说,奉化的楼郁。全祖望在《宋元学案·士刘诸儒学案》中说:"庆历之际,学统四起……浙东则有明州杨杜五子……与安定胡学相应。"②"五先生"对于北宋儒学在浙东的传播发挥了极大作用。

3. 南宋永嘉学派。

南宋时期,是浙学的鼎盛期。南宋的浙江是全国政治、经济、文化中心。一方面,浙江活跃着南宋儒学的各大流派,如程朱理学派,象山心学派等。另一方面,浙江本土形成了若干重要学派。如以薛季宣、陈傅良、叶适为代表的南宋永嘉学派,以吕祖谦为代表的金华婺学,以浙东明州四先生为代表的四明心学。尤其是叶适的永嘉学派,被全祖望誉为"与朱、陆二派,遂称鼎足"③。

4. 吕祖谦与婺学。

以吕祖谦为领袖的婺学是南宋浙学的重要流派。吕学在当时与朱学、陆学鼎足为三。其特色,一是能兼取朱、陆二家之长,包容多元,和而不同。诚如全祖望所说:"宋乾、淳之后,学派分而为三:朱学也,吕学也,陆学

---

① 张春林编:《欧阳修全集》,中国文史出版社,1999年,第811页。
② 黄宗羲原撰,全祖望补修:《宋元学案》卷六《士刘诸儒学案》,沈善洪主编、吴光执行主编:《黄宗羲全集》第三册,第316页。
③ 全祖望:《宋元儒学案序录》,沈善洪主编、吴光执行主编:《黄宗羲全集》第三册,第38页。

也。……要其归宿于圣人则一也。"①在吕祖谦的学说体系中,既有中原文献之学,又有关洛之学;既能折衷朱陆穷理尽心之学,又能兼取永嘉永康事功之学,从而成就了浙学发展的一道独特学术风景。二是提出了治经史以致用的实用史观,主张"讲实理、育实材而求实用"②。

5. 象山心学在浙江。

浙江是象山心学形成的重镇。如杨时弟子钱塘人张九成就是象山心学的理论先驱。象山心学在浙江的传人,主要是被称为"甬上四先生"的杨简、袁燮、舒璘和沈焕四位宁波同乡。他们在浙东传播和弘扬陆学,发挥了重要作用。文天祥曾评价说:"广平(舒璘)之学,春风和平;定川(沈焕)之学,秋霜肃凝;瞻彼慈湖(杨简),云间月澄;瞻彼絜斋(袁燮),玉泽冰莹。一时师友,聚于东浙。呜呼盛哉!"③可以说,象山心学发源于江西,而发扬光大于浙江。

6. 王阳明与浙中王门。

王阳明的一生以文治武功著称于世。其卓著者,一是平定了赣、粤、闽、湘四省交界地区的匪乱,并奏请朝廷同意设立了福建平和、广东和平、江西崇义三县,促进了当地经济、社会、文教事业的发展;二是平定了宗室宁王朱宸濠的叛乱,稳定了中央政权;三是平定了广西瑶族土司的反乱,稳定了边疆地区。

王阳明的学说简称阳明学。所谓阳明学,就是由王阳明所奠定、其弟子后学所传承发展,以"良知"为德性本体,以"致良知"为修养方法,以"知行合一"为实践功夫,以"明德亲民"为政治应用的良知心学。王阳明一生足迹几乎遍及中国,其讲学活动也遍布大江南北,形成了王门诸派,有浙中、江右、

① 黄宗羲原撰,全祖望补修:《宋元学案》卷五十一《东莱学案》,沈善洪主编、吴光执行主编:《黄宗羲全集》第五册,第7页。
② 黄灵庚、吴战垒主编:《吕祖谦全集》第1册,浙江古籍出版社,2008年,第84页。
③ 黄宗羲原撰,全祖望补修:《宋元学案》卷七十六《广平定川学案》,中华书局,1986年,第2554页。

泰州、南中、北方、闽粤、楚中七大派。

浙中是王学的发祥地和最早的传播地。黄宗羲在《明儒学案·浙中相传学案》中罗列了徐爱、蔡宗兖、朱节、钱德洪、王畿、季本、黄绾、董沄、董穀、陆澄、顾应祥、黄宗明、张元冲、程文德、徐用检、万表、王宗沐、张元忭等近二十人为浙中王门弟子。这些人中，以徐爱、钱德洪、王畿、黄绾、张元忭最为著名。

7. 刘宗周与蕺山学派。

刘宗周开创的蕺山学派，在浙江儒学史乃至中国思想史上都有重要影响。清初大儒黄宗羲、陈确、张履祥等都是其弟子。黄宗羲说："先生之学以慎独为宗。儒者人人言慎独，唯先生始得其真。"[1]

刘宗周在政治实践中，始终将确立道德本体放在治道首位。他对崇祯皇帝只讲功利刑名而不重道德教化的失德行为的批评可谓不遗余力。崇祯帝几次都想杀了这个"老儿"，但又叹其忠直，故几次将他削籍为民，又重新起用他。刘宗周在家乡绍兴发起了"证人社讲会"，形成了以讲会为中心的蕺山学派。史载"执赞称弟子者，海内不下千人"[2]。蕺山学派乃成为明末最具影响力的学派。其著名者有祁彪佳、张应鳌、刘汋、董玚、黄宗羲、黄宗炎、邵廷采、陈确、万斯选、恽日初、张履祥等三十余人。

8. 黄宗羲与清代浙东经史学派。

黄宗羲出于蕺山之门，他既认同"盈天地皆心也""圣人之学，心学也"，又力图弥补心学空疏之弊，鄙视逃避现实、沦为"道学乡愿"的理学与心学，而建立了以"明经通史"、经史并重为特色的"清代浙东经史学派"。

清代浙江经史学派的活动区域，以浙东的宁波、绍兴为中心而扩展于浙西，影响至全国；其主要代表人物，以经学为主兼治史学的有黄宗炎、万斯大，以史学为主兼治经学的有万斯同、邵廷采、全祖望、章学诚，经史兼治而

---

① 黄宗羲：《明儒学案》卷六十二《蕺山学案》，沈善洪主编、吴光执行主编：《黄宗羲全集》第八册，第890页。

② 刘士林：《蕺山先生行实》，《刘宗周全集》第5册，浙江古籍出版社，2012年，第712页。

偏重文学的有李邺嗣、郑梁、郑性,偏重于自然科学的有黄百家、陈讦、黄炳垕,偏重考据的有邵晋涵、王梓材。

9. 张履祥与清初浙西朱学。

张履祥是刘宗周的弟子,也是清初浙西朱学的领袖人物。他是典型的由王返朱的学者。他作为理学家,不务虚谈,崇尚笃实,为廓清明末王门后学清谈杂禅之风作出了重要贡献,对程朱理学在清初浙西的复兴起到了重要作用,由此形成了一个以张履祥为领袖、以吕留良、陆陇其为骨干的浙西朱学派。

10. 乾嘉考据学在浙江的展开。

清代中叶的乾嘉时期,随着清朝统治趋于稳固,学者慑于文字狱的淫威,多以考据为取向,故有乾嘉考据学之称。其在浙江的代表主要是杭世骏、严可均等人。杭世骏(1695—1773),字大宗,号堇浦,仁和人,著有《道古堂集》《榕桂堂集》等。严可均(1762—1843)字景文,号铁桥,乌程(今吴兴)人,著有《说文长编》,又辑《全上古三代秦汉三国六朝文》,收录 3 000 余家。《清代朴学大师传》赞曰:"清代著述之富,盖无有过之者。"①

11. 近现代的浙江儒学。

近代以来,儒学在东西文化交融的历史条件下发生了深刻的变化,其主要趋势表现为向经世致用、兼收并蓄、中西会通方向的转变。这一时期,浙江依然涌现了很多杰出的学者与思想家,著名的有龚自珍、黄式三父子、俞樾、孙诒让、章太炎、王国维、马一浮等。他们继承了浙学的优良传统,一方面,注重阐发经学义理,如俞樾、章太炎等著名经学大师,雄踞晚清经学之巅。另一方面,注重会通中西、经世致用。如孙诒让著《周礼正义》《墨子间诂》,并创办实业,兴办学校,堪称近代儒学经世致用之典范。从龚自珍到章太炎、马一浮,或宗师今文经学,或青睐古文经学,或以《六经》为国学津梁,

---

① 支伟成:《清代朴学大师传》,岳麓书社,1998 年,第 171 页。

注重以德解经,都表现了浙江儒者以儒学作为救国救民的思想工具之艰苦努力。

四、"浙学"的基本精神与当代价值

在经历千百年的学术磨合过程中,"浙学"各派逐渐形成了以"实事疾妄、崇义谋利、知行合一、经世应务、兼容并包"为主要特色的浙江人文精神。这种人文精神是从王充到叶适、王阳明、黄宗羲以至近现代的龚自珍、章太炎、鲁迅、蔡元培、马一浮等著名浙江思想家都一致认同并且以不同方式予以阐扬的浙江文化精神。

那么,浙江学者所倡导和积累起来的共同文化精神——"浙学"的基本精神是什么呢? 我在上述《试论"浙学"的基本精神》文中将它概括为"求实、批判、兼容、创新"八个字,又在《论浙江的人文精神传统及其在现代化中的作用》一文中从五个方面概述了浙学人文精神的主要内容,即:"一、'天人合一,万物一体'的整体和谐精神;二、'实事求是,破除迷信'的批判求实精神;三、'经世致用'的实学精神;四、以工商为本的人文精神;五、教育优先、人才第一的文化精神"①。

只要稍微具体地翻阅一下浙江思想文化史,我们就可以找出许多例证来证明上述浙学人文精神的真实性与普遍性。在此,我不想旁征博引,而仅仅列举浙江思想家中最有代表性的几句名言,期与读者共同体悟"浙学"的基本精神。

一是王充的"实事疾妄"精神。我们知道,"实事求是"这句经典名言,最早出自于班固手笔。② 其实在班固之前的王充,已经在《论衡》的众多篇章中

---

① 参见拙文《论浙江的人文精神传统及其在现代化中的作用》,《杭州师范学院学报》(社会科学版)2001 年第 2 期。

② 《汉书·河间献王传》称河间献王刘德"修学好古,实事求是",见班固:《汉书》卷五十三,中华书局,1962 年,第 2410 页。

表达了这一思想，特别是在《论衡·对作篇》中强调自己的写作宗旨是"《论衡》实事疾妄，无诽谤之辞"①。所谓"实事疾妄"，就是实事求是、批判虚妄，所体现的正是一种求实的、批判的精神。这种精神，在后来的浙江思想家如陈亮、叶适、黄宗羲、龚自珍、章太炎、鲁迅身上，表现得尤其突出。

二是叶适的"崇义谋利"思想。义利关系问题是历代思想家都要讨论的课题。孟子对梁惠王讲："王何必曰利？亦有仁义而已矣。"②董仲舒又说："正其义不谋其利，明其道不计其功。"③由此，许多人以为儒家"重义轻利"。其实不然。孟子是以行仁义为大利故不必言利，董仲舒之说则确有轻视功利之弊，所以遭到叶适的批评，称之为"疏阔"之语，指出"既无功利，则道义者乃无用之虚语尔"④。叶适义利观的根本思想是"崇义以养利"⑤，是反对"以义抑利"而主张"以利和义"⑥的，实质上是一种"崇义谋利"的思想主张。这种敢言功利的思想成了浙江人文精神的一大资源，并成为浙江经济发展的持久动力。

三是王阳明的"知行合一"思想。王阳明创立了良知心学。他以"知行合一"为立言宗旨，认为"知者行之始，行者知之成，圣学只一个工夫，知行不可分作两事"⑦，并强调"真知即所以为行，不行不足谓之知"⑧，实际上作出了"知行合一重在行"的论述。王阳明的"知行合一"论对于当前正在开展的全民道德教育、干部廉政教育和"三严三实"专题教育具有借鉴意义，也有助于当前中华传统文化的传承发展，发挥"人文化成"的积极作用。习近平总书记近年来在多次讲话中强调与阐发了王阳明"知行合一"论的内涵及其当代价值。如 2014 年 1 月在党的群众路线教育实践活动第一批总结暨第二

---

① 黄晖：《论衡校释》卷二十九《对作篇》，中华书局，1990 年，第 1185 页。
② 焦循：《孟子正义》卷二《梁惠王上》，中华书局，1987 年，第 36 页。
③ 班固：《汉书》卷五十六《董仲舒传》，第 2524 页。
④ 叶适：《习学记言序目》卷二十三《汉书三》，中华书局，1977 年，第 324 页。
⑤ 叶适：《水心别集》卷三《士学上》，《叶适集》，中华书局，1961 年，第 674 页。
⑥ 叶适：《习学记言序目》卷二十七《魏志》，第 386 页。
⑦ 王守仁：《王阳明全集》卷一《传习录上》，上海古籍出版社，1992 年，第 13 页。
⑧ 王守仁：《王阳明全集》卷二《答顾东桥书》，第 42 页。

批部署会议上强调:"知是基础、是前提,行是重点、是关键,必须以知促行、以行促知,做到知行合一。"2014 年 5 月 4 日在考察北京大学时勉励大学生:"道不可坐论,德不能空谈。于实处用力,从知行合一上下功夫,核心价值观才能内化为人们的精神追求,外化为人们的自觉行动。"这些重要讲话,体现了习近平同志对王阳明"知行合一"思想的深刻理解,也揭示了阳明良知心学在当今实现中华民族伟大复兴实践中的巨大价值。

四是黄宗羲的"经世应务""民主君客"思想。中国知识分子历来有"以天下为己任"的政治参与意识,这在浙江思想传统中表现尤其突出,而黄宗羲所谓"学必原本于经术,而后不为蹈虚,必证明于史籍,而后足以应务"①"经术所以经世"②,正是浙学"经世致用"传统精神的典型体现。他在《明夷待访录》中提出的"天下(人民)为主,君为客"③的思想命题,则代表了中国传统儒家民本思想向民主方向的转化,是具有民主启蒙精神的新民本思想。

五是蔡元培的"兼容并包"思想。在浙学传统中,历来有一种兼容并蓄、和齐同光的精神,如王阳明有"折衷群儒"④之说,黄宗羲强调治学要善于"会众以合一"⑤,章学诚提出"道并行而不悖"⑥之说,都是这种精神的体现。近代教育家蔡元培更是一再强调学术上要坚持"兼容并包""思想自由"⑦的方针。这不仅继承与发扬了"浙学"传统,而且成为北京大学的优良校风与学风。

虽然能够体现浙学精神的不止上述数言,但仅此数言,即足以反映出浙

---

① 全祖望原著,黄云眉选注:《鲒埼亭文集选注》下编《甬上证人书院记》,齐鲁书社,1982 年,第 347 页。

② 全祖望:《梨洲先生神道碑文》,沈善洪主编、吴光执行主编:《黄宗羲全集》第十二册,第 8 页。

③ 黄宗羲:《明夷待访录·原君》,沈善洪主编、吴光执行主编:《黄宗羲全集》第一册,第 2 页。

④ 王守仁:《王阳明全集》卷二十一《答徐成之二》,第 809 页。

⑤ 黄宗羲:《南雷诗文集(上)·万充宗墓志铭》,沈善洪主编、吴光执行主编:《黄宗羲全集》第十册,第 417 页。

⑥ 章学诚:《文史通义》卷五《内篇五》,上海书店出版社,1988 年,第 65 页。

⑦ 转引自胡国枢:《杰出的教育家蔡元培》,《浙江十大文化名人》,浙江人民出版社,1987 年,第 317 页。

江文化底蕴的深厚,足以代表浙江的人文精神传统。这种人文精神传统落实到社会实践中,就转化成为改天换地、建功立业的巨大物质力量,从而开创了富有特色的浙江文明史,将浙江建设成为令人称羡的人间天堂。尤其是从上世纪八十年代改革开放以来的二十多年中,浙江人民在现代化建设实践中敢为天下先,大力发扬了"以人为本,诚信和谐,务实创新,开放图强"的人文精神与创业精神,创造了像温州模式、义乌小商品城、宁波服装业等等名震全球的业绩与经验,创造了浙江经济发展的奇迹,使浙江这块资源贫乏的土地成为富甲中国的省份。而当人们从深层次探讨浙江经济发展的动力时不难发现,浙江经济奇迹的出现并非偶然,她是与隐藏在经济发展背后的文化传统与人文精神分不开的,这个传统与精神,就是"浙学"的传统与浙江人文精神。例如,由温州模式所体现的是一种追求功利、讲究实效的重商精神与求实精神,这正是南宋以来浙东学派"崇义养利""义利双行"精神的发扬光大,也体现了"浙学"传统的求实精神与经世意识;义乌小商品城、宁波服装业之所以能保持久盛不衰的势头,也正体现了浙江文化传统中自强自立、开放创新、务实守信的创业精神;而杭州市成功地举办了多次的"西湖博览会"和"休闲博览会",之所以能赢得愈益众多的游客并带动旅游经济的发展,所体现的正是"浙学"传统的"以人为本、兼容和谐"的人文精神。

综上所述,"浙学"作为一种富有特色、充满活力的地域学术文化形态,是构成中华文化大厦的一个重要组成部分,不但在历史上促进了浙江与中国的文明进步,而且在当代中国现代化的实践中,仍然具有强大的精神感召力。"浙学"已经或正在成为中国走向世界、并在 21 世纪实现和平崛起的重要文化资源之一。

（本文作者为浙江省社会科学院哲学所研究员）

百年浙东学派研究及其折射的社会关怀

王　锟　金晓刚

提　要：学术研究往往离不开研究者所处的时代及其兴趣，浙东学派的百年研究现状也是如此。以现代学科体系的视野对浙东学派展开研究开始于民国时期。通过对民国时期、建国初期、改革开放初期、九十年代财税改革时期、二十一世纪以后这几个阶段浙东学派研究特点的简要梳理，可以发现研究者价值关怀的深刻影响。由此也可以在认识到浙东学派研究进展的同时，发现其中存在的一些问题，并探究其出路。

关键词：浙东学派　新史学　功利　心性　体用

“一代之兴，必有一代之学”，每一历史时段，皆有与之相应的学术研究。究其原因，在于学术研究面对不同的历史时段，均需回应并解决殊异的时代课题。变动不居的学术方式与研究论题，折射了风云变幻的社会秩序、生活方式以及背后的思想观念。换言之，人类思考与社会变迁永远是跟踵同步的，而学术研究与现实关怀也始终是一对相契相生的共同体。纵观中西方学术史，包括史学、哲学、文学在内的人文研究都有强烈的现实旨趣，经世致用甚至成为学术追求的重要目标。而自十七世纪开始，尤其在西方知识界，人文研究遭受自然科学研究的严重挤压和激励，逐渐转向对客观真理的追寻。所谓“挤压”，即是自然科学凭借其特殊的研究对象及方法，在探索自然真相的道路上走得殊为成功。而人文社会科学因缺乏客观性、不可重复性与不能数量化往往被轻视甚至嘲弄。在这一危机下，人文研究的合法性受到质疑，地位、处境堪虞。而所谓"激励"，是指某些学术领域（如经济学、社会学等）在汲取自然科学的原理、方法后，相关研究也取得一定进展，激发了研究者的抱负和自信心。他们认为通过客观研究，同样可以获得人文社会世界的"万有引力定律"。为此，他们标榜"价值中立"，就是在学术研究中搁置立场、价值、情感上的"预设"，纯以逻辑推理和材料证据得出结论，并想当然地认为，在研究过程中愈是"无色彩"的研究，其得到的真相愈是客观。平心而论，这种貌似有理的说法存在很大的片面性。人文社科研究确实有探寻历史真相的一面，但不能遗忘研究者背后所渗透的主观价值关怀。

　　一是，人文社会科学的研究对象本身就是意义丰富的行动和事件。相对于自然科学领域可测量、可实验、可分析操作的物质化的研究对象，人文社会科学的研究对象是活生生的"人"的活动。而"人"，除了是物理化学意义上的肉体结构之外，还是有喜好、厌恶、希望、目的、欲求等情感和动机的思想与行为的主体。质言之，人本身就是有目的和有"意味"的动物，其行动或事件是有"价值预设"的。不仅如此，人的"意味"往往具有某种主观性。从空间上看，这种主观性还随着生活的地理、阶层、风俗、习惯、文化、宗教信仰有很大的不同，若再叠加上时间方面的生理年龄、时代变迁等因素，就愈加错杂多样。尤其是文学、艺术、哲学、宗教等领域的行为者和事件的主体更属于"意义敏感群体"，他们的"意味"更加复杂、多变。也就是说，人文社会科学的研究对象，本身是具有丰富价值意味的人的行为和事件，若硬将它看作物质现象加以分析、操作、量化，反而是最大的不客观了。这也无怪乎文德尔班、李凯尔特严格区分所谓的"物质科学"和"文化科学"。

　　二是人文社会学术研究的承担者——人文知识分子，本身极富意味。一个自然科学研究者，可以在实验室里冷静地研究一个细胞的结构或者一只跳蚤后腿的运动机理而不顾其他，即使身处战火纷飞的时代，或许也不影响他在显微镜下的观测。而每一个人文社会研究者，他们对人事社会现象的研究,或多或少都有一定的"社会关切",他们的研究往往寄寓情感、愿望、抱负或者梦想。即使那些所谓钻"故纸堆"的人(如乾嘉考据学派),内心其实透着一股"事功气"。这对历史意识特别发达,"温故知新"愿望强烈的中国人文社会学者来说更是如此。人文社会学者从事学术研究的动机、对象的选择、研究视角的拣选、材料的取舍乃至目标的制定等等,无不有一定的主观意味。所以钱穆当年告诫学生:"诸位不要认为学问则必是客观的,其中也有做学问人之主观存在。"[①]在钱先生眼里,文史研究不能遗忘背后"人"的存在,他们"做学问"的缘起往往有其初衷与诉求。

如前所言,人文社会事件的发出者是"意义敏感的群体",而哲学史和思想史的研究主体更是明显。同样,处于二十世纪大变局中的中国人文知识分子更具有"忧患意识",他们的哲学史和思想史的研究,往往附加着该群体自身的意义追求。可以说,一部学术研究史,就是从事学术研究的人文知识分子群体的思想史。浙东学派的研究,也是一直在历史变迁与思想寄寓的语境下展开。对浙东学派的概念、内涵及人物思想的理解,也往往受历史与思想这二重维度的影响。

一

浙东学派的源流、内涵及学术特色的塑造,是一个不断层累建构的历史过程,在这方面,吴光、董平、何俊等诸位学者长期深耕于此并打下了坚实基础。自朱熹提出"浙学"一词,指摘其"功利""重史"色彩,南宋至清中期,浙东学派的"事功""心性"两面在不同学者的诠解中分分合合,历经多次调整。在民国新史学及民族主义的荡涤下,浙东学派被定格为史学与事功学;建国后,浙东学派又以事功显著被视为唯物主义的代表。1980 年至 20 世纪 90

---

① 钱穆:《中国史学名著》,三民书局,1988 年,第 13 页。

年代末，除学者继续阐述史学、事功外，其心学一面得以重拾；2000 年以来，浙学绾合"事功与心性"的共识逐渐形成。

从后世建构的学术谱系来看，浙东学派滥觞于北宋"明州杨杜五子""皇祐三先生"与"永嘉九先生"，形成于南宋的吕学、永嘉、永康、北山及四明诸学派，大成于明代的阳明学及蕺山学派，在清代以黄宗羲、万斯同、全祖望、章学诚为代表的浙东史学时达到全盛。而认识与叙述的过程自然涉及对浙东学派的评骘与研究，其进度大体可分宋元、明清、民国和现代四个历史时段。

在宋元时期，浙东学派多被称为"浙学"，言论多见于朱熹、吕祖谦、陈亮、黄溍、刘埙等人的语录、书信、文集以及正史的《道学传》《儒林传》。明清时期，除史书、语录、文集外，系列"学案体"著作（如《圣学宗传》《理学宗传》《明儒学案》《宋元学案》）大量记载浙东学派的人物、思想及师承谱系，其中的许多观点对后世论述有重要启示。晚清民初，学界完成《金华丛书》《永嘉丛书》《四明丛书》等大型文献的搜辑、刊刻，为此后研究奠定了坚实基础。当然，以上这些成果多属史料性的沉积，难以称得上正式研究。

真正以现代学科体系的视野、方法解读浙东学派，起于民国时期。颇具意味的是，民国学人研究浙东学派，起初大都发掘学派中所蕴藏的民族主义和事功进取精神，在研究对象上基本扎堆于陈亮、王阳明、刘宗周、黄宗羲、全祖望、孙诒让、宋恕等人，对其他的思想家关注较为阙如。其中，黄宗羲成为关注最多、成果最丰硕的人物。究其背后缘由，主要在于面对国家民族危机，政治运动如火如荼，以及受现代新思潮的轮番刺激，政治思想精英们抓住了黄宗羲——这个对旧时代激烈批判又透射出某种启蒙亮光的本土人物，希冀以此为媒介表达自己的某种现代理想。各层面的研究者囿于各自的派别、立场、诉求和梦想，对黄宗羲的看法虽有差别，然而都集中于他的政治思想和反满行动，聚焦他的《明夷待访录》《孟子师说》等书，在解读上则大力发掘其政治思想的"民主"特性，将他视为民主思想和民主政治的先驱，以之接引现代民主政治观念在中国的实现。这种解读，尤其表现在二十世纪八十年代"新启蒙思潮"影响下对黄宗羲政治思想的诠释。与此同时,受日本明治维新推崇阳明学直接或间接的影响,重视"心力"和积极实践的王阳明一度成为维新派或革命派的精神偶像。维新派和革命派学人也随之构成晚清民初阳明学研究的主体。而永嘉学派的孙诒让、宋恕因其宣扬近代启蒙改良思想、推行近代实业和教育活动受到民国学人的青睐,并在二十世纪八十年代改革开放初期再度成为研究热点。另外,有关陈亮、刘宗周、全祖望等人的民族气节和爱国精神也成为当时研究的热点,借以激发国人的民族气节和爱国意识。

建国后,运用辩证唯物主义和历史唯物主义原理、方法分析研究学术思想成为学界的主流。流风所及,唯物与唯心的派性划分、阶级属性的归属以及投降与爱国、进步与保守的争论成为浙东学派研究的主旋律。自建国到二十世纪八十年代,主流意识形态对传统文化和思想大抵采取对抗和决裂的态度。因此,他们对理学的看法是"以理杀人""灭人欲"、官僚主义、愚民思想、专制主义、维护封建纲常伦理、代表大官僚大地主阶级的利益等等。理学被视为反动、保守思想的代表。在这一叙述下,朱熹被判为卖国派,王守仁成为"屠杀人民的刽子手"。研究理学变成"学术的禁区"(除非当作"反面教材"进行批判)。

基于"唯物与唯心二分"的哲学史研究,大陆学者注意到宋明理学内部有心本论(主观唯心主义)、理本论(客观唯心主义)、气本论(唯物主义)的斗争,因此特别突出张载、王夫之的气论,叶适、陈亮的事功说,李贽、何心隐等反传统的思想。在此态度的影响下,陆王心学、程朱理学被当作唯心论的代表加以批判。而叶适、陈亮则被塑造为反理学的代表加以褒扬。如吕振羽指出,叶适"在哲学上是与唯心主义作斗争的唯物主义流派,政治上是与保守派作斗争的具有进步倾向的改良主义流派,与主和派即妥协、投降派作斗争的主战派"[1]。

---

[1]　吕振羽:《论叶适思想》,《历史研究》1960 年第 2 期。

侯外庐更是将叶适看作"庶民地主及个体农民和工商业者"的代表，与以程
朱道学为代表的封建地主阶级思想作斗争。陈亮也被视为唯物主义和爱国
主义典型，他与朱熹的"王霸之争"则被看作唯物论与唯心论、进步派与保守
派的思想决战。

　　有意思的是，对黄宗羲的评价颇为微妙、复杂。有人认为他代表平民阶
级，也有主张他是平民的反对派，强调他是地主阶级代表，哲学上属于唯心
派。由于对黄宗羲思想定位的分歧，出现了有意思的研究现象，在黄宗羲政
治思想鲜明的进步性与哲学思想模糊保守之间出现了矛盾和脱节。受风气
所导，即便是历来被称颂的黄宗羲的政治思想，也开始受到某种批判。如嵇
文甫认为，黄宗羲虽有鲜明的民主主义思想，但其民主思想，反映的是当时
一般中小地主和缙绅士大夫反抗大地主专政的民主要求，虽然对君主专制
的罪恶有大量揭发，但他并不主张废止君权，与近代意义上的民权政治相距
甚远。① 很明显，这种具有浓厚教条主义色彩的唯物与唯心二元对立及阶级
分析的方法，是政治意识形态斗争激化下的产物，并在二十世纪八十年代甚
至九十年代初期的浙东学派研究中仍余波荡漾。

　　二十世纪八十年代以来，随着改革开放和市场经济的发展，功利主义和
经济思想日成主流。为此，从功利和商品经济的角度研究浙东学派成为热
点。首先是陈亮、叶适等人的事功精神得到全面的关注。据统计，讨论"王
霸之辩"及与之相关的功利思想的论著，占这段时期浙东学派研究成果的四
分之一。在九十年代财税改革的推动下，关于周行己、叶适、黄宗羲等人的
经济财税思想的研究，旋之成为浙东学派研究的新趋向。尤其是秦晖，在研
究黄宗羲经济思想时，提出财政史上所谓的"黄宗羲定律"。2003 年，时任
国务院副总理的温家宝特对此做出批示，要求财政、农业等部门在推行农村
税费改革时要注意研究这一问题，后来在许多场合又多次提到这一定律，指

_____

① 嵇文甫：《黄梨洲思想的分析》，《新建设》1959 年第 12 期。

出一定要跳出"黄宗羲定律"的怪圈,从而将该理论从纯学术研究的领域推向现实政策的制定上面。

进入二十一世纪,随着地方经济的蓬勃发展,财富积累愈加丰厚,人们越来越关注文化精神,加之浙江省政府适时启动"文化工程建设",都促进了浙东学派研究的繁荣。与此前相比,新的变化主要表现在文学、艺术等角度的开掘和地方文献的整理上,一大批文学、艺术、文献等专业领域的学者加入了研究队伍,钩沉了浙东学派的文艺面向。其中,对浙东学派文献资料的整理成为最大亮点。而人物的个案研究,同样折射出浙东学派研究史的重心和节奏随着时代思想的节奏而脉动。

以王阳明为例,综观百年的阳明学研究,从整体氛围而言,大致经历了"思想意识形态"——"复苏转型"——"纯学术"三大变奏期:改革开放前的王阳明研究,无论民国时期的维新革命派、国粹派、现代新儒家的研究,还是日本战前战后的研究,乃至建国后至二十世纪八十年代间大陆学界的马克思主义立场、方法的研究,都具有强烈的政治社会关怀和意识形态色彩,研究者满怀"宏大叙事"和思想抱负,其王阳明学术研究承载并服务于此种"思想观念"。可以说,这时期的王阳明研究史就是那一时代研究者的"思想观念史"。这种形态的研究,到建国后尤其在"文革"时期走向极端,最终以主观的"思想意识"取代客观的学术研究,导致教条主义和"标签化"的泛滥。而改革开放以来的第一阶段,大陆学界力图挣脱此种教条主义和"标签化"模式,进入了王阳明研究的"复苏转型",经过十多年的反思,九十年代后走向客观的纯学术研究,使阳明学研究走向繁荣,取得了丰硕的成果。

总之,百年的浙东学派研究史,虽不乏纯学术的研究成果(尤其是近十几年来的论著),但受时代思想的影响无疑是深刻而巨大的。可以说,百年浙东学派的学术研究史,映射着百年的中国思想史,诠释了"一切学术研究史都是思想史,也是当代史"。随之而来的一个问题便是:人文学者在研究中如何把握纯学术研究和思想关怀的关系?这是一个值得永远思考的严峻问题,恐怕不是轻描淡写的一句"学问凸显,思想淡出"所能带过的!

二

　　近一百年,浙东学派以其人物、思想的卓绝与活力不断被世人叙说与建构。这些论说主体有的属于局外旁观者,有的则是学派后继人,尽管评骘或许不一,但都折射出不同语境下对这一学派的认知。这些自述与评价构成了当时的认识史。二十世纪以来,对浙东学派的研究焦点、阐释方法虽有巨大转型,然而关注热度仍有增无减。不可否定的是,在欣欣繁盛之时,大量的错读、误解也随之俱来。这些误区破坏了浙东学派的历史复原,也某种程度羁绊了中国学术史的研究进程。

　　其一,割裂心性与事功。

　　浙东学派最初被朱熹斥为"功利""重史",明显带有贬低、责难的意味。后世学者虽有不满,但延续了朱熹的理解,多指浙东的事功、经史之学。尤其经过章学诚《文史通义·浙东学术》的谱系建构与宗旨揭橥,"言性命者必究于史"陡然成为浙东学派特征的定调。民国梁启超、何炳松等新史学建构者,大力赞赏浙东之学的史学造诣。抗战期间的学者,亦大力阐发浙东学派的史学、事功精神。1949 年后三十年内,在唯物、唯心主义的二元模式下,陈亮、叶适被贴上唯物主义的标签。二十世纪八十年代以来,市场经济的浪潮又不断催化学者对浙东学派的经济、货币、改革思想的诠释。经过百年的反复申说与共同推阐,史学与事功被单独抽离,"有事功而无心性""反理学的代表"成为浙东学派的两大标识。

　　其实,在大倡史学、讲求事功的同时,浙东学派的心性之学一直未曾衰歇,二者并行不悖,深深根植于学派思想之中。片面高举史学、事功,无疑抹去了浙东学派与张载、二程、朱熹、陆九渊在理、气、道、器、心、性等范畴的思想共通。考察浙东学派的发展源流,每一阶段均与心性之学有着莫大的渊源。北宋的"明州杨杜五子""永嘉九先生"皆是洛学、关学的重要传人。南宋的吕祖谦、薛季宣、陈傅良等人与象山及其门徒同气相求,特别是吕祖谦有很大的心学倾向,而陈亮、叶适的事功之学也格外重视道德修养。黄宗羲直接指出:"心无本体,工夫所至,即其本体。""夫苟工夫著到,不离此心,则万殊总为一致。学术之不同,正以见道体之无尽也。"①可见,在浙东学派的思想中,心性与事功的反向只是外在的显现,其实质却是内在统一的。只是在不同时期的不同学者身上,这一特征有所侧重,呈现出某种显见的偏向。割裂浙东学派的心性与事功,一定程度折射出对宋明理学的认识偏差。因为宋明之学谈心性者必言事功,言事功者必说心性,其言虽有轻重、缓急、先后、次序之分,然合心性与事功为一的宗旨是一致的。或许晚清温州学者林损对永嘉学派的清晰洞察,对重新认识浙东学派有重要启示。林损的《永嘉学派通论》认为:"永嘉诸子非不言心性也,其所谓心性者,经济之心性耳;非不习文章也,其所谓文章者,亦经济之文章耳。""惟事功而无体,终亦必亡其用;惟心性而无用,终亦必丧其体,体用交丧,而人道于此尽矣。"②永嘉学派在心性、事功、文章方面是绾合为一的,如单独以经济、事功来窥视永嘉之学,无视他们的心性之学,无疑割裂了学术的体与用的关系,不能有全面、准确的完整认识,"永嘉诸子之言事功者,亦必不能离心性。事功与心性合,而后经济之真乃出。使永嘉之学独以经济为名,此固永嘉诸子之幸,而道之裂甚矣。"③

其二,沉迷旧说的"注疏式"研究。

《宋元》《明儒》两学案一直是近世思想史研究的重要文献,为后人观识宋元明三朝学术提供了指导性的窗口。百年浙东学派研究史显示,在两学案的启示、指引下,学界取得了众多醒目的成果。然而,两学案的篇目、文献

① 黄宗羲:《明儒学案·序》,中华书局,1985年,第7—9页。
② 林损著,陈肖粟、陈镇波编校:《林损集》上册卷二《专著》下,黄山书社,2010年,第342—343页。
③ 林损著,陈肖粟、陈镇波编校:《林损集》上册卷二《专著》下,第340页。

是经黄宗羲、黄百家、全祖望等人精心筛选的结果，其间糅合了编者的价值判断与主观意识。如《明儒学案》，乃是以阳明学为坐标构建而成的明代心学史。其"以各人自用得著者为真"的择选标准，也自然舍弃了诸多祖述朱学的学者。要言之，两学案是黄、全等人独到观点与喜好的反映，恐难当作宋明思想史的实录，亦不足以作为学术史研究的最终依据。而后世学者常不明此意，直接援引其中的文献，径自取代原典解读。更有甚者，单以学案中的案语作为预设与结论，尽力搜辑史料，形成"注疏式"的层累研究。这不独误解了编纂者的本意，亦与思想的历史场景南辕北辙，旋走旋远。

其三，循环于单一的研究视野与解读方法。

近代以来，各学科卓然自成体系，但相互间的分离愈加明显。桴鼓相应的是，百年来对浙东学派的认识，多定格于哲学史、史学史视野下的观照。这些研究虽有力还原了浙东学派所达到的哲学、史学高度，但单一视角与范式的循环往复，很大程度窄化、裁剪了历史的丰富面相，还直接导致两大研究弊端：一是遗漏众多所谓的"二、三流"思想家的解读。百年浙东学派研究，绝大部分扎堆于陈亮、叶适、王阳明、黄宗羲这一类大思想家、哲学家的考察，而对大思想家门人与后学的钩沉，远远不足；二是长期陷入浙东学派是否成立的论争泥淖。反对者认为清代浙东学派与宋代浙东学派"绝少因缘"，历史上并不存在一个源远流长的浙东学派。有的甚至认为章学诚、邵晋涵等人"自致通达"，与黄、全亦无关系，进而否认清代浙东学派的存在。支持者则主张黄、全、章等人均受到宋代浙东学派吕祖谦、黄震、王应麟等人的影响，与后者有紧密的学术渊源，而且前后有着"实学求是""经世致用""不主一家"等共同的思想旨趣。概括而言，前者以"近承"（师承关系）的标准来考衡，后者以"远绍"（学术渊源）的角度来视察，各持所据。质言之，争论的双方依照现代或西方的学派概念，从师承谱系、思想异同等维度，在建构、解构中形成长期的拉锯战，无疑偏离了问题本意，还进一步助推聚讼的错综复杂。

其四,地方意识下的过度阐释。

人文学科的研究,最有活力与生命的莫过于对社会、现实的高度关切。但如果倾注太过强烈的人文精神和价值关怀,以主观偏好随意剪裁文献,学术研究终将失去意义。反观百年浙东学派研究,也暴露出乡土关怀的过度问题。考察研究者的身份背景,很大部分源于浙江本籍。受桑梓情怀的驱动,一些研究缺乏客观理性,过于拔高浙东学派的历史地位,强调其学术思想的殊胜,可谓推崇多而批判少。如有的研究为标榜叶适的"崇义养利"思想,不惜扭曲程朱理学的义利观,认为后者属空谈心性之流。又如对浙东学派思想渊源的探讨,多凸显地域的"浙学"源头,而忽视异域及全国学术的输入与互动,遗忘了浙东学派的发展不仅是对以往浙学传统的传承,更是对全国学术思想的不断吸收与融汇,与当时全国思想所达到的高度相一致的事实。

三

基于以上百年来积聚的误区与不足,浙东学派研究有必要在配合搜辑新文献的同时,不断开拓视野,引入新方法,或许能走出误区,实现新的学术跨越。

一是从认识论角度阐释浙东学派的历史形成。

如前所述,浙东学派是不断被建构、编织的过程。就历史本体论来说,它并非是客观存在的实体,而是一个认知意义上的谱系建构问题。因此,与其无休止地辩争学派是否成立,不如从认识论角度出发,思考浙东学派的形成史。与蜀学、湘学相似,浙东学派名称的出现以及传承谱系的编织同样源于后人的学派建构。如全祖望眼中的"浙学",是相对于濂、洛、关、闽之学而言的南宋浙江儒学,其范围涵盖了当时浙东地区的永嘉、金华及四明之学;章学诚所谓的"浙东之学",源出朱熹,又受象山心学影响,包括三袁、王阳

明、刘宗周、黄宗羲、万氏兄弟、全祖望、邵晋涵等人；而梁启超的浙东学派主
要指清代的浙东史学；章太炎又在梁氏谱系的基础上增补了章学诚、黄式
三、黄以周三人……不同人对浙东学派的不同理解，也就出现言人人殊的人
物构成与学术谱系。而我们所要讨论的，不仅要比对这些概念与谱系的差
异，更需寻绎建构者不同的思路与背后所隐藏的历史意涵。因为不同的理
解与表达均蕴含了建构者不同的内在诉求。

而且耐人寻味的是，宋代以降，浙东学派在不同的历史时期常常受到学
者的注目，不断被人拾起、标举。后人还以不同的方式（如编纂浙东学派人
物传记、刊刻浙东文献）追步前人的志业，赓续这一学派传统。尤其在今日
浙江，从政府到民间，从官员到学者甚至商人，都汲汲于宣扬浙东学派或浙
学的历史、精神与价值，同时根据需要做出新的调适与阐释。换言之，我们
需要追问，浙东学派缘何有如此巨大的生命力与历史影响？如结合浙东学
派的思想本体与不同时期的历史理解，从认识论角度对这一问题作出解答，
在讨论学派是否成立以及诠说学派的思想特征之外，亦有重要意义。

二是从体用关系重评浙东学派的"事功"特色。

自朱熹开始，浙东学派或浙学就被视为"事功""功利"之学，不重心性修
养。后来学者不断沿袭、援引此说，以致"事功""功利"成为浙东学派的思想
标签。其实，考察近代以前对浙东学派的评骘史，所谓的"事功""功利"也只
是他者眼中的学说定位，并非吕祖谦、陈亮、王阳明、黄宗羲等浙东思想家的
自我认同与表达。如陈亮即不承认朱熹说他有"义利双行，王霸并用"的主
张，才引发著名的朱陈之辩。

正如程朱一派追求思想的"内圣外王"，在浙东学派的思想体系中，事功
与心性同样不可偏废，只是他们对事功、心性的侧重程度及开展的先后顺序
与程朱理学有别。如以哲学的体用关系来表达，程朱之学可说是"以体发
用"，先通过持敬涵养，完成对"道体"的认识与确立，然后遵循"道体"，展开
经世事功，最后实现开物成务。而浙东学派则是"由用见体"，在具体的治道

实践中显现"道体"的真义。因为他们认为"道"并非悬空存在。如黄宗羲云:"心无本体,工夫所至,即其本体。"心固然是本体,但这一主体的真正确立却在于工夫的展开与落实中。反映在治学层面,即章学诚所说的"言性命必究于史",只有从具体的经制、史学入手,发挥学术的经世致用,才能体现性理之学的生命与意义。

因对"道"的认识以及实现方式不同,浙东学派与程朱理学在义利观上也迥然相异。不同于程朱严义利之辩,主张"义利"二元,吕祖谦、陈亮、叶适、黄宗羲等人均强调"义利"一元。"义"与"利"只是"道"的一体两面,并非截然对立,所以不能说"义"是"道"之体,利是"道"之用,因为二者均属道之"体"。所以两派的分歧不在于要不要"义""利",而在于对二者是孰体孰用、孰先孰后的不同认识。

此外,从朱熹对浙学态度的前后变化,也可窥视其所批判的"功利"的真正意涵。朱熹虽对吕祖谦的学说抱有微词,与陈亮也有往复多次的辩论,但其主要矛头并非针对吕、陈个人的学问与品行。因为这些大儒与朱熹处于同一思想高度,能够兼顾心性、事功,合内外之道。如陈亮宣称"礼乐刑政,所以董正天下而君之也;仁义孝悌,所以率先天下而为之师也"①,明确持守以仁义、纲常为核心的道德价值。朱熹所真正担忧的是这两家后学未能领会乃师的思想真髓,偏执一端,以及由此产生的思想流弊。因为与祖师相比,后生晚学未经读书求理、心性磨炼,缺乏稳定合理的价值观,一味模仿前辈说史评人、实践事功之学,长期熏染,不知不觉陷入"利欲胶漆盆中",成就一个利益计算之心。因此,当吕、陈等人在世时,朱熹对浙学的批评较为婉和,逮二人下世,见两派流传的思想与原旨越走越远,所以态度骤转激烈,对浙学大加抨击。不难发现,朱熹对浙学"功利"的定位,与其说指向吕祖谦、陈亮等人的学问,不如说更多的考虑是对这种思想可能产生流弊的担忧。

① 陈亮:《陈亮集》卷之十一《策·廷对》,中华书局,1987年,第116页。

　　因此，对浙东学派思想特色的定位，需要从浙东学者思想的事功与心性的关系入手讨论，而不能只凭他人眼中的镜像与一己之论，同时还应思考这一评价背后的深层原因，后世又为何接受朱熹之说，层累相袭，形成浙东学派"事功""重史"的固定认识。

　　三是以思想史语境重绘浙东学派的百年研究史。

　　近代以来，浙东学派研究似乎一直未远离中外学者的视线范围。百年之间对其学术史的回顾也是与日俱增。纵观这些研究史的"前瞻后顾"，的确较清晰梳理了百年研究的流变，同时指出潜在的生长空间。遗憾的是，这些回顾千篇一律地强调研究成果有无在史料、视野、方法上超越前代，却遗忘了学术主体——"人"的存在，窄化研究史中包蕴的众多面向。其实，除呈现于外在的文字之外，百年浙东学派研究史还隐藏了内在的文本生成与历史语境，以及背后作者的情感、思想。而其中研究者的问题选择与观点诠解，本身就是一部鲜活的学术阐释史与精神探索史。因此，在关注文献客体之外，从思想史角度，回到文本的著述"现场"，追溯作者的主观意图，百年浙东学派研究将呈现出另一丰富的图景。

　　如前文所述，清末民初，梁启超为何对清代浙东学派青眼独加，并编织了从黄宗羲、万斯同、全祖望到章学诚的传承谱系？其背后原因乃是黄、章等人的学术思想契合了梁氏所提倡的"新史学"宗旨，成为其引介"新史学"所需的重要本土资源。何炳松撰写的《浙东学派溯源》（1932 年），表面上是为浙东学派争"儒学正宗"之名，其旨却在于借浙东学派研究，打破程朱道学的"定于一尊"，进而建构民国新史学。抗战期间，陈训慈、李源澄等人纷纷强调浙东史学的经世致用与民族大义，正是为了鼓舞民族士气，以浙东史学铸造民族精神，以学术砥砺民族自信，为抗战提供理论与文化力量。1949年后，陈亮、叶适的思想广受关注，被视为朴素唯物主义的代表，符合了当时政治运动下唯物与唯心之争以及"评法批儒"的需求。进入二十世纪八十年代，周行己、叶适、黄宗羲等人的经济、财税、改革思想被广泛讨论，即是学界对改革开放浪潮的积极回应,透露出学者在经济建设中的社会情怀。可以看出,百年浙东学派研究始终处于历史环境与价值关怀的影响之中。学者的评判背后,多多少少都渗透了自身的知识构架与社会关切。由此可见,百年的研究流变史不只是具体研究内容的推陈出新,更是一部学者与现实互动的精神史与自我理解史,映射出百年来中国社会的转型与变迁。

重视浙东学派研究主体与现实的互动,挖掘其中的内在寄托与旨趣,不仅可以明白著述的原意,还有裨于实现旧成果的新阐释与再认识。如对于陈亮、叶适、黄宗羲等人被冠以朴素唯物主义或爱国主义代表的论著,今日学界基本无视或有意淡化,认为这些研究充满"理论预设"或"教条主义"。从内容而言,这些论断的确有失偏颇,但并不能说其毫无研究价值。如能从这些论著中,窥视作者之时代与思想,剥离现实对学者的影响以及后者对前者的回应,后者又如何导向学术研究。把握这三者的交错与脉动,正是这些论著的特殊意义所在。因此,对这些"主观"研究,首先应大力批判,然后进行深入反思,从回应现实这一维度出发,思考他们为何研究以及如何阐释古典思想的时代价值,从而为当下的古典今释以及新思想的重建提供借鉴与反思。

由此观之,以思想史的视野观照百年间浙东学派研究,尝试对浙东学派研究成果的研究,实现二度阐释,不仅有助于深化浙东学派自身的相关问题,对于学术研究史的"元理论""写法"以及地位的探讨,也有重要的推动意义。

（作者分别为浙江师范大学马克思主义学院教授、浙江师范大学人文学院讲师）

◎ 名家研究

朱熹与黄宗羲异同的比较

——以"一本万殊"论为中心的考察

朱义禄

提　要："一本万殊"是宋明时期哲学家研讨世界统一性与多样性时经常使用的范畴。对"一本万殊"的诠释，有着理一元论、气一元论与心一元论的分野，且最能体现当时不同学者的宗旨。从中国古代哲学发展的大脉胳去考察，"一本万殊"的出现有它的必然性。朱熹与黄宗羲都喜欢讲"一本万殊"，但结论大相径庭。朱熹以"理一分殊"来论说"一本万殊"，其渊源是周敦颐与佛教的禅宗。朱熹把它应用于社会现实时，显现出其维护封建统治秩序与伦理规范的保守性。当朱熹把它用于考察客观自然界时，则得出有着科学因素的独特见解。与朱熹从理一元论出发不同，黄宗羲在"一本万殊"上，是承袭了王阳明的心一元论论。黄宗羲把它应用于学术史观与思维方式上，有着倡导学术民主与百家争鸣、反对独断论的积极意义。

关键词： 朱熹　黄宗羲　一本万殊　比较

"一本万殊"是宋明时期哲学家经常讨论的命题。翻阅二程、张载、朱熹、陆九渊、罗钦顺、王廷相、王阳明、刘宗周等人的著作,这一命题出现的频率是很高的,可说是俯拾皆是。明清之际的启蒙学者,对它也有深入的探讨。① 令人困惑的是,专业性、权威性的辞书不收此条目,研究理学范畴的专著也不研讨此命题。② 对"一本万殊"作初步阐发,有助于对宋明时期各学派宗旨与朱熹、黄宗羲的学说作进一步深入的了解。

一

周敦颐的"一实万分",为"一本万殊"的先导:"二气五行,化生万物。五殊二实,二本则一。是万为一,一实万分。万一各正,小大有定。"③周敦颐描绘的是一幅宇宙演化图。"一"是宇宙的本源,由它演化为阴阳("二实"),阴阳再生为五行("五殊"),由此组成了各具特性的万物。"一"与"万"的关系,是本体与万物的关系。万物是本体"一"的表现。本体体现在万物中,"一实万分"。从宇宙本体论讲,周敦颐的"一",即理学家所说的"理"。这成为后来"一本万殊"的直接来源。

对于"一本万殊",朱熹表述得很清晰:"盖至诚无息者,道之体也,万殊之所以一本也,万物各得其所者,道之用也,一本之所以万殊也。"④这是对周敦颐"一实万分"的继承与发挥。朱熹的话是说明世界统一性与多样性的缘由。其义有三。一,"至诚无息"为"一本";"万殊"是"道体"的表现,即"道之用"。本体是真实存在的,但并不实有一物,却是万物化生的根源。二,"至

---

① 王夫之说:"盖天下之理,一本而万殊,知万殊之皆原于一本者,非极尽万殊之情理,则无以会其通。"见《船山全书》第八册《四书训义》卷三十二,岳麓书社,1990 年,第 504 页。
② 专业性的辞书如《中国理学大辞典》(暨南大学出版社,1995 年),权威性的如冯契主编的《哲学大辞典》(上海辞书出版社,1992 年初版,2001 年修订),皆无"一本万殊"条。蒙培元的《理学范畴系统》(人民出版社,1989 年),对"一本万殊"亦不列专条。倒是一本研究黄宗羲的专著,却以《一本万殊》(李明友,人民出版社,1994 年)命名。此后张岱年主编的《中国哲学大辞典》(上海辞书出版社,2010 年)有"一本万殊"条,但只限于学术史观的范围里。
③ 周敦颐:《通书·理性命》,《周敦颐集》,中华书局,1990 年,第 31 页。
④ 朱熹:《四书章句集注·论语·里仁》,中华书局,1983 年,第 72 页。

诚无息"的"道体",就是朱熹思想的核心范畴"理"或"天理"。三,朱熹的"一本万殊"是从周敦颐那里脱胎出来的,并从"理一分殊"的角度进行了诠释。朱熹一生对周敦颐著作的钻研,投入时间之长与精力之多,不亚于对"四书"的投入。他二十几岁就读《通书》,初读时茫然不知内中讲些什么内容,后来随着学识的长进才有所领会。前后有近四十年时间,朱熹没有中止过对周敦颐著作的研究。这包括厘定书目、校勘文字及注释文本。周敦颐是理学的开山祖,他的著作少得可怜,但对后世的影响非常深远。在理学家心目中,凡是周敦颐提出来的命题、范畴、观点,都是很重要的。周敦颐言焉不详的部分,理学家都会重行去探索一番。这方面朱熹做得最到家,有《通书解》《太极图解》《太极图说解》三篇言简意赅的注释文本面世。这也就成了理解朱熹思想的重要文本。朱熹说:"周子谓:'五殊二实,二本则一。一实万分,万一各正,大小有定。'自下推而上去,五行只是二气,二气又只是一理。自上推而下来,只是此一个理,万物分之以为体,万物之中又各具一理。……物物各有理,总只是一个理。"①从这段话可以看到,朱熹是如何把周敦颐的"一实万分"解说为"理一分殊"的。对此朱熹有所明说:"'一实万分,万一各正',便是'理一分殊'处。"②依我看来,"理一分殊"是"一本万殊"的衍生物,因为"一本"之"一",可以是"理",也可以是"心"或"气"。

人们习惯使用"理一分殊",是同程颐相关的。程颐的学生杨时看了张载《西铭》后,觉得里面有许多泛爱万物的话,与墨子的"兼爱"差不多。对杨时这一见解,程颐作了纠正,并明确提出了"理一分殊"。此后,"理一分殊"便成了理学的重要范畴。他说:"《西铭》明理一而分殊,墨氏则二本而无分。分殊之蔽,私胜而失仁;无分之罪,兼爱而无义。分立而推理一,以止私胜之流,仁之方也。无别而迷兼爱,至于无父之极,义之贼也。"③意思是说,只讲

---

① 黎靖德编:《朱子语类》卷九十四,中华书局,1986 年,第 2374 页。
② 黎靖德编:《朱子语类》卷九十四,第 2409 页。
③ 程颐:《河南程氏文集》卷九《答杨时论西铭书》,《二程集》,中华书局,1981 年,第 609 页。

"分殊",就会造成私欲占据上风而失掉"仁";但不讲"分殊"又会出现像墨家"兼爱"的毛病,把"义"丢掉了。

朱熹沿着程颐的思路,也发表了一通议论:

> 言理一而不言分殊,则为墨氏兼爱;言分殊而不言理一,则为杨氏为我。所以言分殊,而见理一底自在那里;言理一,而分殊底亦在,不相夹杂。①

墨子把当时诸侯、大夫、家族之间互相征伐、倾轧、残杀这种客观的社会矛盾叫做"别"。墨子以为,这是由于人们之间不相爱而引起的,解决的办法是"以兼相爱交相利之法易之"(《墨子·兼爱中》)。儒家强调爱有差等,墨家则要求爱一切人。儒家是由"亲亲"进到"仁民"再"爱万物"的,墨家的"兼爱"是以平等为特征的爱人,认为爱人当不分亲疏远近、尊卑大小,做到"爱无差等"(《孟子·滕文公上》)。孟子以为,像墨子不分区别地讲"兼爱",就是心中没有君主,这同禽兽没有多大差别。朱熹没有像孟子那样激烈,认为若是同意了墨子的兼爱,就是只讲"理一"而否定了"分殊"。孟子把主张"为我"的杨朱,视为没有父亲的禽兽。朱熹觉得,依照杨朱"拔一毛利天下而不为"的这种贵生态度,就会造成只讲"分殊"而否定"理一"。"理一"与"分殊"在朱熹的心目中,是应该有机统一的,不能只顾"理一"而否定"分殊",也不能只讲"分殊"而无视"理一"。

朱熹喜欢用佛家语言来说明"理一分殊"的道理:

> 近而一身之中,远而八荒之外,微而一草一木之众,莫不各具此理。如此四人在坐,各有这个道理,某不用假借于公,公不用求于某,仲思与

---

① 黎靖德编:《朱子语类》卷九十八,第 2521 页。

廷秀亦不用自相假借。然虽各自有一个理,又却同出于一个理尔。……释氏云:"一月普现一切水,一切水月一月摄。"这是那释氏也窥见得这些道理。①

朱熹常用的"月印万川"比喻,是出自佛教的。天上只有一个月亮,印在江湖河川里各有一个月亮。这是"理一"与"分殊"的关系。江湖河川中的月亮千差万别,但其根本只是一个理。这不是通常意义上的整体与部分的关系,也不是一般与特殊的关系。江湖河川千差万别的月亮,是全体享有了天上的月亮。这叫"一月普现一切水,一切水月一月摄"。这句话是禅宗南宗创始人慧能的弟子玄觉说的。朱熹还常常以水、火等自然现象为例:"如一炉火,四人四面同向此火,火固只一般,然四面各不同。若说我只认晓得这是一堆火便了,这便不得,他里面玲珑好处无由见。"②"炉火"与散向四面的"火",温度是不同的,但都是"同一个理"的完整体现。朱熹否定了事物在具体条件下的内容与形式的特殊性,将一般膨胀为可以脱离特殊的绝对,这就是朱熹"理一分殊"论的实质所在。

朱熹与禅宗的关系极深,起于青年时代而后纵贯其一生。这里有家学上的渊源,也有个人师事禅僧的经历,更多的是观念、方法上与禅宗会通之处。朱熹之父朱松,晚年究心禅典。岳父刘勉之,朱熹师事最久的胡宪,均信禅门参悟之说。朱熹自己承认:

> 某旧时亦要无所不学,禅、道、文章、《楚辞》、诗、兵法,事事要学,出入时无数文字,事事有两册。③

---

① 黎靖德编:《朱子语类》卷十八,第 398—399 页。
② 黎靖德编:《朱子语类》卷十八,第 410 页。
③ 黎靖德编:《朱子语类》卷一百零四,第 2620 页。

在读佛经上，朱熹作了两大册的心得笔记。对佛教经典的潜心阅读，使他走上了师事道谦之路。道谦为当时禅学主流之一看话禅的代表人物。朱熹对道谦感情深厚，这在《祭开善禅师文》中有记载："师亦喜我，为说禅病。我亦感师，恨不速证。"朱熹思想体系的形成，是融会儒释的产物，其本体论、心性论、认识论均有吸取佛教之处。他的启蒙导师刘子翚，对他自少接受禅学的影响也是很大的。朱熹自己明言，在十五、六岁时，"某也理会得个昭昭灵灵底禅"①。朱熹对禅理的了解是透彻的。一个人大凡在年青时印入了脑海深处的东西，经常会在往后的岁月中流露出来。朱熹在教育学生时，不经意中流露出对禅宗的赞扬之情。这是朱熹用"月印万川"的比喻来印证"理一分殊"的文化背景。"月印万川"的现象是客观存在的，但只是实体与影子的关系，以此来说明"理一分殊"，纯属理论上的虚构。

朱熹的"理一分殊"，是接着周敦颐、二程讲的，其间融入了禅宗的思想。当然也有他自己的新扩展，这在后面详述。

二

从气一元论来诠释"一本万殊"，从张载已经开始了："阴阳之气，散则万殊，人莫知其一也；合则混然，人不见其殊也。形聚为物，形溃反原。"②张载认为气是世界万物产生的总根源，气只有聚散，而没有生灭，是永恒的存在。具体事物有毁灭，而构成万事万物的气并没有消亡，只不过是改变存在的方式。更为典型的是罗钦顺。罗钦顺以气为宇宙万物的根本，视理为气运动变化的条理与规律。罗钦顺说："盖通天地，亘古今，无非一气而已。气本一也，而一动一静，一往一来，一阖一辟，一升一降，循环无已。积微而著，由著复微，为四时之温凉寒暑，为万物之生长收藏，为斯民之日用彝伦，为人事之

---

① 黎靖德编：《朱子语类》卷一百零四，第 2620 页。
② 张载：《横渠易说·系辞上》，《张载集》，中华书局，1978 年，第 184 页。

成败得失……云'易有太极'，明万殊之原于一本也，因而推其生生之序，明一本之散为万殊也。"①自然界的千变万化，四时季节的更替，万物的生长收藏，伦理道德的准则，人事成败的沉浮……这种种之"万殊"，都是"一本"的"气"演化的结果。王廷相的观点与罗钦顺相似，他反对程朱学派理在气先的观点，从理气合一的角度去解释"一本万殊"："人与天地、鬼神、万物一气也。气一则理一，其大小、幽明、通塞之不齐者，分之殊耳。知分殊，当求其理之一；知理一，当求其分之殊。"②

以心一元论去解释"一本万殊"早在明初就开始了，赋予更多新意的当为王阳明、刘宗周、黄宗羲等人。明初胡居仁说："一本而万殊，万殊而一本。学者须从万殊上一一穷究，然后会于一本。若不于万殊上体察，而欲直探一本，未有不入异端者。"③这段话有着朱熹"格物穷理"的痕迹，不过胡居仁的"一本"，已是前承陆九渊，后开王阳明的了。所谓"儒者心存万理，森然具备"，那不是陆九渊的影子吗？所谓"太极之虚中者，无昏塞之患，而万理咸具也。惟其虚所以能涵具万理，人心亦然"④，不就是王阳明"心外无理"的前兆吗？仔细探究"一本万殊"不仅能较好理解宋明理学各学派的宗旨，更能把握程朱理学向阳明心学的过渡与变化的环节。王阳明以人欲为"万殊"，以"心"为"一本"，太多的人欲令人心烦意乱，应在灭绝之列。人欲灭绝以后才能体会到包含"万殊之理"的"吾心"。"理一而已，人欲则有万其殊。是故一则约，万则烦矣。虽然，理亦万殊也，何以求其一乎？理虽万殊而皆具于吾心，心固一也，吾惟求诸吾心而已。"⑤王阳明的"求诸吾心"，是从存理灭欲

———————

　　① 罗钦顺：《困知记》卷上，中华书局，1990 年，第 4—5 页。
　　② 王廷相：《慎言·作圣》，《王廷相集》，中华书局，1989 年，第 764 页。
　　③ 黄宗羲：《明儒学案》卷二《崇仁学案二》，沈善洪主编、吴光执行主编：《黄宗羲全集》第七册，浙江古籍出版社，2005 年，第 32 页。
　　④ 黄宗羲：《明儒学案》卷二《崇仁学案二》，沈善洪主编、吴光执行主编：《黄宗羲全集》第七册，第 35 页。
　　⑤ 王守仁：《王阳明全集》卷七《约斋说》，上海古籍出版社，1992 年，第 261 页。

的角度来阐述"一本万殊"。对黄宗羲有深刻影响的"盈天地皆心也"①这一命题，是刘宗周首先揭橥出来的。刘宗周把"一本万殊"推向了极端，走向了唯意志论："体天地万物为一本，更无本之不可见。"②

黄宗羲的思想不那么单纯。对气一元论他是赞同的，对理一元论他是批判的，就整体倾向言，他服膺的是心一元论。黄宗羲是明清之际启蒙学者中，最喜欢讲"一本万殊"的思想家。他对"一本万殊"的阐发有不少独特的创见。就学术渊源言，他主要是承继了王阳明与刘宗周的路向。这在后面详论。

应该从中国古代哲学发展的大脉络，去考察"一本万殊"这一命题出现的必然性。只局限于宋明理学的范围内，就只会钻入"理一分殊"狭小范围内。中国古代哲学经几千年的独立发展，积累了丰富的思想资料。哲学论争的中心，由先秦的"天人""名实"之辩，发展到宋明理学，成为"理气道器"之辩与"心物知行"之争。这样，思维与存在的关系的争论，比以往更为明确了。宋明理学家对"理气""心物"关系，作了不同的回答，形成了三个主要哲学流派，即气一元论、理一元论和心一元论。张载与罗钦顺、程朱与陆王，分别为这些流派的主要代表。"理气"与"心物"的关系，实际上包括三项内容：物质世界、精神以及物质世界在人的头脑中的反映（概念、范畴、规律）。这三项体现在宋明理学中，就是气、心、理以及三者的相互关系。黄宗羲力图对以往的哲学进行总结，作总结就先要对这些流派进行批判性的审查，他的哲学思想也就自然而然地围绕着这三个流派及其相互关系而展开了。而这三派学说又都是围绕着"一本万殊"而进行的，"一本万殊"实为宋明哲学的中心议题之一。

---

① 刘宗周：《语类十二·学言》，吴光主编：《刘宗周全集》第二册，浙江古籍出版社，2007年，第394页。
② 刘宗周：《语类四·读易图说》，吴光主编：《刘宗周全集》第一册，第122页。

三

朱熹对"一本万殊"的诠释,哲理上的深刻是前人所不及的。但在应用于社会现实时,显现出其维护封建统治秩序与伦理规范的保守性;然而朱熹把它应用于观察自然时,却得出了具有科学因素的结论来。

理学作儒学发展的新阶段,它要全社会的人们在心灵深处树立起对"天理"的认同。朱熹是通过"一本万殊"的特殊形式"理一分殊"来论证的:

> 万物皆有此理,理皆同出一原。但所居之位不同,则其理之用不一。如为君须仁,为臣须敬,为子须孝,为父须慈。物物各具此理,而物物各异其用,然莫非一理之流行也。①

这段为等级制度与三纲五常合理性作论证的话,最能体现朱熹的价值观。"同出一原"的"理",在社会地位不同的的人身上之"用"是"各异"的。君、臣、父、子所处社会地位不同,他们各有其应该遵循的行为规范。"理"就是"一本","其理之用不一"就是"万殊"。由于万物处于不同的地位,本体之"理"发生了不同的作用。朱熹把"理一分殊"推到人间社会关系中来应用,是为了论证等级秩序的合理性。他说:

> 《西铭》大纲是理一而分自尔殊。然有二说:自天地言之,其中固自有分别;自万殊观之,其中亦自有分别。不可认是一理了,只滚做一看,这里各自有等级差别。且如人之一家,自有等级之别。②

---

① 黎靖德编:《朱子语类》卷十八,第398页。
② 黎靖德编:《朱子语类》卷九十八,第2524页。

　　张载的《西铭》中没有"理一分殊"的命题，这完全是程颐的发挥。朱熹接受程颐的观点，并在社会伦理关系方面大大作了发挥。他觉得，《西铭》所言皆为明"理一分殊"之旨，这是他为等级制度与伦常秩序的合理性寻求的理论依据。封建社会讲究的是人与人之间的等级差别，这在儒家那里称为名分。朱熹的"分得愈见不同，愈见得理大"①，就是从这一意义上说的。荀子作《礼论》，提出"礼者，贵贱有等，长幼有差"这一主张，它包含了两方面的内容：一是社会层面上的差异，二是家族层面上的差异。儒家强调的是，人与人之间有着贵贱、上下、尊卑、长幼的差别，才是理想的社会秩序。例如在家族中，族长、长辈的地位就要高于一般家族成员。朱熹的"且如一家之人，自有等级之别"之语，就是从这一层面上说的。朱熹要求每个人自觉地遵从这样的秩序，"各得其宜"：

　　　　如"男正位乎外，女正位乎内"，直是有内外之辨；君尊于上，臣恭于下，尊卑大小，截然不可犯，似若不和之甚。然能使之各得其宜，则其和也孰大于是！②

　　同样是"理一"，为什么"理之用不一"呢？朱熹认为，这是因为每个人所处的社会地位不同，而只要每一个人安于自己的"分"（"截然不可犯"），社会就会处于和谐状态。这个"和"是建立在"各有等级之别"上的，除了君臣、父子关系的上尊下卑外，还有男女关系中的男主外、女主内的区别。朱熹无非是要为传统的"三纲"的合理与必然，提供一个本体论上的根据。这较董仲舒的"王道之三纲，可求于之天，天不变道亦不变"那种粗陋的天命神学要精细得多。

　　当朱熹把"理一分殊"应用于自然现象观察中，结果却是有着较高价值

---

① 黎靖德编：《朱子语类》卷六，第 102 页。
② 黎靖德编：《朱子语类》卷六十八，第 1708 页。

的科学见解。从门人所辑录的《朱子语类》看,其内容不仅包括经学、史学、文学、乐律等人文知识,而且包括宇宙形成与发展、天文、地理、动物学、植物学、医学等自然科学知识。朱熹"格物穷理"的内容,分为自然界与社会这两大部分:"世间之物,无不有理,皆须格过。古人自幼便识其具。且如事君事亲之礼,钟鼓铿锵之节,进退揖逊之仪,皆目熟其事,躬亲其礼。及其长也,不过只是穷此理,因而渐及于天地鬼神日月阴阳草木鸟兽之理。"①从"世间之物,莫不有理"出发,重视"分殊"之"理"的朱熹,平时是潜心观察大自然的种种现象,探究内中之"理":"上而无极、太极,下而至于一草、一木、一昆虫之微,亦各有理。一书不读,则阙了一书道理;一事不穷,则阙了一事道理;一物不格,则阙了一物道理。"②

朱熹把地球看成是一个演化的过程:"常见高山有螺蚌壳,或生石中,此石即旧日之土,螺蚌即水中之物,下者却变而为高,柔者变而为刚,此事思之至深,有可验者。"③经深思熟虑和实地观察后,他对学生说,过去的海洋现在变成了高山,旧日之土易为今日之石了。这一见解,丰富了沈括的海陆变迁学说。李约瑟指出,这段记载对古生物学史和地质学史来说,具有极其重要的意义。④ 朱熹对沈括的《梦溪笔谈》钻研尤深。他在《楚辞集注·天问》中有个断言,认为日月星辰、宇宙万物之"理","唯近代沈括所说,乃为得之。"依据《梦溪笔谈》,朱熹有月亮本无盈缺的主张:"月无盈阙,人看得有盈阙。盖晦日则月与日相叠了,至初三方渐渐离开去,人在下面侧看见,则其光阙。至望日则月与日正相对,人在中间正看见,则其光方圆。""月,古今人皆言有阙,惟沈存中云无阙。"⑤这条材料值得注意,它说明朱熹对自然现象观察是细致深入的。观察是人类进行科学研究的一种基本、常用的方法,是科学发

---

① 黎靖德编:《朱子语类》卷十五,第286—287页。
② 黎靖德编:《朱子语类》卷十五,第295页。
③ 黎靖德编:《朱子语类》卷九十四,第2367页。
④ 参见李约瑟:《中国科学技术史》第五卷第一分册,科学出版社,1976年,第266—268页。
⑤ 黎靖德编:《朱子语类》卷二,第19—20页。

现中的重要实践活动,是发现问题的前提,又是证实问题的手段。观察是人们通过感官或借助某些工具,有目的、有计划地考察与研究客观对象的方法。观察是在自然发生的条件下,在对观察对象不加变更的控制的状态下进行的,它能够直接反映认识对象的本来面目。在近代实验方法兴起之前,观察是古代学者获取客观对象经验材料、数据以至事物本质认识的主要手段。无论是对海陆变迁的看法,还是月亮本无盈缺的主张,朱熹都是经过实地观察后得出的。类似这样的结论还有不少。如说虹之成因:"虹非能止雨也,而雨气至是已薄,亦是日色射散雨气了。"①如讲雪花为六角形:"雪花所以必六出者,盖只是霰下,被猛风拍开,故成六出。"②对雪花有如此的认识,在西方那是四、五百年后开普勒才发现的。朱熹认为潮水涌动的大小与速度是有规律的:"潮之迟速大小自有常。旧见明州人说,月加子午则潮长,自有此理。沈存中《笔谈》说亦如此。"③这是他实地观察后,综合了宁波人的感性经验与沈括的理性认识后得出的结论。沈括的《梦溪笔谈》,是一部极富科学技术内容的笔记性著作。沈括于 1095 年去世,1166 年方有扬州州学刻本面世。朱熹多次提及《梦溪笔谈》,表明他对自然物象中的"理"的探究是极其专心的。仔细读一下《朱子语类》卷二,不难发现这一卷的内容,全是朱熹和他的学生在讨论自然现象及其规律的。如果朱熹对自然界的观察不感兴趣的话,那么他的学生是决计不会把天文历法、天体运行、气象变化、潮水涨退等方面的内容记录下来的。从穷究"物物各有理"的大前提出发,朱熹对自然现象观察之深入与结论所具的科学价值,至今还是令人赞叹的。

但朱熹本人的价值观决定了他对科学活动的鄙视态度:"如今为此学而不穷天理、明人伦、讲圣言、通世故,乃兀然存心于一草木、一器用之间,此是何学问! 如此而望有所得,是炊沙而欲其成饭也。"④就此而言,朱熹强调实

---

① 黎靖德编:《朱子语类》卷二,第 24 页。
② 黎靖德编:《朱子语类》卷二,第 23 页。
③ 黎靖德编:《朱子语类》卷二,第 28 页。
④ 朱熹:《朱文公文集》卷三十九《答陈齐仲》,四部丛刊本,第 648 页。

现存理灭欲，以使人达到高度道德境界的学问，才是具有头等价值的。学生问他，怎样才能把握"推致事物之理"，朱熹的回答很干脆，"第一义"是"为人君，止于仁；为人臣，止于敬；为人子，止于孝。"①知晓事物的道理，最有价值的是伦理道德与等级制度，而不是对外在自然界的观察。两者相比，前者是"第一义"。关于自然的草木与人工制造的器皿方面的知识，是算不了什么学问的。期望从"草木器皿"来求知，犹如烧沙子要得到米饭一样，是完全不可能的。"第一义"就是价值判断，道德价值至上的观念在朱熹心中是根深蒂固的。从理论上说，一种学说的核心是价值观。不同的学说及其特色都决定于该学说的价值观。儒学是中国传统哲学的主体，它对人们的各种活动起着极为重要的导向作用。儒学虽不看轻知识的获取，也不否认审美所具有的价值，但同人伦道德相比较，求真与爱美往往黯然失色。人伦道德价值至上的观念，在经历了历代贤哲的理论化后，成为儒学的中坚和基础，反过来又对人们从事各项活动产生了持久而广泛的影响。儒家作品中展示的是一个政教伦理的世界；儒家对人才的取舍，是以重德轻智为标准的；儒家又以礼入法，造成了中华法系伦理化的格局。② 中国哲学中缺乏一个独立的、发达的知识论体系，是绝非偶然的。朱熹"炊沙而欲成其饭"的比喻，是理学家中把道德价值至上推向极端的体现。

四

与明快、尖锐的民主政治思想相比，黄宗羲的本体论给人以非常驳杂的印象。我认为，黄宗羲基本上是个心一元论者。对其本体论的切实理解，必须与他的学术民主思想联系起来考察。"一本万殊"是黄宗羲学术民主思想

---

① 黎靖德编：《朱子语类》卷十五，第 282 页。
② 关于中华法系的伦理化，参见朱义禄：《儒家理想人格与中国文化》一书中的第七章第二节《儒家化、伦理化的中华法系》，辽宁教育出版社，1991 年。

的世界观基础,他的思维自由主张是学术史上的硕果。从"变动不居"的"心体"出发,他要打破"必欲出于一途"的独断论。他提倡"道非一家之私",冀望出现一个"各持一说,以争鸣天下"的格局,让普天之下的人们尽量发表自己的意见。

尽管黄宗羲有较多关于气一元论的论述,但从他对心一元论的推崇备至来看,黄宗羲是倘徉在心学天地的。把众多称赞的言论综合起来,可归纳为"一本万殊":

> 盈天地皆心也。人与天地万物为一体,故穷天地万物之理,即在吾心之中。后之学者错会前贤之意,以为此理悬空于天地万物之间,吾从而穷之,不几于义外乎?此处一差,则万殊不能归一,夫苟工夫著到,不离此心,则万殊总为一致。①

在心与物的关系上,"吾心"是产生天地万物的本体;就心与理的关系而言,心包容了"天地万物之理",人的认识对象"即在吾心之中"。倘若像朱熹那样把理视为"一物","悬空于天地万物之间",其结果是"万殊不能归一"。从"盈天地皆心"出发的"一本万殊"论,是本体论与认识论相统一的心一元论。黄宗羲对"一本万殊"的诠释,是承继了王阳明与刘宗周的路子。王阳明从心一元论来阐述"一本万殊",前面已经说过。要指出的是,"盈天地皆心也",是刘宗周首先揭橥出来的。②"穷天地万物之理,即在吾心之中",是他对王阳明与刘宗周的学说消化融会后所作的综合:

---

① 黄宗羲:《明儒学案序改本》,沈善洪主编、吴光执行主编:《黄宗羲全集》第十册,第79页。
② 刘宗周:《刘子全书·语类二》。黄宗羲在非常艰难的时日里,对刘宗周的著作有深入的钻研:"余学于子刘子,其时志在举业,不能有得,聊备蕺山门人之一数耳。天移地转,僵饿深山,尽发藏书而读之,近二十年,胸中窒碍解剥,始知曩日之孤负为不可赎也。"(黄宗羲:《恽仲升文集序》,《黄宗羲全集》第十册,第4—5页)

　　盈天地皆心也，变化不测，不能不万殊。心无本体，工夫所至，即其本体，故穷理者，穷此心之万殊，非穷万物之万殊也。是以古之君子宁凿五丁之间道，不假邯郸之野马，故其途亦不得不殊！奈何今之君子，必欲出于一途，使美厥灵根者化为焦芽绝港。①

　　黄宗羲视"心"是活活泼泼的，"变化不测"，体现在人们的思想上，就不可能有整齐划一的见解，此即"万殊"。如果强要各种学说"出于一途"，会使本来完美通灵、智慧通达的"心"，变成枯涸闭塞的"焦芽绝港"。"绝港"，指断流之小河，佛家称不能发菩提心为"焦芽绝港"。"古之君子"不同于"今之君子"，黄宗羲以"凿五丁之间道"的典故来说明。相传秦惠王伐蜀而不知途，乃造五只石牛，把金放在牛尾下，派人四出扬言牛能屙金。蜀王信以为真，便派五个力士把牛拉回国。这样，为秦开了通蜀之道。对"古之君子"与"今之君子"的区别，时贤都是忽略不讲的。这一区别对理解黄宗羲的学术民主思想有着殊为重要的意义。"今之君子"是要人们的思想遵照一个标准来统一，"必欲出于一途"；"古之君子"希望人们能够自由地思维，结果是"不得不殊"。对学术民主的冀望，使黄宗羲选择"变化不测"的"心"作为宇宙的本原。

　　黄宗羲既是个哲学家，更是一个哲学史家。《明儒学案》是中国第一部严格意义上的学案体著作，贯串其中的红线是"一本万殊"的学术史观：

　　学问之道，以各人自用得著者为真。凡倚门傍户，依样葫芦者，非流俗之士，则经生之业也。此编所列，有一偏之见，有相反之论。学者于其不同处，正宜着眼理会，所谓一本而万殊也。②

　　黄宗羲以为，"依样葫芦"是拾人牙慧，其是非不足以论。就人而言，为

　　① 黄宗羲：《明儒学案自序》，沈善洪主编、吴光执行主编：《黄宗羲全集》第七册，第3页。
　　② 黄宗羲：《明儒学案发凡》，沈善洪主编、吴光执行主编：《黄宗羲全集》第七册，第6页。

"流俗之士";就学问而言,为"经生之业"。"相反之论",是与众不同、有独特见解的议论;"一偏之见",可以说是片面的深刻,它虽不够全面,但却在某一方面有深湛之思、独到之处。这些作为"万殊"的体现,理应成为哲学史真正研究的对象,要"著眼理会"。当然这些"万殊",均为"一本"(儒学)的"不同处"。由此可知,"一本万殊"的学术史观,着眼于学贵独创上。

这一主张,贯串在黄宗羲对各学派(学者)的评价中。薛瑄、吴康斋与胡居仁,是明初公认的大儒,但他们恪守程朱理学,无所创见。"康斋倡道小陂,一禀宋人成说……白沙出其门,然自叙所得,不关聘君,当为别派。"①陈献章是吴康斋的学生,他注重自得,敢于独立思考,自成一派。陈献章以陆九渊思想为骨架,揉进禅宗、老庄之学,开阳明心学的先河。对此,黄宗羲的评价就截然不同,誉白沙为明代学术思想新风气的开创者:"有明之学,至白沙始入精微……至阳明而后大。"②对不同的评价,黄宗羲有个说明:"羲为《明儒学案》,上下诸先生,深浅各得,醇疵互见,要皆功力所至,竭其心之万殊者而后成家,未尝以懵懂精神冒人糟粕。"③"竭其心之万殊,而后成家",是黄宗羲要求思维自由的主张,在学术研究领域的体现。强烈的主体意识,鲜明的个性特色,不做他人的奴隶,是黄宗羲"一本万殊"的宇宙观在学术思想上的反映。

学术思想的发展史,被黄宗羲理解为历史上的各学派(学者)通过多元化的途径而把握真理的过程,此即"圣贤之血路,散殊于百家"的真实内涵所在。他强调学术不是某一家的私产,这与他政治上"公天下"的主张相呼应。④ 黄宗羲说:

---

① 黄宗羲:《明儒学案》卷一《崇仁学案》,沈善洪主编、吴光执行主编:《黄宗羲全集》第七册,第 1 页。

② 黄宗羲:《明儒学案》卷五《白沙学案》,沈善洪主编、吴光执行主编:《黄宗羲全集》第七册,第 78 页。

③ 黄宗羲:《明儒学案自序》,沈善洪主编、吴光执行主编:《黄宗羲全集》第七册,第 4 页。

④ 关于黄宗羲的"公天下",参见朱义禄:《论黄宗羲"公天下"观念与民生思想》,《宁波市委党校学报》2013 年第 6 期。

昔明道泛滥诸家，出入于老、释者几十年，而后返求诸《六经》；考亭于释、老之学，亦必究其归趣，订其是非：自来求道之士，未有不然者。盖道非一家之私，圣贤之血路，散殊于百家，求之愈艰，则得之愈真。虽其得之有至有不至，要不可谓无与于道者也。①

这是说，对学问的追求是很艰难的，像程颢与朱熹，在创立自己学说过程中，花了很长时间与功夫在道家与佛教上，最后才归宗儒学。求索过程愈艰苦，得到的愈有价值。这是学术探索中的规律。"道非一家之私"，是说真理不是某一学派的专利品，不同的学术流派都可以做出自己的贡献。尽管各自的认识有"至"与"不至"的区别，但不能说"无与于道者"。黄宗羲对"道"有个较为明确的界定：

学术之不同，正以见道体之无尽，即如圣门师、商之论交，游、夏之论教，何曾归一？终不可谓此是而彼非也。奈何今之君子必欲出于一途，剿其成说以衡量古今，稍有异同即诋之为离经畔道。时风众势，不免为黄茅白苇之归耳。夫道犹海也，江、淮、河、汉以至泾、渭、蹄涔，莫不昼夜曲折以趋之，其各自为水者，至于海而为一水矣。②

"道"是"无尽"的，如同汇聚了长江、黄河、淮河、汉水乃至于泾河、渭河等众多江河的大海；"道"是不拒细涓的，象牛马蹄子里凹进去部分所含的水滴，"莫不昼夜曲折以趋之"。"道"像大海，"百家"好似大川小流，在相互渗透的过程中汇入大海。"道"是全面的，为学术上的真理所在，"百家"对"道"的贡献是一个无穷尽的过程。孔圣门下的子张与子夏"论交"、子游与子夏

---

① 黄宗羲：《朝议大夫奉敕提督山东学政布政司右参议兼按察司佥事清溪钱先生墓志铭》，沈善洪主编、吴光执行主编：《黄宗羲全集》第十册，第351页。
② 黄宗羲：《明儒学案序改本》，沈善洪主编、吴光执行主编：《黄宗羲全集》第十册，第79页。

"论教",意见也不尽相同。这证明"学术之不同",是向无止境的"道"行进的正常途径。"今之君子"持"必欲出于一途"的独断论立场,对不同的学术见解视为离经叛道。黄宗羲担心,这样的学风一旦成为"时风从势",其结果就是毫无生气的枯槁,造成"黄茅白苇"雷同之局。

黄宗羲以为,"学术之不同"是正常的,"不可谓无与于道者"。对学术上真理性认识的获取,在黄宗羲心中是一个见仁见智的多元化发展过程。黄宗羲以为,对"道"的深入认识,是在不同意见激烈碰撞中实现的。因此不同风格的文学作品的并存,是实现百家争鸣的前提条件:

> 余观当今之作家,有喜平淡而出之率易,有喜艳丽而出之委曲,有独创以为高,有妮古以为非法,非不各持一说,以争鸣于天下。然而傍惶尘垢,象没深泥,众情交集,岂能孤行一己之情乎?①

诗人的风格是各异的。有的平易率真,有的艳丽多彩,有以创新为高明,而遵古为非法。不同风格作品的并存,在黄宗羲看来是绝对必要的。明代诗坛复古之风盛行,嘉靖、隆庆、万历、天启年间,复古模拟的倾向日趋严重。当时诗人薛蕙与杨慎论诗时说:"近日作者,摹拟蹈袭,致有拆洗少陵,生吞子美之谑。"②人云亦云的趋势,在黄宗羲少年时代习诗时还延续着。他跟随韩孟郁、林茂之、黄明立等人,学"作诗之法"。这些老师教他"如何汉魏,如何盛唐",稍有点不似的话,就说"流入中晚(唐),为宋元矣"。黄宗羲先是"妄相唱和",后来随着个人阅历的增长,"知久久学之,必无进益"。对一味模仿的习气,黄宗羲在晚年作了猛烈抨击:

> 夫诗之道甚大,一人之性情,天下之治乱,皆所藏纳。古今志士学

---

① 黄宗羲:《吕胜千诗集题辞》,沈善洪主编、吴光执行主编:《黄宗羲全集》第十册,第108页。
② 钱谦益:《列朝诗集小传·丙集·薛郎中蕙》,上海古籍出版社,1983年,第324页。

人之心思愿力，千变万化，各有至处，不必出于一途。今于上下数千年之中，而必欲一之以唐，于唐数百年之中，而必欲一之以盛唐。盛唐之诗，岂其不佳，然盛唐之平奇浓淡，亦未尝归一，将又何适所从耶？是故论诗者，但当辨其真伪，不当拘以家数。①

　　黄宗羲认为，诗出自人的真情，"拘以家数"的模仿之作是诗中之"伪"。另一层意思是强调了不同流派、不同风格的诗歌应当并存。中华民族是一个酷爱诗歌的民族，诗歌是中国产生的最早的艺术形式之一，也是中国文学艺术中发展得最为充分的体裁。为什么在数千年的诗歌中，"必欲一之以唐"呢？唐朝的诗歌，还有初唐、盛唐、中晚唐之分，其间流派纷呈、风格各异。就以盛唐而言，李白与杜甫，王维与孟浩然，高适与岑参，他们的风格是难以归一的。即便以个人而言，其风格也会发生变化。如王维的诗，一种是比较绮靡浓丽的，多是早年作品；另一种淳朴清淡的，是写田园生活和山水风景的。黄宗羲强调的是，"平奇浓淡"也好，"喜平淡""喜艳丽""独创以为高""妮古以为非法"也好，不同风格的作品应当争鸣于世。风格是识别和把握不同作家作品之间的区别的标志。黑格尔在引用法国自然科学家布封在《论风格》里的名言"风格就是人本身"后，对风格作了个说明："风格在这里一般指的是个别艺术家在表现方式和笔调曲折等方面完全见出他的人格的一些特点。"②决定风格的因素有形式上的，如艺术方法、写作技巧的不同会对风格形成产生影响，更重要的是其内容。王维、孟浩然的诗以清淡闲逸为主，而高适与岑参的诗给人以金戈铁马的感受。从"一本万殊"论出发，黄宗羲视诗歌是"志士学人"创造的精神产品。人的"心思愿力"是"千变万化"的，诗歌的风格也就"不必出于一途"。不同流派、不同风格的诗歌，应该是后人学习的楷模,是诗歌创作进一步繁荣与发展的基础。如赵翼论诗的名言:"李杜诗篇万口传,至今已觉不新鲜。江山代有才人出,各领风骚数百年。"主张不同风格的诗歌的并存,是黄宗羲对独创精神("各有至处")的赞同;强调不同风格的作者"各持一说,以争鸣天下",是黄宗羲宽容精神("道本大公")的映照。两者的有机结合,构成了黄宗羲学术民主思想的一道亮丽的风景线。不能以"一己之情"去范围"众情"并掩没"众情",需要的是不同风格的作品并存。这是黄宗羲的文艺理想所在。人们在思考问题、研究特定对象时,往往会从不同的视野提出自己的见解。这种"各有至处"情况的出现,起初会显得很不一致,分歧极大,但经过论辩与争鸣,互相补充、互相启迪后,会形成比较一致的看法。不同见解之间的相互论争、相互吸收,是对真理认识的主要过程,此即黄宗羲力倡"各持一说,以争鸣天下"的动因。

宋明时期哲学家对"一本万殊"的持续不断的澄明,显现出了不同的学者与学术流派的各别的内涵。正是在众多歧义、相互扞格中,各具特色的"一本万殊"论的集合,构成了一部真实的宋明哲学发展的历史,也成为今天把握哲学史上不同学说的入门处。朱熹与黄宗羲,唱着同一个调子,却给人以同床异梦的感受。他们的不同,从本体论上看,是理一元论与心一元论的不同;朱熹通过对"一本万殊"的哲理分析,得出了维护现存社会秩序的结论。朱熹在观察自然现象中应用"一本万殊"所表现出来的智慧,无疑是值得后人敬佩的,但他自身的价值判断却抑止了这方面的深入进展。黄宗羲将"一本万殊"应用于学术思想史著作的编纂中,洋溢着浓郁的学术民主思想,有着反对独断论与倡导百家争鸣的积极意义。尤其是"各持一说,争鸣天下"的主张,是他留给中华民族的宝贵精神财富。

(本文作者为同济大学马克思主义学院教授)

从程文德思想与交友看金华儒学在明中叶的传承演变

钱 明

提 要：本文介绍了程文德生平、思想归属及其交游。就思想渊源来说，程文德主要源受明代心学与南宋婺学两大传统影响，"以真心为学之要"。程文德对王阳明相当推崇，至于阳明门人，程文德与阳明私淑弟子罗念庵（洪先）的关系可谓最为密切，也是王门分化以后各流派之间的重要调解人，同时也是阳明学由浙东向浙中的传播节点。

摘 要：程文德 明中叶 婺学 心学

程文德(1497—1559)，字舜敷，号松溪，金华永康人。其先新安槐塘人。祖父程世刚，号松崖，赠吏部侍郎兼翰林学士，加赠通议大夫。父程鉌，号十峰，弘治十二年(1499)进士，有《十峰集》八卷，"独文多散佚，仅存祭文二篇"；"讽古人诗，有契则和，尤爱靖节（陶渊明）、白沙（陈献章）二公之作"[①]。迄今为止，有关程文德的研究性论述极少，硕博士论文仅有一篇。尽管程文德的著作已经其后人编校整理后在香港、上海出版[②]，但似乎并未引起学术界的太多关注。因此，本文先细述其从学经历，以究明其思想源流。

---

① 程朱昌、程育全编，郑云山、项瑞英点校：《程文德集》卷八《先公十峰集序》，香港：银河出版社，2005 年，第 93 页。

② 程朱昌、程育全编，郑云山、项瑞英点校：《程文德集》，香港：银河出版社，2005 年；上海古籍出版社，2012 年。本文引文出处皆据香港本，并只注篇名及页码。

一、从学经历

程文德幼承家学,祖父亲授以文。三岁十峰公挈其如南京。从父之命,七岁及门受业于淮安人胡琏,九岁受业于莆田人林文俊,十一岁仍及胡琏门卒业焉。

十三岁,邹守益亦从父于宦邸,程文德与其同学于胡琏之门。十四岁归永康,受学于参政朱方。十六岁受学于章懋门人李沧。

十八岁如金华,就婚于竹涧潘家。是年夏如兰溪,从学于章懋(世称枫山先生),章授以"真实心地,刻苦工夫"之说,并对其曰:"吾婺东莱之乡,今得子,何、王、金、许之正脉其有托乎!""人以为真修实践如先生,真得枫山法门矣。"①

十九岁与内兄潘徽(号壶南)同进学于金华赤松宫。二十岁与潘徽同进学于潘村。二十一岁仍与潘徽同进学于王氏别业。

二十四岁下第归,距家数里许,有寿山,洞内为五峰书院,乃朱熹、吕祖谦、陈亮等讲学之所,程文德聚同志学于其中,并与应典、卢可久等建丽泽祠,祀奉朱熹、吕祖谦、张栻、陆九渊和陈亮,以枫山之学为学之要,尝曰:"今之枫山何人也? 而海内咸推之,可不求其所以至枫山者乎? 由枫山而上之,亦岂不可至乎? 须早夜思之念之。"②

二十六岁建松溪书院于永康独松村,聚友讲学其中。

二十八岁造阳明之门受学焉。"闻阳明先生教人以学,为圣贤,于是往受业,以所闻于胡琏、李沧、朱方,及所受业于枫山先生者互相印证。阳明大悦之,相与讲明致良知之说,逾数月而后归,其后跋《阳明文录》。"③

---

① 姜宝编:《松溪程先生年谱》,清光绪重刊本,见《程文德集》附录,第 430 页。
② 姜宝编:《松溪程先生年谱》,第 431 页。
③ 姜宝编:《松溪程先生年谱》,第 433 页。

三十一岁聚同志于永康方岩灵岩寺，"旁邑名士多有从游者"①。

三十三岁会试第十名，廷试一甲第二名，授翰林院编修，与同科状元罗洪先、探花杨名及唐荆川"意气相得，锐志理学，相与砥砺切磋，终身如一日"②。"时都下同志大倡良知之学，若中离薛君、南野欧阳君、既同年念庵罗君、松溪程君、双华柯君及陈君辈，晨夕聚会，究明师旨。"③

三十六岁参与"京师同志会"。据《阳明年谱》嘉靖十一年条记载："门人方献夫合同志会于京师。自师没，桂萼在朝，学禁方严。薛侃等既遭罪谴，京师讳言学。至是年，编修欧阳德、程文德、杨名在翰林，侍郎黄宗明在兵部，戚贤、魏良弼、沈谧等在科，与大学士方献夫俱主会。"④后受杨名劾汪鋐案株连，谪广东信宜典史。

三十七岁被两广总督陶谐留主岭表书院之教，两广名士翕然从之，举何基、王柏、金履祥、许谦所传之"婺学"⑤训迪之。⑥ 主张举业心学一致论，并强调说："举业之于心学一也，而皆弗能外经训也。学斯以治心，谓之心学；业斯以应举，谓之举业。未有举业而不本诸心者，亦未有治心而夺于举业者。"⑦

三十八岁辞岭表书院至信宜，郡守石简（号玉溪）延请主高明书院。一州五县诸生聚于书院，程文德"迪以躬行之教，每举何、王、金、许之学，朝夕

---

① 姜宝编：《松溪程先生年谱》，第 434 页。

② 姜宝编：《松溪程先生年谱》，第 435 页。

③ 王畿：《中宪大夫都察院右佥御史在庵王公墓表》，吴震编校：《王畿集》卷二十，凤凰出版社，2007 年，第 637 页。

④ 吴光、钱明、董平、姚延福编校：《王阳明全集》，上海古籍出版社，1991 年，第 1329 页。

⑤ 董平认为：从学术整体取向上看，被称为"金华四先生"的何、王、金、许之思想实为朱熹与吕祖谦的统摄与整合。在思想之拣择与理论的一般表现形态上，他们均以宗朱熹为主，而在为学的方法与学术价值的一般指向上，则更多地倾向于吕氏。在某种意义上，"金华四先生"是以浙东史学的精神及其实践性格去继承与研究朱熹理学的，因此他们亦都有宗朱而不泥于朱的共同特点，并亦因此而有其学术成就之新领域的开辟（参见董平《南宋婺学之演变及其至明初的传承》，《中国学术》2002 年第 2 期）。所谓"婺学"，从一定意义上亦可做如此观。

⑥ 姜宝编：《松溪程先生年谱》，李忠献：《岭表遗教录》，第 437 页。

⑦ 程朱昌、程育全编，郑云山、项瑞英点校：《程文德集》卷二十三《岭表书院谕学》下，第 250 页。

与之讲明,学者多感悟而兴起焉"。信宜门人为之编《窦江集》,其弟子王瞻之序之曰:"松溪子以醇正之学,接孔孟之传,由诚敬入门,本静虚凝道,以知行为合一,六经子史,贯然讲授,凡侍其侧者,皆汹汹乎兴起焉。"①

三十九岁迁江西安福知县,途径广东江门白沙之庐,为文祭之。四十岁在安福,"即四乡为惜阴之会,以间月为期,五日而散"②。后创复古书院,正式提出"真心说"。邹守益说:"吾邑赖松溪程侯之泽,书院新成,以复古为业。"③同年八月升南京兵部职方司主事。后安福为其建生祠配享王阳明。

四十三岁服阕,居庐于金华龙山,与周桐、应典等建龙岗书院于寿岩,祀阳明先生。"寿岩在永康西北乡,岩多瑞石,空洞垲爽,四山环翠,五峰前拥。桐、典与同门李琪、程文德讲明师旨。嵌岩作室,以居来学。诸生卢可久、程梓等就业者百有余人。立师位于中堂,岁时奉祀,定期讲会,至今不辍。"④

四十九岁,王畿被嘉靖皇帝斥为"伪学",程文德及众大臣论列责对。⑤

五十三岁在金华寿山聚众讲学。先居金华塔塘,卜二亲葬地于龙蟠山之原,修辑家谱,以联属其族人。"寿山距塔塘咫尺,先生旧藏修地也。至是复集同志者,讲学乎其中,学者无远近,并以及门为幸。"⑥

五十八岁与颜钧、吕怀等往来论交,在南都国子监会讲达六个月。颜钧《自传》称:"访会南雍,太司成程松溪讳文德,少司成吕巾石讳怀,率监士四百众听讲六月,多知省发。"⑦六十岁在金华牛峰之麓建草堂,延经师于其中,授孙光裕业,而朝夕相对以为乐。

卒后追赠礼部尚书,谥文恭。《谕祭文》称其"正言正色,学术无忝于儒

① 姜宝编:《松溪程先生年谱》,第438—439页。
② 董平编校:《邹守益集》卷七,凤凰出版社,2006年,第360页。
③ 邹守益:《临武三生请书》,见永富青地《台湾国家图书馆藏九卷本〈东郭先生文集〉について——现存最古的邹守益的文集》,《人文社会科学研究》第50期,早稻田大学人文社会科学研究会,2010年3月刊。
④ 《王阳明年谱》嘉靖十九年条,见《王阳明全集》,第1334页。
⑤ 参见谈迁:《国榷》嘉靖二十年四月甲戌条,中华书局,1958年,第3611页。
⑥ 姜宝编:《松溪程先生年谱》,第444页。
⑦ 黄宣民编校:《颜钧集》,中国社会科学出版社,1996年,第26页。

臣；古道古心，行谊足称乎君子"①。胡宗宪称其"一代名儒"②。黄凤翔《程
文恭公遗稿序》云："程文恭公仕肃皇帝朝，倡理学，尚气节，士大夫景趋响
答，目为凤麟。"③赵志皋《程文恭公传》曰："公亲承枫山、阳明之传，友东廓、
念庵诸名公。……余婺自东莱衍中原文献之传，何、王、金、许相继一脉而
缕，称'小邹鲁'。中绝百余年，而得枫山。又中绝数十年，而得公。公与枫
山，居乡操履同，立朝风节同。……论者谓：婺山川风气完厚，多产钜人，有
开于先，有承于后。"④程文德即为承婺学之后的最杰出代表。其"生平著述
甚富，不幸先父早世，裕（引者注：其孙程光裕）又髫年，是以稿多散失，存者
十无二三"⑤。今存《程松溪先生文集》十卷（明隆庆元年刻本）、《程文恭遗
稿》三十二卷（明万历十二年程光裕刻本）。

二、思想归属

　　程文德的为学经历大致可分为前后两个阶段：三十一岁之前，他除了
二十八岁那年曾赴余姚拜谒王阳明，受学数月外，其余时间基本上在金华一
带拜师问学，并主要以章懋及其门人为师，与金华学者有频繁交流。因此，
在他的求学过程中，以章懋为代表的金华地域文化对他的影响最大，阳明心
学尚属其次。三十一岁以后，他才真正转入自得自立阶段，吸收并融合了婺
州朱学与王、湛心学等诸多学说，形成了独具风格的为学宗旨。

　　实际上，明代浙东的阳明心学与宋代以来包括婺学在内的浙中地区丰
厚的文化土壤有非常密切的关系。邵廷采说："浙东承金华数君子后，名儒

①　程朱昌、程育全编，郑云山、项瑞英点校：《程文德集》附录，第450页。
②　姜宝编：《松溪程先生年谱》，第448页。
③　程朱昌、程育全编，郑云山、项瑞英点校：《程文德集》附录，第423页。
④　程朱昌、程育全编，郑云山、项瑞英点校：《程文德集》附录，第453—454页。
⑤　程光裕：《程文恭遗稿序》，见《程文德集》附录，第426页。

接出：正德、嘉靖之际，道统萃于阳明。"①尽管阳明心学具有很大的原创性，与婺学之间并无任何可以考索的师承渊源关系，但就学术精神的本质方面而言，王学之起亦可谓承南宋浙东学派之余烈，因此在某种意义上亦可视之为南宋浙东学派的复兴。

据全祖望《与郑南溪论〈明儒学案〉事目·阳明永嘉弟子》载："王鹤潭（王崇炳）以永嘉、五峰（永康五峰书院）诸公并传姚江之绪，不知何以不录。按先生（指黄宗羲）固言阳明弟子多失落不备者，五峰诸公朴学淳行，不类龙溪之横决，然所造似亦未深，附之《浙中学案》之后可矣。"②故郑性在补刻《明儒学案》时，便根据全祖望的意见，增补了《附案》置于《蕺山学案》后（然《明儒学案》贾氏紫筠斋刻本则未补录），收录了曾讲学于永康五峰书院③的"四先生"，即应典④、周莹⑤、卢可久⑥、杜惟熙⑦。另外还有《副使颜冲宇先生鲸叙传》一篇。⑧ 因此可以说，以永康为中心的金华地区，当时也是王学的重要传播地域。而金华地区的阳明门人，又与南宋婺学有着千丝万缕的联系。

程文德的思想，当主要源自于明代心学与南宋婺学这两大传统。他曾自称"服膺（象山）先生之训有年"⑨。万斯同《儒林宗派》把他同时放在"陈氏

---

① 祝鸿杰点校：《思复堂文集》，浙江古籍出版社，2010年，第52页。
② 朱铸禹校：《全祖望集汇校集注》中，上海古籍出版社，2000年，第1694页。
③ 该书院由程养之（名粹，弱冠为诸生，往姚江受业阳明之门）自越归后"建之"，后"被黜，且毁院。越数年"而"复之"（《黄宗羲全集》第8册，第998页）。
④ 应典，字天彝，号石门，永康人，正德甲戌进士。"初谒章懋于兰江，奋然有担负斯道之志，后介黄崇明见王守仁于稽山，授以致良知之学，归而讲学五峰书院"。被黄崇明誉为"浙中罕俪"（《黄宗羲全集》第8册，第993页）。
⑤ 周莹，字德纯，号宝峰，永康人，"学于姚江，既有所得，乃讲其学于五峰"（《黄宗羲全集》第8册，第995页）。
⑥ 卢可久，字德卿，永康人，从阳明于越三月，阳明殁后，"归而聚徒讲学于五峰"（《黄宗羲全集》第8册，第995页）。
⑦ 杜惟熙，字子光，号见山，东阳人，"作《悔言录》以自励，复至五峰尽其道"，学"以复性为宗……真率简易，不修边幅"；周汝登《见〈悔言集〉，以为非大悟后不能道，由姚江而直溯洙泗"（《黄宗羲全集》第8册，第996页）。
⑧ 颜鲸，字应雷，号冲宇，慈溪人，嘉靖三十五年进士。"其学以求仁为宗，以默坐澄心为入门，以践履修为见性，而妙于慎独，极于默识"。刘宗周曰："先生（指颜鲸）于学问头脑上窥见其大意，故所至树立磊落。"（《黄宗羲全集》第8册，第997页）
⑨ 程朱昌、程育全编，郑云山、项瑞英点校：《程文德集》卷十三《象山书院录跋》，第147页。

(白沙)学派"和"王氏学派"中。《程氏宗谱》称其"为王文成、章枫山高弟"①。《四库全书总目提要》云："考文德自述,谓私淑王子,盖亦讲良知之学者。如《寄诸生书》,称今古圣贤之道,不违其心;《复王畿书》,谓全真返初,以求放心;《跋阳明文录》,谓明德新民,无外无内之疑于禅者,非是。皆不免于回护。至其《论学》云:学问之道,必先立志,志既立,则行有定适,格致诚正,戒惧慎独,别其涂辙,学问思辨,自不容已,是尚知以躬行实践为归。史称文德初从章懋游,后乃从王守仁,故与王畿辈之涉于禅悦者,差少异耳。"②

章懋作为金华朱学的传人,对于"得考亭真传"的何基、王柏、金履祥、许谦评价甚高;对于陈白沙,虽抨击其"流于禅学",但总体评价不低。如《枫山语录》云:"何、王、金、许得考亭真传。""四贤何最切实,王、金、许不免考索著述多些。""今白沙见朱子之后支离,遂欲捐书册,不用圣贤成法,只专主静求自得,恐又不免流于禅学也。""白沙不免流于作诗写字之间。""天下学者做诚未至,动不得人,惟白沙动得人。""当时人物,以陈白沙为天下第一流。"③

受章懋影响,程文德在推崇何、王、金、许四乡贤的同时,对白沙及其弟子甘泉等也相当赞赏。其《谒白沙先生庐》诗云:"百年东鲁梦,今日白沙堤。"④又说:"东白子(白沙弟子张东白)尝游枫山先生之门,充然有得。兹往业南雍,南雍固先生造士地也,乃者甘泉先生复继而倡导之,遗化彬彬然。由是求之高远,其庶几乎?"⑤在学派归属上,同为心学大师,程文德对阳明、白沙、甘泉几乎平等齐观,对明代几大心学思潮均有受容。据载:"嘉靖甲午腊月十二日,高州城(位于广东省西南部)改作南门……郡伯玉溪公(石简)邀同登度……乃相与究白沙、阳明二子绪余。"⑥其诗曰:"濂溪洛水风流在,

---

① 程朱昌、程育全编,郑云山、项瑞英点校:《程文德集》附录,第466页。
② 程朱昌、程育全编,郑云山、项瑞英点校:《程文德集》附录,第463页。
③ 《枫山章先生语录》一卷,清同治、光绪年间刊本,胡凤丹辑:《金华丛书》第95册。
④ 程朱昌、程育全编,郑云山、项瑞英点校:《程文德集》卷二十九,第323页。
⑤ 程朱昌、程育全编,郑云山、项瑞英点校:《程文德集》卷十三《行远登高说》,第141页。
⑥ 程朱昌、程育全编,郑云山、项瑞英点校:《程文德集》卷二十七《高州城改作南门郡伯玉溪石年兄邀同登度》,第290页。

禹穴（指阳明）江门（指白沙）声迹留。宇宙悠悠同此月，后人应上渭川楼。”①

不过文献中并无程文德从学甘泉的相关记载，李贽《清正名臣侍郎程公》传，甚至认定其入湛门“未有得”：“公为人博厚坦夷，不设町畦。闻甘泉湛冢宰若水明道术，走其门，未有得。其后激于人言，卓立检饬，断断必为君子，不忍以世俗终其身，幡然变故态，视旧所为如两人。”②但程文德本人却明确说过，自己尝“幸及湛翁之门”，承认是白沙、甘泉之传人。据其《祭白沙先生文》：“（白沙）先生弗作，此道谁归？先生之学，皇猷帝略；先生之识，领要根极；先生之心，包古廓今。……先生虽往，此道犹存。洋洋甘泉，溯流同源；崒崒阳明，一脉并尊。而某早受王子之教，幸及湛翁之门，是于先生，义惟祖孙，饮芳栖荫，敢忘本源？”③所以在程文德的诗文集中，提到阳明与提到甘泉、白沙的次数几乎相等，提到阳明“致良知”宗旨的次数也与甘泉“随处体认天理”的次数大致相当。

所以在思想归属上，并不能简单地将程文德归入某一思想学派，更不能像《明儒学案》那样把他简单地划入浙中王门。程文德的思想可以说融合了金华朱学、永康学派、王湛心学等诸家学说的精华，体现了多元化的思想倾向。如果非要把程文德划入浙中王门的范畴，那他也是浙中王门中最具湛学乃至朱学色彩的人之一。

三、为学宗旨

黄宗羲《明儒学案》曰：“（程文德）先生初学于（章）枫山，其后卒业于阳明。以真心为学之要，虽所得浅深不可知，然用功有实地也。”④说程文德“后

---

① 程朱昌、程育全编，郑云山、项瑞英点校：《程文德集》卷三十一《中秋嘉会》，第 352 页。
② 程朱昌、程育全编，郑云山、项瑞英点校：《程文德集》附录，第 464 页。
③ 程朱昌、程育全编，郑云山、项瑞英点校：《程文德集》卷十七，第 187 页。
④ 沈善洪主编，吴光执行主编：《黄宗羲全集》第 7 册，浙江古籍出版社，1992 年，第 343 页。

卒业于阳明"，与文德本人"某早受王子之教，幸及湛翁之门"的说法不甚相符；然说其"以真心为学之要""用功有实地也"，则可谓说到了点子上。其为学宗旨，具体可从三个层面加以剖析：

1. 在本体论上，程文德强调"真心"说。佛教有《真心说》，《维摩经》云"真心是道场"。宋儒朱熹、胡宏，明儒陈献章、湛若水、魏校、夏尚朴、方学渐、蒋信、唐枢等也都提倡"真心"说。相比较而言，朱子、甘泉学派讲得最多。如被黄宗羲归入甘泉学案并称其"于甘泉之随处体认天理，阳明之致良知，两存而精究之"的唐枢，特"标'讨真心'三字为的"，尝曰："夫曰真心者，即虞廷之所谓道心也。曰讨者，学问思辨行之功，即虞廷之所谓精一也。随处体认天理，其旨该矣，而学者或昧于反身寻讨。致良知，其几约矣，而学者或失于直任灵明。此讨真心之言，不得已而立，苟明得真心在我，不二不杂，王、湛两家之学，俱无弊矣。然真心即良知也，讨即致也，于王学尤近。"[1]唐枢还著有《真心图说》。然黄宗羲评论说："阳明常教人于静中搜寻病根，盖为学者胸中有所藏躲，而为此言以药之，欲令彻底扫净，然后可以致此良知云尔。则讨真心，阳明已言之矣，在先生不为创也。"[2]其实《王阳明全集》中只有一处使用过"真心"概念，"真心"也好，"讨真心"也罢，都是甘泉学派的为学宗旨。程文德在本体论上强调"真心"说，自有其深意，而主要目的是想矫正"良知"本体的玄虚化。马一浮说过："妄心有生灭，真心无生灭。妄心、真心犹言人心、道心也。"[3]可谓道出了宋明儒者强调"真心"说的实质。

不过程文德的"真心"说并非前人的简单照搬，而是"自家觉得"的。[4]从程文德到安福后才完整提出"真心"说来看，"真心"说应该是其较为成熟的思想学说。他在《复古书院记》中是这样解读"真"之概念的："夫真者，天之宰也，地之维也，人之命也。是故以天则真覆，以地则真载，而以人则真圣。

---

① 沈善洪主编，吴光执行主编：《黄宗羲全集》第8册，第226页。
② 沈善洪主编，吴光执行主编：《黄宗羲全集》第8册，第227页。
③ 吴光主编：《马一浮全集》第1册下，浙江古籍出版社，2013年，第522页。
④ 程朱昌、程育全编，郑云山、项瑞英点校：《程文德集》卷十四《复王龙溪书》，第152页。

圣,斯人也。人而不能圣者,是自离其真也,犹天而不能覆也,地而不能载也,非常理也。是故天下之物,孰非真有也,而人独可以不真乎? 不真则无物矣。真亲斯父子,真义斯夫妇,真序斯长幼,真信斯朋友,圣真而已矣。……吾党欲为人,则不容以不真矣。"①也就是说,"真"是主宰,是性命,是本体。故"此真,《大学》所谓'自慊',《孟子》所谓'反身而诚,乐莫大焉'"。②确立"真心"之本,犹如在"暗室屋漏中立脚",其根本目的,是为了"达于日用显明",使人"真于善""归于圣"。所以他说:"尚愿振起真心,自暗室屋漏中立脚,以达于日用显明。此之谓有本,此之谓充实,此之谓成章,其光辉流行,自有不可遏者。如此而不息,则至诚矣,大矣,圣矣,而神矣。故曰体用一源,显微无间而已矣。"③"真心之立决,须戮力定命,无令海内学者有纤芥不满之疑,以一其趋,而示之极。此至诚必动,无为自成之道也。"④"且夫真心一也,惟人所用尔,不真于善,则真于恶。真于善,是为君子,其归也为圣人;真于恶,则为小人,其究也为蹻跖。圣跖之分,考之真心而已矣。……是故登斯堂者而或忘真心之徼,务徇名之学,是犹艺于野而耕于肆也,则人孰不以为病狂之士耶? 诸士念之哉,斯则不虚复古之意矣。"⑤可见,程文德的"真心"说实际上是为"忘真心之徼,务徇名之学"的"病狂之士"开的一剂药方。因此他在《复古书院申语》中强调说:"吾言亦既详矣,诚惕然兴起其真心而循习焉,则一言可也,无言可也。苟真心之未至,则一言不足也,千万言亦不足也。是故《大学》之道毋自欺而已矣。夫足乎己,无待于外,犹有待于外者,无亦己之有未足乎? 是故为仁由己而已矣,而二三子则亦可以默思矣。"⑥

---

① 程朱昌、程育全编,郑云山、项瑞英点校:《程文德集》卷十,第116页。
② 程朱昌、程育全编,郑云山、项瑞英点校:《程文德集》卷十四《复王龙溪书》,第152—153页。
③ 程朱昌、程育全编,郑云山、项瑞英点校:《程文德集》卷十五《与黄搏之书》,第169页。
④ 程朱昌、程育全编,郑云山、项瑞英点校:《程文德集》卷十五《复邹东廓司成书》,第169页。
⑤ 程朱昌、程育全编,郑云山、项瑞英点校:《程文德集》卷十《复古书院记》,第116页。
⑥ 程朱昌、程育全编,郑云山、项瑞英点校:《程文德集补遗》,香港:银河出版社,2006年,第1页。

　　围绕着"真志"说,程文德还提出了"真志"的概念。"真志"说主要反映在程文德所作的《复石玉溪同年书》①中。"真心"概念还与"吾心""独"的概念有相通之处。后两者主要反映在程文德的《醒川河济大观册引》②中。他说:"今夫天下之事,庸吾心焉,则是而可为非也,小而可为大也,无而可为有也。无庸心焉,则是是而非非也,小小而大大也,有有而无无也。此何也?事无定形,而心有形焉,故眩也。心不能无,而亦不容有也。……夫有无之际,人所不及知,是之谓独也。"③

　　2. 在工夫论上,程文德强调"学"的重要性,主张"学至于真"④,"舍学无事""舍学无讲"。在这方面,他有一系列论述,比如:"夫天地之间,舍学无事矣;士而立于天地,舍学无讲矣。天之覆也,地之载也,万物之化育也,道也。而所以裁成参赞之者,学也。学之弗讲,而天地之化育或几乎息矣。百姓日用而不知,忘于裁成参赞之功也。……近始赖一二先生倡明之,而曰致良知焉,曰体认天理焉,则有异乎? 曰无以异也。良知即天理也,致之体之,其功一也。然其本则存乎立志焉耳,孔子所谓志学是也。志之不立,虽有良知,而弗知致也;虽有天理,而弗能体认也。其能致也,能体也,志为之也。是故志立则知学矣,知学则道明,道明则其于裁成参赞也,举而措之耳。故曰天地之间,学而已矣。"⑤"书院有兴废,而学无淹晦。""夫学也者,学也合诸学而学也,学地也而学心也。地有隆污,心无善恶乎? 予谓迁善于地,尤当迁善于心。今学广大高明,可谓得其地矣。使诸生之心,犹夫故也,地亦不得而

　　①　程朱昌、程育全编,郑云山、项瑞英点校:《程文德集》卷十四《复石玉溪同年书》,第153—154页。
　　②　程朱昌、程育全编,郑云山、项瑞英点校:《程文德集》卷十三《醒川河济大观册引》,第144页。
　　③　程朱昌、程育全编,郑云山、项瑞英点校:《程文德集》卷之五《寿觉山洪大夫宰吾邑序》,第60—61页。
　　④　程朱昌、程育全编,郑云山、项瑞英点校:《程文德集》卷十六《复徐波石督学书》,第175页。
　　⑤　程朱昌、程育全编,郑云山、项瑞英点校:《程文德集》卷五《岭表书院志后序》,第64—65页。

为之也。是故迁地学易,迁心学难。"①"学之不讲,道弗明也;讲而弗习,道弗行也。是故以文会友,以友辅仁;以讲习也,其两泽相滋之义乎?……然使诸生而弗讲习其中,不又有负于书院乎?……虽然,书院有兴废也,而丽泽不变也。② 诸生则因乎其不变,而不因乎其废兴,斯讲习有恒,而友道可复也。"③

正因为此,程文德遂利用一切机会兴办书院,设坛讲学,曾先后主讲过五峰、松溪、苍梧、丽泽、高明、岭表、复古、龙冈等书院,而且与多数明儒利用下野归乡之机开门讲学不同,他在为官时最重视的也是讲学,譬如曾在北京主持过由政府主导的灵济宫讲学会。据徐学谟《冰厅札记》:"京师灵济宫讲学之会,莫胜于癸丑、甲寅(嘉靖三十二、三十三年)间。盖当是时,礼部尚书欧阳公德、兵部尚书聂公豹、吏部侍郎程公文德主会,皆有气势。缙绅可拔附得显官做,学徒云集至千人。丙辰(嘉靖三十五年)而后,三公或殁或去位,人稍稍避匿矣。戊午岁(嘉靖三十七年),何大仆迁自南京来,复开灵济宫讲坛,然以其名位未可恃号召,诸少年多无应者。"④而灵济宫讲会对阳明学的传播与发展所产生的影响,已为治王学者所熟知。

亦正因为此,在君子立德、立功、立言三者中,程文德最重视的也是立言。他曾表扬张时彻⑤说:"兄庶几立言矣,而能视之若无,居之以谦逊,逊于立德、立功之务,使天下之士想闻风采,以为如何人,不独悦其言而已。"⑥黄

---

① 程朱昌、程育全编,郑云山、项瑞英点校:《程文德集》卷十二《信宜迁学记》,第 133—134 页。

② "丽泽"代表讲学,语出《周易》:"丽泽兑,君子以朋友讲习。"程文德据朱熹《周易本义》曰:"丽泽象之以讲习,蒙泉则之以果行。"(《程文德集》卷十二《乐聚亭记》,第 132 页)

③ 程朱昌、程育全编,郑云山、项瑞英点校:《程文德集》卷十二《信宜丽泽书院记》,第 134—135 页。

④ 岳金西、岳天雷校点:《高拱全集》,中州古籍出版社,2006 年,第 1667 页。

⑤ 张时彻(1500—1577),字维静,号东沙,又号九一。宁波鄞县布政张家潭村(今属古林镇)人。少时师事张邦奇。嘉靖二年(1523)进士。嘉靖三十三年七月,倭寇攻南京,张时任南京兵部尚书,指挥防御,闭城三日。后遭御史弹劾,复受严世蕃排挤,遂辞职归乡。居家肆力著述,兼治农事,与范钦、屠大山主甬上一时文炳,人称"东海三司马"。

⑥ 程朱昌、程育全编,郑云山、项瑞英点校:《程文德集》卷十六《复张东沙中丞书》,第 174—175 页。

凤翔为程文德撰《程文恭公遗稿序》则称："古所称三不朽,立言最后,夫言何容易哉?"①与此相应,程文德还特看重"讲学会友",声称"道明而德立,学成而身荣"②。正因为对"学成而身荣"看得如此重,故而在程文德的诗文中,写给"同年""年兄""年家"等同榜登科者的特别多,对这段情缘看得特别重,这在明儒中也算是表现比较突出的。

在工夫论上,程文德还进一步由"舍学无事"上升到"工夫未可阔略",指出:"窃以为吾党学问,规模贵廓大,工夫贵细密,譬如行路,一开眼便见得,却要一步一步着实行去。故曰致广大则尽精微。……工夫犹未可阔略也。……但学问未真切者闻之,或未免有专徇易简,而遗落工夫之病。……今日学问惟患真志不立,徒托空言,故不免后之视今,犹今之视昔。诚立此志,则根本既得,彼言语文字之间苟非背驰,自不必深论也。"③他还批评阔略功夫、好名之私、任性自是者说:"今有意为善而任性自是者,皆雨泽之涝者也。涝可以为灾,斯人独不可以为恶乎?故《易》动曰'尚于中行',义至远也。为善,君子之常也,而有意,而自是,则必沦于恶矣。是好名之私累之也。"④

四、王门之交

程文德对王阳明相当推崇,作有《阳明文录跋》,认为:"先生之文也以载道也。夫可载者存乎言,而不可传者存乎意。圣学久灭,良知不泯,支离蔽撒,易简成功,是先生之意。明德亲民,无外无内,皇皇乎与人为善,而忘其毁誉者,是先生之意。世未平治以为己辜,将以此学,上沃圣明,而登之熙皞

①　程朱昌、程育全编,郑云山、项瑞英点校:《程文德集》附录,第 423 页。
②　程朱昌、程育全编,郑云山、项瑞英点校:《程文德集》卷十四《与岭表书院诸生书》,第 158 页。
③　程朱昌、程育全编,郑云山、项瑞英点校:《程文德集》卷十四《又复石玉溪书》,第 155—156 页。
④　程朱昌、程育全编,郑云山、项瑞英点校:《程文德集》卷十六《复吕沃洲侍御书》,第 176 页。

焉，是先生之意也。"①同时，他对湛甘泉的评价也很高。可以说，对于王、湛二人，他基本上是相提并论、等量齐观的，所谓"方今臭味谁相似，阳明甘泉南洲子。四公踪迹天西东，论议万壑皆朝宗"②，即反映了程文德对王阳明、湛甘泉、曾彦（南洲子）、黄绾"四公"同时并重，不像王门弟子那样任意拔高阳明的基本立场。而与此立场"不符"的是，在程文德的交友网络中，王门弟子却要明显多于湛门弟子，更别说曾彦、黄绾了。正因为与王门的交流最为密切，所以程文德"真心"说虽源自于朱子和甘泉，但基本内核却属于阳明学，《明儒学案》把他归入浙中王门是有一定道理的。

至于阳明门人，程文德与阳明私淑弟子罗念庵（洪先）的关系可谓最为密切。念庵是程氏的同科状元，所以程氏特别倾心于念庵。两人登进士后，意气相得，锐志圣学，相互砥砺切磋，终身如一日。程文德仅仅写给罗念庵的诗文就有十余首（篇），而且还为念庵祖父罗玉（字应玉，号梅轩）写过行状，③为念庵父亲罗复循（号双泉）写过祭文。④ 程文德撰《送罗念庵同年》二首、《复罗念庵书》等篇，又作《夜宿质庵月明鹤唳有怀念庵》《用王摩诘送祖三韵寄念庵》二首、《经沙河柳堤怀念庵》、《清明日访念庵于静海寺庙》、《对雪次念庵韵》、《续旧句并寄念庵》、《饮庆寿寺雨甚过念庵宿》等诗，记录与念庵相会时的情景，并表达对罗的深切挂念。"深感至情""数年渴欲躬拜"⑤。他还说："三十年来，得遇吾兄，自谓今而后，永可相依，求寡过矣。……别兄后，教言甚多，敢不惕励？……吾兄意自真切，朋辈罕比，但恐思虑太多，所谓议论多而成功少，正学者之通患，兄亦以为何如？"⑥罗念庵也作《祭同年程

---

① 程朱昌、程育全编，郑云山、项瑞英点校：《程文德集》卷十二，第 146 页。
② 程朱昌、程育全编，郑云山、项瑞英点校：《程文德集》卷二十八《赠黄石龙》，第 301 页。
③ 程朱昌、程育全编，郑云山、项瑞英点校：《程文德集》卷十九《赠奉直大夫兵部武选司员外郎梅轩罗公行状》，第 208—209 页。
④ 程朱昌、程育全编，郑云山、项瑞英点校：《程文德集》卷十八《祭宪副双泉翁罗公文》，第 204—205 页。
⑤ 程朱昌、程育全编，郑云山、项瑞英点校：《程文德集》卷十六《复罗念庵书》，第 177 页。
⑥ 程朱昌、程育全编，郑云山、项瑞英点校：《程文德集》卷十五《与罗念庵同年书》一，第 164 页。

松溪少宰》《别程舜敷》四首、《舜敷将发》三首、《程舜敷谪居海上问询》《寄同年程松溪》《程舜敷春暮同江宴会遇雨》《别梦程松溪早朝》《寄寿松溪少宰六十》《程松溪司成清明日见访狮子山》来回应程文德,并有"昔为双鸳飞,今作孤鸾鸣""君莫歌离别,一字一涕泣""知君对月时,独我瞻云立"①等句,对程的感情溢于言表。程文德去世后,罗念庵为其撰墓志铭。

除了罗念庵,程文德与浙中王门的钱绪山(德洪)、王龙溪(畿)、黄石龙(绾),江右王门的邹东廓(守益)、聂双江(豹)、欧阳南野(德),闽粤王门的薛中离(侃)等,泰州王门的徐波石(樾),新安王门的王仲时,乃至地处王学边缘的浙南永嘉等处王门精英,都保持着相当密切的关系,可谓王门分化以后各流派之间的重要调解人。

程文德与钱绪山关系非同一般,曾为其父心渔翁钱蒙作《心渔小引》:"后八年壬辰,洪甫就廷试来京师,以告甘泉先生,先生亦为之赋之。"②而与邹东廓的关系,则可以从其所作的《怀邹东廓》③诗以及《乐聚亭记》中看出:"南雍祭酒私第,右为讲院,甘泉湛先生所创也。堂名'观光',旁翼两斋,而其前犹芜隘。东廓邹子稍辟肆射,云冈龚子凿池莳莲,未有构也。嘉靖乙巳夏四月,松溪程子某承乏视雍,顾斯院而乐之。"④另外还可从邹东廓与程文德同年同乡挚友石简(号玉溪)的书信往来中看出:"玉溪先生出守高凉,其友东廓邹子、绪山钱子、真庵王子,皆以书遗之,若曰:'天相高凉,其兹行乎?今中州士,翕然同声。南服未暨,维子之责。慎植范模,迪民吉康,是维守之光。天之相子,亦惟兹行乎?'先生复书曰:'敢不惕若,庸迪海言。'……先生(玉溪)美质卓识,启迪明畅,语皆实际,听者心融。二三子如喝之获润,如寐之始觉已。……于是闻者谓高凉之士,真能不负先生,而先生是行,真可以

① 徐儒宗编校:《罗洪先集》下册,凤凰出版社,2007年,第1002页。
② 《程文德集》卷十三,第143页。按:赋未见于《湛甘泉全集》,而甘泉尝作《钱心渔先生墓铭》。从甘泉、松溪对绪山之父心渔翁的赞赏中可以看出他们与绪山的亲密关系。
③ 程朱昌、程育全编,郑云山、项瑞英点校:《程文德集》卷三十四,第394页。
④ 程朱昌、程育全编,郑云山、项瑞英点校:《程文德集》卷十二,第131页。

复东廓、绪山、真庵诸子也，宁直贤于汉二子已耶！"①

程文德与王龙溪的关系可以从其所作的《与王龙溪同年书》中看出："丙戌之春，自隆兴奉别，星霜几六易矣。……独惭弟犹故，脚跟不定，虽时赖中离、南野诸兄相砥砺，终是未能斩钉截铁……然自度此生万里之程，终不能自画也，尚赖吾兄有以教之。昨见《社学录》后语曰：'学问之道无他，求其放心而已。求之无他，弗动于意而已。'然则兄之教我者至矣。弟当自强不息而已。……此今之时，所以不贵于辨说之多，而惟贵于不息之功也。兄以为何如？"②

程文德与聂双江的关系可以从其所作的《复聂双江郡伯书》《与罗念庵同年书》等信札中看出："平生所甚慕又甚厚而不得见者，双江一人而已。……来教一一，皆格言绪论，洞达理道，曲中人情，而又谦己以示之验，真实际之见，有德之言也，岂不悚然铭佩？近与东廓诸兄，朔望集多士，会于学，亦雅以真心为言。此心不真，辨说虽明，毕竟何益？……无非真心，则无非实工。一话一言，一步一趋，皆受用处，此何等切实也。"③"所谕'格心讦谟'愧未能效此，须详悉另布，双江丈当能及之。至于'正静俟时'，则不敢违心也。……双江丈道兄造诣，参之平日素慕，卓然上达，益严操持，以立标准，同志之幸。近闻波石之变，亦学之未至，而未可全诿诸不幸也。其所为报答者，固已为竭力矣。"④程文德还说："南野兄处获启答良多。"⑤南野兄即欧阳德，为江右王门的主要代表。

程文德与薛中离的关系可以从其所作的《送薛中离归揭阳》中看出："薛

---

① 程朱昌、程育全编，郑云山、项瑞英点校：《程文德集》卷七《又送玉溪公序（为诸生作）》，第69—70页。
② 程朱昌、程育全编，郑云山、项瑞英点校：《程文德集》卷十四，第152页。
③ 程朱昌、程育全编，郑云山、项瑞英点校：《程文德集》卷十四，第159—160页。
④ 程朱昌、程育全编，郑云山、项瑞英点校：《程文德集》卷十五，第165页。
⑤ 程朱昌、程育全编，郑云山、项瑞英点校：《程文德集》卷十五《与罗念庵同年书》二，第164页。

子倡道京师,士翕然宗之。……无乃天假薛子以信吾学于天下耶?"①在《与洪觉山侍御书》中可以看出他对岭南现状的担忧:"所愿望者,岭南士夫全不讲学,而权贵多骄横,执事何以易之? 两司郡县,谀态日甚,交际之间,全不成礼,有道者或反以为慢且辱,执事亦尝转移之乎? 此同志之所共望者也。"②

程文德与黄石龙的关系可以从其所作的几首诗中看出:"昔年公为寻幽客,曾共壶尊扫白石。今日公为观国宾,几追杖履扬芳尘。……我愿为云公为龙,四方上下长相从。"③"昔贤不可作,千载仰流风。"④"壁上旧题人不见,天台秋色望悠悠。"⑤他还说:"仆诚得波石相侣,当决策归山耳。"⑥波石即徐樾,是泰州学派的主要代表,也是把泰州学脉引向江右的关键人物。

永嘉学者中对王阳明最为推崇的是项乔及王澈、王激等人,而程文德与他们的关系皆非同一般,他撰有《送瓯东项君之河间序》⑦,而项乔则撰有《寄同年程松溪祭酒》《与程松溪》《和程松溪送昭圣梓宫诗韵》等。⑧ 他还为永嘉英桥王氏宗谱写序,以表彰王澈、王激等人:"吾浙东著姓推永嘉王氏,代产闻人。八传而为少参东崖公(王澈)、祭酒鹤山公(王激),伯仲竟爽而世益显。少参公孝政归日,以敦叙乡族为事项,修宗谱成,为书属予曰:……予与公有世称谊也。"⑨而王激的两个儿子叔果、叔杲加上项乔,皆为阳明学在浙南地区传播与发展的重要推手。

———————————

① 程朱昌、程育全编,郑云山、项瑞英点校:《程文德集》卷三十六,第 419 页。
② 程朱昌、程育全编,郑云山、项瑞英点校:《程文德集》卷十四,第 161 页。
③ 程朱昌、程育全编,郑云山、项瑞英点校:《程文德集》卷二十八《赠黄石龙》,第 301 页。
④ 程朱昌、程育全编,郑云山、项瑞英点校:《程文德集》卷二十九《游石鼓山次黄石龙韵》,第 309 页。
⑤ 程朱昌、程育全编,郑云山、项瑞英点校:《程文德集》卷三十五《方岩和黄石龙韵》,第 408 页。
⑥ 程朱昌、程育全编,郑云山、项瑞英点校:《程文德集》卷十六《复徐波石督学书》,第 175 页。
⑦ 程朱昌、程育全编,郑云山、项瑞英点校:《程文德集》卷八《送瓯东项君之河间序》,第 82—83 页。
⑧ 方长山、魏得良点校:《项乔集》,上海社会科学院出版社,2006 年,第 360、412、493 页。
⑨ 程朱昌、程育全编,郑云山、项瑞英点校:《程文德集》卷九《永嘉英桥王氏重修宗谱序》,第 104—105 页。

新安地区一直是朱子学的重镇,阳明以后其弟子曾多次前往讲学,欲夺取话语权。王仲时是新安王学的代表之一,程文德与他的关系也非常密切:"自吾得仲时而学日信。……学求无累,惟自信焉尔。夫信也者,心之真也,心之一也,心之恒也。真则不妄也,一则不贰也,恒则不息也。有妄、有贰、有息,皆不信也,皆见小欲速之私累之也。是故无不信之心,则无不慎之独,而于学也几矣。……有语及阳明先生及海内诸同志者,辄俯首忾息,泫然欲涕,思从之游而不可得也。……时(石)玉溪先生为郡,学道爱人,风动高凉。仲时之游,良多裨益。兹往也,又将之安福,见东廓先生;之姑苏,见绪山先生,而就正焉,其益成其信矣乎!"①

不难看出,程文德与王门诸子间建立起相当密切的关系网。这一方面说明他的人品不错,与在朝、在野人士皆能结交,与各个流派皆能沟通,与各类性格的人皆能打交道;另一方面也反映了他的思想的包容性和折中性,而缺乏独特性和自得性。而这在后阳明时期,恰好有助于缓和王门中的各种矛盾以及外界的各种批评。从这一意义上说,程文德在王门中地位也是举足轻重的。

五、婺学之续

宋室南渡以后,理学的重心发生了转移,金华逐渐成为传扬程朱理学的主要场地。元代的何、王、金、许四人先后在此讲学传道,被视为"得朱子之学髓"。明代,心学的影响虽然很大,但是面对心学的冲击,朱子学阵营也作出了强烈的反应,其中以章懋为代表的明中叶朱子学在与心学相争辩的过程中,既捍卫了朱子学,又对明代中晚期的气学思潮以及经世致用思潮产生了不可忽略的影响。金华四先生之后,有章懋"承风而接之",章懋门人程文

---

① 程朱昌、程育全编,郑云山、项瑞英点校:《程文德集》卷六《送王仲时归婺源序》,第66—67页。

德等"不失其传"①。他们前承后续，使金华朱学雄风犹在。程文德"用功有实地"，还与乡里先哲陈亮相接续，尝赋诗曰："龙山精舍近龙川，栋宇初成思豁然。故址昔传僧八百，新堂今聚友三千。乾坤兴废元无意，山水遭逢似有缘。衿佩雍容弦诵日，文明有象已开先。"②其所作《婺集同声诗序》更是表达了对传承婺学的责任感："历唐及宋，则宗忠简勋业之冠也，而郑、胡、林、乔拓其绪矣；吕成公道学之源也，而何、王、金、许浚其流矣；潘默成、陈龙川文章之彦也，而苏、胡、吴、黄接其武矣。中间名卿著相，称右江南；学士文儒，号小邹鲁，盖莫可殚述焉。迨我高皇渡江，婺州驻跸，延览英杰，翕聚云龙，一时名臣，婺实太半；而景濂之文，子充之节，尤称伟烈，于戏盛哉！永乐而后，代不乏人，至枫山先生，尤以道自任，为世所宗。常语同志曰：'吾婺三重担，今在我后人也。'斯言也，我先君十峰宪副、外舅竹涧司马，暨渔石太宰，朴庵、复斋二司空，暨予小子，实窃闻之。孟子曰：'观于海者难为水，游于圣门者难为言。'而生于吾婺者，亦不难其继乎，则在今日重有感矣！……相彼物矣，犹贵金华。矧吾人矣，可负乡国？山川犹昔，风气靡殊；既有开于前修，忍自隳于后进？……先是，己丑之岁，某也叨与词林。……于是月为一会，署曰'婺集同声'，胥训告以盟心，各矢音而见志。"③是故《五峰书院祝文》评价说："文公（朱熹）集理学之正宗，成公（吕祖谦）传中原之文献，文毅公（陈亮）蕴经济宏猷，云溪公（章懋）敦孝友实行，至于文恭公（程文德），学术无忝于儒臣，行谊足称乎君子，是皆道绍往圣，功在斯文者也。同乡过化，丽泽相资，宋哲明贤，后世一揆，共举明烟，神其鉴此，佑启后人。"④

　　明正德年间，学者应典首建"丽泽祠"，与程文德等讲学于此。明嘉靖年

---

　　① 沈善洪主编，吴光执行主编：《黄宗羲全集》第 7 册，第 343 页。
　　② 程朱昌、程育全编，郑云山、项瑞英点校：《程文德集》卷三十一《书院新宅》，第 352 页。另参见卷三十一《上已建龙山书院喜晴》，第 351 页。
　　③ 程朱昌、程育全编，郑云山、项瑞英点校：《程文德集》卷九，第 97—98 页。
　　④ 庐屏、朱昌编：《明礼部尚书程文德文史选》，浙江省永康市祥达印务有限公司，2003 年，第 9 页。

间，婺郡太守姚文火召命永康县令洪垣、甘翔鹏建"五峰书院"，学者周佑德续筑"学易斋"于祠西侧。丽泽祠祀陈亮、朱熹、吕祖谦三位学者，故俗称"三贤堂"；学易斋乃专为纪念婺州学者何基、王柏、金履祥、许谦、章懋而建。程文德在五峰书院，"每岁重阳日祀朱、吕、陈三子，次日祀阳明五子，三日祀何、王、金、许诸儒，远近来者云集"。① 因此，程文德的思想既与强调"事功"的永康学派有联系，又与"兼收并蓄"、集众家之长的吕学有关联，更与被视为朱学嫡传的"金华四先生"何基、王柏、金履祥、许谦乃至章懋有承续关系。

程文德对故乡婺州的人文物理有极深的感情，尝曰："吾婺以文献望东南，素称秉礼。"②"方岩距松溪十里而近，松溪子少尝读书焉。"③"壶南，予内兄也，与予处十有七年矣，实莫逆友也。正德己卯，予举于乡；后六年，嘉靖乙酉，壶南举于乡；又四年，己丑，同举进士。"④他对来自婺州的京官也相当熟悉，并往来频繁："惟时吾邑之缙绅会于都下者，若沙泉俞先生，郡守也；安山周先生，州守也；云窝俞先生。尹德兴，云崖李先生，尹顺昌，于先生又同选也。而麓泉王兄、方山赵兄，又与子同第，日夕相欢，忘其为客，亦一时之盛。辄以狂菲之言就正诸君子，皆曰然，遂书之。"⑤"鸣和赵子举进士，岁维己丑。里闬之士，同袍者仲德王子与某也，三人者实莫逆于心也。……鸣和忽被天子简命使吾浙。竣事归寿，适维其期……"⑥他对赴金华为官的朝廷命官则寄予厚望："吾康俗称好斗、好讼，迄今莫之能改，惟公忠信以为甲胄，与世无争，奚斗？礼义以为干橹，与世无衅，奚讼？"⑦"于是同郡之士官京师

---

① 庐屏、朱昌编：《明礼部尚书程文德文史选》，第 9 页。
② 程朱昌、程育全编，郑云山、项瑞英点校：《程文德集》卷十一《洪塘郭氏祠堂记》，第 118 页。
③ 程朱昌、程育全编，郑云山、项瑞英点校：《程文德集》卷十《惠恩遗田记》，第 117 页。
④ 程朱昌、程育全编，郑云山、项瑞英点校：《程文德集》卷五《赠壶南潘君为南秋官序》，第 57 页。
⑤ 程朱昌、程育全编，郑云山、项瑞英点校：《程文德集》卷五《赠思斋曹子令繁昌序》，第 50 页。按：曹朝卿，号思斋，与文德"莫逆交"，"犹兄弟也"。
⑥ 程朱昌、程育全编，郑云山、项瑞英点校：《程文德集》卷五《寿石松赵建君序》，第 55—56 页。
⑦ 程朱昌、程育全编，郑云山、项瑞英点校：《程文德集》卷二十二《菊轩公传》，第 245—246 页。

者,咸以得人为庆。又数日,相与醵饯于灵济之宫……夫廉以率下,公以平轨,明以正物,仁以恤民,威以詟暴。下率则官励贞,轨平则人顺,物正则不欺,民恤则孚惠,暴詟则君子劝而小人惩。夫君子劝而小人惩,物不欺而民孚惠,官励贞而人顺轨,其何功不树? 于郡何有也? 是不足为公贺且为金华得人庆乎?"①"大夫将为永康,或者难之。时王子崇、赵子銮、程子某,皆永康人也。三子于大夫又同袍也,乃相率而询于大夫曰……"②"使永康之政烨然为海内光,则于同志亦有光乎! 觉山行矣,是时永康士人在都下凡十人,相送于城东门,爰诵斯言为祝。"③如此等等,不一而足,充分证明了程文德的家乡情结和对婺学传统的深深眷恋。而这对于一个被黄宗羲列入"浙中王门"的人来说,则显得格外与众不同,在连接阳明学由浙东向浙中的传播节点上,也显得格外亮眼。

（本文作者为浙江省社会科学院哲学研究所研究员）

---

① 程朱昌、程育全编,郑云山、项瑞英点校:《程文德集》卷五《赠虚谷姚公守金华序》,第53—54页。

② 程朱昌、程育全编,郑云山、项瑞英点校:《程文德集》卷五《赠同年邵恒斋为永康大夫序》,第57页。

③ 程朱昌、程育全编,郑云山、项瑞英点校:《程文德集》卷五《寿觉山洪大夫宰吾邑序》,第61页。

清初浙西朱子学家吕留良与陆陇其比论

——以《四书》学为中心*

张天杰

提　要：吕留良与陆陇其都是清初浙西的朱子学家，而且二人曾有交游及在《四书》学上的承继关系，围绕朱子的《四书章句集注》而发展出各自的《四书》学，分别有《四书讲义》与《松阳讲义》等代表作。然而到了雍正朝，吕氏遭受文字狱，其书也被禁毁；陆氏则获从祀孔庙，其书被收录《四库全书》。同样"述朱"其遭遇为何大不同，分析他们《四书》学的问题与方法的异同，特别是书之体例以及对于"出处"以及"道义"的理解，对于研究清初的《四书》学、理学乃至文化史、政治思想史，都有着重要的意义。

关键词：吕留良　陆陇其　《四书》学　清初理学　出处观　义利之辨

回顾宋明理学的发展历史，则可以王阳明为界，南宋中后期到王阳明之前，朱子学风行天下，王阳明之后则阳明学风行天下。到了明清之际，发生了重大的社会转型，思想学术也跟着转型，就其主流而言，则由阳明学回归于朱子学。思想学术的转型，必然体现在经典的诠释，特别是在与宋明理学密切相关的《四书》学上，当时最为重要、最有影响力的讲《四书》且"尊朱辟

---

　　* 本文为国家社科基金一般项目"尊朱辟王——清初由王返朱思潮研究"(14BZX047)的阶段性成果。

王"的学者,便是浙西的朱子学家吕留良(1629—1683,字用晦,号晚村,崇德人①)与陆陇其(1630—1693,字稼书,平湖人),而且陆氏对吕氏的《四书》诠释非常推崇,在其书中又有大量的引述。然而这二人去世几十年之后,身后的遭遇却是截然相反。钱穆先生曾说:

> 晚村乃遭斫棺判尸之奇祸,其家人亦遭戍关外,成为清代文字狱中最特出耸听闻者。晚村因讲《四书》而婴此冤酷,亦为自宋以下理学史中所少见。同时陆稼书服膺晚村,乃获清廷褒奖,从祀孔庙,成为清代第一醇儒。清政权之高下在手,予夺从心,与清廷高压、怀柔政策之兼施,治清初学术史,此两人之事,殊值注意。②

在雍正朝,吕留良因为讲《四书》而惨遭奇祸,也即"清代文字狱中最特出耸听闻者",他自己被"斫棺判尸",家人被流放东北,其《四书讲义》被"逐条摘驳";到了乾隆朝则著作被禁毁,其著作便转为私下传播,后来《续修四库全书》则将其编入且评价甚高。同样是在雍正朝,陆陇其则正好相反,成为清代"第一醇儒",本朝从祀孔庙的第一人,获得了作为儒者的最高荣誉;到了乾隆朝则获得了"清献"的谥号,以及追赠内阁学士兼礼部侍郎,编《四库全书》时其《四书》学著作两种被编入,一种被存目,而且都给予了高度的评价。

为什么二人身后的遭遇相差如此悬殊? 一个入地,一个上天;一个身败名裂,一个优入圣域? 钱穆先生认为这与清廷的高压与怀柔两大政策的兼施并用有关,其实与二人学术的异同,也应当有所关联。故而探究二人《四书》学的承继关系,比较其问题与方法的异同,对于研究清初的《四书》学、理

---

① 崇德县,康熙元年改名石门县,今属桐乡市崇福镇。崇德、平湖二县都属浙江的嘉兴郡,故吕、陆二人曾有嘉兴之会。

② 钱穆:《吕晚村学述》,《中国学术思想史论丛》第8册,九州出版社,2011年,第213页。

学乃至文化史、政治思想史,都有着重要的意义。

一

吕留良是清初著名的诗人,同时又是著名的理学家、时文评选家、刊行"程朱遗书"著称的出版家,而后三者则是有机联系在一起的。吕留良的《四书》学,其实是以时文评选的形式来表述的,故我们先要简要地说明两个问题,一是吕留良与朱子的《四书章句集注》,二是从时文评选到《四书讲义》的过程,然后再谈其《四书》学的影响。

当晚明王阳明之心学风行之时,吕留良却因为家族的影响,早年就对朱子学,特别是《四书章句集注》有着浓厚的兴趣。他的姐夫朱洪彝就是一个非程朱之书不读的学者,吕留良的友人、当时以倡导程朱理学著称的张履祥,曾记载朱氏的话说:"二程夫子,明道几于化矣,吾辈不能学。伊川有辙迹可守。朱夫子之学,笃实精微,学者所宜宗主。"①这些言论当对吕留良有一定的影响,使其对程颐、朱子一路较有亲切之感。吕留良自己也说:

> 某荒村腐子也,平生无所师承,惟幼读经书,即笃信朱子细注,因朱子之注,而信程张诸儒,因朱子程张而信孔孟。②
>
> 某平生无他识,自初读书即笃信朱子之说,至于今老而病且将死矣,终不敢有毫发之疑,真所谓宾宾然守一先生之言者也。③

可见其自幼便熟读朱子《四书章句集注》,并认为由朱子之注,可至二

① 张履祥:《言行见闻录》,《杨园先生全集》卷之三十一,中华书局,2002年,第883页。
② 吕留良:《复王山史书》,俞国林点校:《吕留良全集》第1册,中华书局,2015年,第69—70页。
③ 吕留良:《答吴晴岩书》,俞国林点校:《吕留良全集》第1册,第23页。

程、张载等宋儒之学，再至孔子、孟子之学，也就是说笃信朱子学为儒门正宗。再者，吕留良少年时代就钻研时文，而时文成败在于是否对《四书》之精义、实学有所精通，故由此一点亦可知其必然自幼就笃信朱子学。当然这并不是说其不受王学的影响，比如康熙初年，也就是黄宗羲到吕留良家处馆之时，他在与张履祥的信中就说"平生言距阳明，却正坐阳明之病"①，也就是说与当时的大多士人一样，吕留良也曾受过王学影响，但并不能说就放弃了朱子学的立场，也正是因为当时还有一点调和朱、王之心态，故会与黄宗羲有所交往，然在康熙五年之后则渐渐放弃调和，转而推尊朱子学，特意与张履祥多方联系，而与黄宗羲则日渐疏远。康熙八年，张履祥到吕留良家处馆之后，吕留良的朱子学自然也就更为精进了。

至于其后来的"尊朱"思想，则有两个特点：其一，不争门户；其二，不愿调停。就前者而言，吕留良说："道之不明也几五百年矣。正、嘉以来，邪说横流，生心害政，至于陆沉，此生民祸乱之原，非仅争儒林之门户也。"②正德、嘉靖以来，各种邪说流行，最后影响人心、政事以至于明亡，在吕留良看来想要明道，也就必须力辟王学以及其他各种邪说，这只是为了学术、人心，而非程朱、陆王之间的门户之争。再看后者，他在《四书讲义》中说：

> 世教衰，人心坏，只是一个没是非，其害最大。看得孔孟、老佛、程朱、陆王都一般并存，全不干我事，善善恶恶之心，至此斩绝，正为他不尚德，无君子之志也。才欲为君子，知尚德，定须讨个分明，如何含糊和会得去。③

吕留良极力反对晚明以来的三教合一，反对晚明以来孔孟、老佛以及程

---

① 吕留良：《与张考夫书》，俞国林点校：《吕留良全集》第1册，第2页。
② 吕留良：《复高汇旃书》，俞国林点校：《吕留良全集》第1册，第9页。
③ 吕留良：《四书讲义》卷十七《南宫适问于孔子曰羿善射章》，中华书局，2017年，第391—392页。

朱、陆王都可以并存不悖等说法，他认为为了世教、人心起见，就必须要将学术一一分辨，不可含糊、和会，这是他与调停朱、王的高攀龙、黄宗羲等人很大的不同之处。

时文，也即八股文、《四书》文。明、清两代科举考试的第一场，就是以八股文的形式考试学子，以《四书》中的句子命题，又以朱熹《四书章句集注》为准，故而对于《四书》以及朱子学是否有着正确的理解，成为科举乃至人生成败的关键。因此，时文名家的评与选，对于士子来说也就具有了重要的指导意义。明清两代有许多时文评选名家，然大多以讲文章作法为主；像吕留良这样以阐明朱子学思想为主，并且用意在于挽救世道、人心的也就极少了。因此，吕留良很快就超越了艾南英与陈子龙等人，成为影响最大的时文名家。王应奎《柳南续笔》说：“本朝时文选家，惟天盖楼本子风行海内，远而且久。”①戴名世《九科大题文序》说：“吾读吕氏之书，而叹其维挽风气，力砥狂澜，其功有不可没也。……而二十余年以来，家诵程、朱之书，人知伪体之辨，实自吕氏倡之。”②王弘撰《山志》也说：“近时崇正学、尊先儒，有功于世道人心者也。”③可见在当时吕留良的书风行海内，且真正起到了推尊朱子学、维挽风气的作用。到了晚清，文网稍宽，吕留良的时文本子又再度风行起来，如曾国藩在同治四年七月的家书中就说时文当读吕晚村④；再如张謇《吕晚村墨迹跋》说：“謇年十四许时，读晚村批评之制艺，义本朱子，绳尺极严，不少假贷，缘此于制举业稍睹正轨。”⑤由此可见，吕留良的时文评选，其影响是贯穿有清一代的。

所以说，吕留良一生从事朱子学，然与当时其他讲理学者不同，不以语录、讲章行世，而以时文评选著称，其《四书讲义》便是其时文评选之中，发明

---

① 王应奎：《柳南续笔》卷二《时文选家》，中华书局，1983年，第163页。
② 戴名世：《九科大题文序》，《戴名世集》卷四，中华书局，1986年，第102页。
③ 王弘撰：《山志·二集》卷五《著述》，中华书局，1999年，第266页。
④ 曾国藩：《曾国藩全集·家书二》，岳麓书社，1985年，第1204页。
⑤ 张謇：《吕晚村墨迹跋》，转引自《吕留良年谱长编》，中华书局，2003年，第435页。

朱子《四书章句集注》相关义理的精华。吕留良时文评选的著作主要有《天盖楼偶评》《天盖楼制艺合刻》《十二科小题观略》《十二科程墨观略》《唐荆川先生传稿》《归震川先生全稿》《陈大樽先生全稿》《钱起士先生全稿》《黄陶庵先生全稿》《黄葵阳先生全稿》《江西五家稿》《质亡集》等。后来则有吕留良的弟子将这些时文选本之中的吕氏评语摘出，并以朱子《四书章句集注》的顺序加以重新组合。重要的版本有以下三种：周在延编《天盖楼四书语录》四十六卷，清康熙二十三年金陵玉堂刻本；陈鏦编《吕晚村先生四书讲义》四十三卷，清康熙二十五年天盖楼刻本；车鼎丰编《吕子评语正编》四十二卷附严鸿逵记的《亲炙录》八十九条、《吕子评语余编》八卷附《亲炙录》六条，清康熙五十五年顾麟趾刻本。上述三书，体例大略相当，编次最全者则为《吕子评语》，其正编发明书义，内容与《语录》《讲义》大致相当，其余编论文章作法，为此书独有，然此书最晚出，而十二年后曾、吕文案发，车鼎丰兄弟以刊刻逆书及与吕氏门人严鸿逵等往来获罪拟斩，故此书流传最少。在康熙后期以及雍正初年，流传最广的是《四书讲义》，而且此书在编辑过程中，陈鏦与吕留良之子吕葆中、弟子严鸿逵等人多有商酌，去除谬戾，选编精良，故而后世学者研究吕留良对《四书》的诠释，对于孔、孟以及程、朱等义理的阐发，特别是其朱子学思想的主旨，还是通过《四书讲义》一书。甚至雍正为了批判吕留良的思想，便命大学士朱轼等人编撰《驳吕留良四书讲义》一书，"逐条摘驳"。[①] 可见《四书讲义》一书在当时以及后世的传播之广、影响之大，而《驳吕留良四书讲义》则连《四库全书》也未收录，反过来说明吕留良朱子学思想自有其价值。

　　学界对吕留良在朱子学、《四书》学上的成就也评价较高。诚如《续修四库全书总目提要》所说："书中悉就朱注发挥，然体会有得，多有比朱注更精、

---

　　① 《雍正九年十二月十六日上谕》，《四库未收书辑刊·陆辑·叁册》，四库未收书辑刊编纂委员会，北京出版社，2000 年，第 607 页；《清代文字狱档（增订本）》第九辑，上海书店出版社，2011 年，第 590 页。

更切者,时亦自出己意,不能尽合朱子。……自成为吕氏之书,非一般遵朱不敢失尺寸者所以同语也。"①再如钱穆先生所说:"自朱子卒至是四百余年,服膺朱子而阐述其学者众矣,然绝未有巨眼深心用思及此者。"②吕留良于朱子《四书章句集注》的"巨眼深心"实在难能可贵,其中诸如节义之道等论述,虽不尽合于朱子,然亦是极有价值的,绝非当时一般的《四书》类的章句之学所能及。也正是因为吕留良并非"遵朱不敢失尺寸者",能够以己意而"体会有得",方才能够做到以朱子为中心、又有比朱子"更精、更切"的诠释。

二

陆陇其是清初著名的理学家、教育家以及循吏,仅比吕留良小一岁,然却成了理学名臣,在康熙朝被称为"本朝理学儒臣第一"③。作为一个中下级官员,陆陇其之所以受到清廷如此之高的礼遇,则是因为其"自幼以斯道为己任,精研程朱之学"④,具体而言则是对《四书》之诠释有其独到贡献,故我们就以其著述如何围绕《四书》而展开,以及如何受到吕留良的影响来加以论述。

与吕留良原本无心于为《四书》本身作"讲义",生前只有多种"《四书》文"之评选相比,陆陇其从一开始便操心于《四书》本身,先后完成的《增订四书大全》《四书讲义困勉录》《松阳讲义》三种诠释《四书》的著作,正好有着三种不同的体例,最后都成为清初程朱学派《四书》学的代表作。四库馆臣也说:"盖朱子一生之精力尽于《四书》,陇其一生之精力尽于《章句集注》。"⑤

《四书》自元代以来,就是科举考试的重要教材,故而大多学者都曾加以

① 《续修四库全书总目提要》(经部),中华书局,1993年,第946页。
② 钱穆:《中国近三百年学术史》第二章,九州出版社,2011年,第87—88页。
③ 吴光西、郭麟、周梁等:《陆陇其年谱》,中华书局,1993年,第1页。
④ 吴光西、郭麟、周梁等:《陆陇其年谱》附录《从祀大典》,第199页。
⑤ 《四库全书总目》卷三十六《四书类二》,《文渊阁四库全书》第1册,台湾商务印书馆,1986年,第739页。四库本《松阳讲义》卷首所载的《提要》无此段内容。

研习,清初学者也不例外。早年的陆陇其因为从事举业的关系,便曾研读朱子《四书章句集注》,"束发受书,即知崇尚朱子为入圣之阶"①,然尚未有精深、真切的体会;对陆王一系的学术也一度有过研习,甚至有所沉溺。这段经历,他自己后来曾有总结:

> 少时闻阳明之名,而窃诵其言,亦尝不胜高山景行之思,而以宋儒为不足学。三十以来,始沈潜反覆乎朱子之书,然后知操戈相向者之谬也,然犹且信且疑,未敢显言于人。②

也就是说,其在年轻之时对王阳明十分着迷,信服其学,故认为宋儒如程、朱,皆不足学,到了三十岁之后,方才开始认真读朱子之书,然而还是"且信且疑",还在转向朱学的路上。

康熙二年,陆陇其三十四岁,完成了《增订四书大全》与《四书讲义》二书,此时可以说是其《四书》学的第一阶段。《增订四书大全》就是对明初胡广等人编撰的《四书大全》加以增补,该书完成后也只作为自己留用的一个"读本",并未有过刊行之意。现存的刊本为门人在其死后校订、刊行,书名改为《三鱼堂四书大全》,共四十卷,《四库全书》收入"四书类存目"。陆陇其晚年所作《旧本四书大全序》说:

> 《旧本四书大全》,余旧所读本也。用墨笔点定,去其烦复及未合者,又采《蒙引》《存疑》《浅说》之要者,附于其间。其万历以后诸家之说,则别为一册,不入于此。……自戊戌至癸卯,用力六年而始毕。然是时,虽粗知读书之门户,而程朱之语录、文集皆未之见;敬轩、敬斋诸君子之书,皆未知求;嘉、隆以后,阳儒阴释之徒,改头换面、似是而非

---

① 吴光酉、郭麟、周梁等:《陆陇其年谱》,第 30 页。
② 陆陇其:《三鱼堂文集》卷八《周云虬先生四书集义序》,第 6 页。

者,犹未尽烛其蔀。自庚戌以来,乃始悉求诸家之书观之,然后知向之去取未能尽当。①

此书所作的工作包括两个方面,其一是"去其烦复及未合者"的注释,"有合于《章句集注》者附焉。"②也就是说以朱子《四书章句集注》为标准,将原来的《四书大全》之中不能相合的注释删除;其二是对《四书大全》加以增订,将明代中后期的蔡清《四书蒙引》、林希元《四书存疑》、陈琛《四书浅说》等书中的《四书》解说选摘辑入,其标准当还是合于朱子。陆陇其认为当时自己只是"粗知读书之门户",还有许多程朱的语录、文集都没有见过,薛瑄、吴与弼等明代朱学代表人物的书也还未有意识地去寻求。更为重要的是,当时陆陇其治学的最大弊病在于对嘉靖、隆庆以来"阳儒阴释之徒,改头换面、似是而非者,尤未尽烛其蔀",也就是说,对王阳明及其弟子的学说尚持"调和"态度,尚存程、朱与陆、王之间的"去取未能尽当"。这种情况的转变,是在"庚戌以来",即康熙九年他四十一岁之后,具体则体现在《四书讲义》续编的过程当中。

康熙十年,陆陇其进入《四书》学的第二阶段,开始了《四书讲义续编》的编撰。③ 其实康熙二年,在完成《增订四书大全》的同时,他也完成了《四书讲义》,这也就是上文提及的"万历以后诸家之说,则别为一册",之后则开始了续编的工作。此书录入的主要是晚明以来学者的《四书》相关论著的条目,据统计,所引不下四五十家。④ 吴光酉等编的《年谱》中说:

> 辑《大全》时,于明季纷然杂出之讲章,亦靡不披览。间有发明书理,及有待驳辨者,亦并录入集。常言此书所收甚杂,若中无定见,阅之

① 陆陇其:《三鱼堂文集》卷八《旧本四书大全序》,第 1 页。
② 吴光酉、郭麟、周梁等:《陆陇其年谱》,第 22 页。
③ 吴光酉、郭麟、周梁等:《陆陇其年谱》,第 29 页。
④ 朱华忠《清代论语学》,巴蜀书社,2008 年,第 128 页。

易惑，尤不轻以示人。①

　　然而《年谱》未曾说明《四书讲义》及其《续编》的工作也有原本，《四库全书》此书《提要》之中则说"是书因彦陵张氏所辑《讲义》原本"②，此原本即张振渊的《四书说统》。③ 然与《四书大全》不同，陆陇其对《四书说统》所作的变动较大，而且增补、续编的工作在此后多年都在继续，一直处于"未定"状态。康熙三十一年，陆陇其还在更定此书的体例，计划以此书为基础，并参考《增订四书大全》，重新编为《困勉录》一书：

　　　　内当分学、问、思、辨、行五项，采宋元诸儒之言，是为学；采明兴以来及近年诸儒之言，是为问；发先儒之未发，以"愚按"冠之，是谓思；辨诸说之同异，以"愚又按"冠之，是谓辨；更励学者勿徒为空言，以"学者读此章"五字冠之，是谓行。④

　　如这一精审的《四书》诠释宗旨得以落实，则是在《增订四书大全》与《四书讲义》及其《续编》的基础上的去芜存精。可惜《困勉录》的工作陆陇其生前仅完成数十章，保存下来的只有《南宫适问于孔子》至《论语》篇末一册。⑤陆陇其死后，由其族人、门人为之缮写、编次并刊行，将《四书讲义》与《续编》

---

　　① 吴光酉、郭麟、周梁等：《陆陇其年谱》，第 23 页。
　　② 《四库全书总目》，载《四书讲义困勉录》卷首，《文渊阁四库全书》第 209 册，第 5 页。
　　③ 《四库全书》的《提要》对"彦陵张氏"其人、其书都未作明确说明，然据笔者考证为张振渊，字彦陵，生卒不详，约在万历年间，浙江仁和人，贡生。山西大学图书馆藏有《四书说统》道光八年刻本，三十七卷，十六册。（见《山西大学图书馆线装书目录》，山西古籍出版社，2002 年，第 15 页）清雍正朝《浙江通志》据《仁和县志》记载，此书为二十六卷。（见《浙江通志》第 12 册，中华书局，2001 年，第 6734 页）张振渊著有《周易说统》十二卷，《四库全书》收录，另有《是堂文集》十卷等。大多论及陆陇其《四书讲义困勉录》的学者都未指明"彦陵张氏"为何许人，据笔者所见唯有已故的民间学者戴维先生在《论语研究史》中说明"彦陵张氏"即张振渊，他在《论语研究史》第九章第一节《清代前期论语研究》中指出"《困勉录》以彦陵张振渊的《四书讲义》为底本"（《论语研究史》，岳麓书社，2011 年，第 355 页）。笔者进一步通过考据方才考得上述细节，在此对戴维先生表示敬意。
　　④ 吴光酉、郭麟、周梁等：《陆陇其年谱》，第 190—191 页。
　　⑤ 吴光酉、郭麟、周梁等：《陆陇其年谱》，第 24 页。

合刊,书名为《四书讲义困勉录》,共三十七卷,包括《大学》一卷、《中庸》二卷、《论语》二十卷、《孟子》十四卷,《四库全书》收录于"四书类二";后来有学者又将其后半部分刊刻为《续困勉录》六卷,《四库全书》收录于"四书类存目"。四库馆臣指出:"是书因彦陵张氏所辑《讲义》原本删剟精要,复益以明季诸家之说,而以己见折衷之。"①馆臣还注意到此书的"尊朱辟王"特点:

> 明自万历以后,异学争鸣,攻《集注》者固人自为说,即名为阐发《集注》者亦多阳儒阴释,似是而非。陇其笃信朱子,所得于《四书》者尤深。是编荟粹群言,一一别择,凡一切支离影响之谈,刊除略尽。其羽翼朱子之功,较胡炳文诸人有过之无不及矣。②

陆陇其后半生的治学,确实花费大量的功夫来甄别所谓"阳儒阴释"之处,所以此书虽然收录了大量明儒的《四书》学说,但因其编撰宗旨明确,故选摘也颇为精良,所谓"删剟"主要就是删除原本《四书说统》之中的陆、王之类,此书的最后定本当作为陆陇其"由王返朱"之后的《四书》学成果。元代的胡炳文所著《四书通》汇编诸儒注疏,坚持朱子门户而考辨精良,四库馆臣认为陆陇其《四书讲义困勉录》的考辨则比胡著"有过之无不及",评价也是极高的。

陆陇其《四书》学的第三阶段,以康熙二十四年前后完成代表作《松阳讲义》为标志。其时陆陇其五十六岁,任职灵寿知县第三年,此一时期他经常为县学生员讲学,曾定每二、四、六、八日为讲书之期。③ 讲稿的汇集即《松阳讲义》,康熙二十九年由其门人编次后刊行,共十二卷,包括《大学》一卷、《中庸》二卷、《论语》七卷、《孟子》二卷,这是其《四书》类著作中生前刊行的唯一

---

① 《四库全书总目》,载《四书讲义困勉录》卷首,《文渊阁四库全书》第 209 册,第 5 页。
② 《四库全书总目》卷三十六《四书类二》,《文渊阁四库全书》第 1 册,第 739 页。
③ 吴光酉、郭麟、周梁等:《陆陇其年谱》,第 128—129 页。

一种,《四库全书》收录于"四书类二"。《松阳讲义》与《增订四书大全》或《四书讲义》不同,不是依据他人原本作的注疏补正,而是真正的讲义,且仅选取《四书》中的一百十八章,而不是《四书》的全部,"于《四书》不能遍及,盖随时札记,非节节而为之解也"①。他自己也在序中说:

> 有所触发,间疏其意示诸生,或述先儒注解,或自抒所见。欲其即圣贤之言引而归之身心,不徒视为干禄之具,使书自书、我自我。②

所谓"先儒注解"主要还是朱子的《四书章句集注》,并结合《四书大全》与《四书蒙引》《四书存疑》《四书浅说》等书加以辨析,指明何条为优、如何为优等等。除朱子之外引述较多的还有黄榦、辅广、陈淳、真德秀、饶鲁、金履祥等朱子后学,偶然也有引述明清之际的陈龙正、刁包等人的。而"自抒所见"则较《四书讲义困勉录》发挥更多,所以说此书是陆陇其《四书》学的精义所在。关于此书的学术旨趣,四库馆臣说:

> 惟于姚江一派,则异同如分白黑,不肯假借一词。时黄宗羲之学盛于南,孙奇逢之学盛于北,李颙之学盛于西,陇其皆不以为然。故此编于学术醇疵,再三致意。其间融贯旧说,亦多深切著明,剖析精密。盖朱子一生之精力尽于《四书》,陇其一生之精力尽于《章句集注》。故此编虽得诸簿书之余,而抒所心得以启导后生,剀切详明,有古循吏之遗意。较聚生徒、刻语录、以博讲学之名者,其识趣固殊焉。③

---

① 《四库全书总目》卷三十六《四书类二》,《文渊阁四库全书》第 1 册,第 739 页。四库本《松阳讲义》卷首所载的《提要》内容与此出入较大,《松阳讲义》,《文渊阁四库全书》第 209 册,第 839 页。
② 陆陇其:《松阳讲义·序》,华夏出版社,2013 年,第 1 页。
③ 《四库全书总目》卷三十六《四书类二》,《文渊阁四库全书》第 1 册,第 739 页。四库本《松阳讲义》卷首所载的《提要》无此段内容。

他在自序之中也说:"自明中叶以来,学术坏而风俗乖。卑者迷溺于功利,高者沉沦于虚寂……故尝以为今之为世道计者,必自羞乞墦、贱垄断、辟佛老、黜阳儒阴释之学始,而是编之中亦三致意焉。"①与《四书讲义困勉录》不同,《松阳讲义》不只是不收录陆、王之类,还在其中大发议论,议论的重心便在于"尊朱辟王",对于朱子、阳明学术之异同"不肯假借一词",其用意就在于罢黜"阳儒阴释之学",独尊朱子之学,故四库馆臣说其"一生之精力尽于《章句集注》"。

还有必要补充的是,陆陇其《四书》学的第二阶段,也正是其坚定于程朱理学并转而批判陆王心学的转折点,影响他的关键人物则是吕留良。吕、陆二人仅有一次正式会面,此即康熙十一年的嘉兴之会。② 其实在此前一年,陆陇其的《四书讲义续编》就已经多取吕留良之说。③ 陆陇其与吕留良会面所谈主要内容之一就是"尊朱辟王",对其触动极大,他还将二人交谈的内容记录成《松阳钞存》一书。其中说:

> 余于壬子五月,始会东庄于郡城旅舍,谆谆以学术人心为言。曰:"今之人心大坏,至于此极,皆阳明之教之流毒也。"又曰:"泾阳、景逸之学,大段无不是。然论心性,则虽甚辟阳明,而终不能脱阳明之藩篱。"……一时之言,皆有关系,予所深佩服者。④

当时所谈主要内容就是"尊朱辟王",吕留良认为晚明以来"人心大坏"都是因为王学的"流毒",还认为顾宪成与高攀龙虽"辟王",然未脱"阳明藩

---

① 陆陇其:《松阳讲义·序》,第2页。
② 陆、吕二人之间的交游过程以及学术影响,详见拙著《张履祥与清初学术》第八章,浙江古籍出版社,2011年,第218—250页。
③ 吴光酉、郭麟、周梁等:《陆陇其年谱》,第29页。吕留良是清初评选时文的名家,而时文也即以《四书》中内容为题的八股文,又称"四书文",吕留良的评语中多有对《四书》的精彩论说,在当时影响颇广。吕留良死后,其弟子依照《四书》的顺序重新汇编,即为《四书讲义》。
④ 陆陇其:《松阳钞存》卷下,《陆子全书》,浙江书局同治七至九年。

篱"，这些都对陆陇其触动很大。吴光酉等编的《年谱》中说：

> 先生束发受书，即知崇尚朱子为入圣之阶，深恶讲家与作文之背注
> 者。至是与石门语，益信吾道不孤，心理本同，不可别立宗旨厚诬天下
> 也。遂辑成是录。嘉、隆以来阳儒阴释之学，悉抉其疑似而剖其是非，
> 遁辞知穷，而学者得不惑于邪说矣。①

陆陇其之所以结束在朱、王之间的徘徊，坚信朱学之"吾道不孤"，都是
因为结识吕留良。也就是说，吕留良深刻影响了陆陇其的"尊朱辟王"学术
趋向。关于这一点，陆陇其本人也不讳言。康熙二十二年十月，当陆陇其在
京中获悉吕留良去世的凶讯，曾撰文祭奠。在祭文中说：

> 某不敏，四十以前，亦尝反覆于程、朱之书，粗知其梗概。继而纵观
> 诸家之语录，糠秕杂陈，玟玞并列，反生淆惑。壬子癸丑，始遇先生，从
> 容指示，我志始坚，不可复变。"②

陆陇其后来在与吕留良之子吕葆中（字无党）的书中说："不佞服膺尊公
先生之学，有如饥渴。"他还敦促吕葆中编刊吕留良之遗著："宜辑其关系世
道者汇为一书，如河津《读书录》，余干《居业录》之例。"③后来吕葆中并未将
吕留良的著述选编为薛瑄《读书录》类似的书，然而在完成了吕留良的诗文
集的刊刻之后，便刊刻了《四书讲义》。④ 这也许与陆陇其的建议有关："今刊

---

① 吴光酉、郭麟、周梁等：《陆陇其年谱》，第 30 页。
② 陆陇其的这篇祭文，因为雍正朝的曾静、吕留良文字狱案的影响，除了康熙年间嘉会堂原刊
初印本之外，乾隆以后大多陆陇其的文集未曾收录，部分内容载于吴光酉、郭麟、周梁等：《陆陇其年
谱》，第 94—95 页。
③ 吴光酉、郭麟、周梁等：《陆陇其年谱》，第 315 页。
④ 《四书讲义》刊于该康熙二十五年，为吕家天盖楼所刻，然具体编次工作由吕留良的弟子陈
镃担任，其《弁言》中说："间与同学蔡大章云就、颜鸿逵庚臣、董采载臣及先生嗣子葆中无党更互
商酌。"

行晚村《四书讲义》，是无党奉先生之教而衷集以垂世者。先生之不负良友在是，而有造后学亦在是矣。"①他可能多次敦促吕葆中等人，从而促成了《四书讲义》一书的刊行，这在陆陇其看来也是不负好友、造就后学。

再者，《松阳讲义》引述先儒注解，其实还包括了吕留良，甚至可以说除朱子之外，吕留良的时文评选中的相关论说被引述最多、推崇最多，②引述之后常有"破明季讲家之谬最有关系""此段议论最足破俗儒见识""发明此章言外之意尤尽""说得最明""说得尤妙"等赞语。当然陆也并非一味盲从，偶然也有"晚村之说似直捷""此恐未然""亦未是"等语。③ 陆陇其《松阳讲义》对吕留良《四书讲义》的称引，钱穆先生也有关注，他曾指出："后稼书议论，颇有蹈袭晚村。""蹈袭"一词下小注说："稼书《松阳讲义》十二卷，其间称引晚村者不下三四十处，迹尤显也。"④其实陆陇其在《松阳钞存》中记载吕留良之说则更多，而《学术辨》等著述对吕留良确实多有"蹈袭"且不明言，至于《松阳讲义》则其"蹈袭"仅可称之"引证"。然在清初的学者之中陆陇其最为推崇的必属吕留良，而吕留良的《四书》学也是他十分用力的所在。

三

与陆陇其不同的是，吕留良在考中清朝的秀才之后，却又选择了放弃功名，还在著名的《耦耕诗》中表达其误入清廷科场的悔恨："谁教失脚下渔矶，心迹年年处处违。雅集图中衣帽改，党人碑里姓名非。苟全始信谈何易，饿死今知事最微。醒便行吟埋亦可，无惭尺布裹头归。"⑤吕留良彷徨多年，方

① 吴光西、郭麟、周梁等：《陆陇其年谱》，第96页。
② 因为曾静、吕留良文字狱案，《松阳讲义》的多数刊本便将称引吕氏的文字挖去或删去，如《四库全书》本已将称引吕氏的文字尽数删去，保留称引吕氏文字的除了康熙二十九年天德堂本，还有同治十年的公善堂本等，华夏版《松阳讲义》的《校注说明》对此有作介绍。
③ 陆陇其：《松阳讲义》，第23、246、136、43、144页；第29、83、86页。
④ 钱穆：《中国近三百年学术史》，第84—85页。
⑤ 吕留良：《耦耕诗》其二，俞国林点校：《吕留良全集》第3册，第443页。

才决意摒弃科考,被革去秀才,这在当时也是惊人之举,"一郡大骇,亲知莫不奔问旁皇"①。在此背景之下再来看,他为什么致力于时文评选? 为什么后来《四书讲义》一书得以风行? 其中的关键便是对于俗学、异学的批判,以及对于程朱正学的弘扬,这一点则是与写时文、应科举无关的。

什么是俗学、异学? 吕留良在《四书讲义》中说:"除却俗学、异学,即是大学之道。俗学者,今之讲章、时文也;异学者,今之阳儒阴释以讲学者是也。"②也就是说当时广泛流传的时文、讲章都是俗学,主要由村师所授;还有晚明以来的讲学先生,多半受到阳明心学的影响,将佛、道等异学杂入儒学之中,他们所讲都是异学。对此问题,吕留良还在《答叶静远书》中有说明:

> 病在小时上学,即为村师所误。授以鄙悖之讲章,则以为章句传注之说不过如此;导以猥陋之时文,则以为发挥理解与文字法度之妙不过如此。凡所为先儒之精义与古人之实学,初未有知,亦未尝下火煅水磨之功,即曰"予既已知之矣",老死不悟所学之非。鼠入牛角,蝇投纸窗,其自视章句传注文字之道,原无意味也。已而闻外间有所谓讲学者,其说颇与向所闻者不类,大旨多追寻向上,直指本心,恍疑此为圣学之真传;而向所闻者果支离胶固而无用,则尽弃其学而学焉。一入其中,益厌薄章句传注文字不足为,而别求新得之解。不知正、嘉以来,诸讲学先生亦正为村师之讲章、时文所误,不屑更于章句传注文字研穷辨析,乃揣撰一副谬妄浅陋之说,以为得之,不觉其自堕于邪异耳。故从来俗学与异学,无不恶章句传注文字者,而村师与讲学先生其不能精通经义亦一也。③

---

① 吕葆中:《行略》,俞国林点校:《吕留良全集》第 2 册,第 865 页。
② 吕留良:《四书讲义》卷一《大学一》,第 3 页。
③ 吕留良:《答叶静远书》,俞国林点校:《吕留良全集》第 1 册,第 29 页。

俗学与异学,导致的是士人"以为章句、传注之说不过如此","以为发挥理解与文字法度之妙不过如此",因此就不会去对"先儒之精义与古人之实学""下火煅水磨之功",却还自以为已经有所得了,至于更严重的则是以邪异之说来"别求新得之解",结果就是离开正道越来越远了。所以,吕留良要用时文评选来重新讲明章句、传注,讲明先儒之精义与古人之实学,以及八股文之中的文字法度,把被俗学、异学搞得乌烟瘴气的讲章、时文风气端正起来。

事实上,当时的科举考试以八股时文的考试为重,导致许多考生的枕边秘籍,几乎只有时文评选的册子。不过究其病根,却并不在八股取士上头。吕留良说:

> 自科目以八股取士,而人不知所读何书。探其数卷枕秘之籍,不过一科贵人之业。……然以为科目之弊专由八股,则又不然。……夫科目之弊,由其安于庸腐,而侥幸苟且之心生。文气日漓,人才日替,陈陈相因,无所救止。①

应该说他看得还是很准的,科举的弊病,其根源还在于人心,人心"安于庸腐",又在考试上报有"侥幸苟且之心",不愿认真研读诸如朱子《四书章句集注》等经典,只将希望寄托在时文选本之上,方才导致了"文气日漓,人才日替"。于是吕留良在此文中提出:"故愚以为欲兴科目,必重革庸腐之习而后可。"吕留良之所以投入于时文十多年,就是希望用好的时文来驱逐恶的时文,好的时文也是可以引导学子重回《四书章句集注》等经典、重回成圣成贤之路的。他说:

---

① 吕留良:《戊戌房书序》,俞国林点校:《吕留良全集》第 1 册,第 172 页。

夫朱子《章句集注》，正所以辨理道是非，阐千圣绝学，原未尝为讲章制艺而设。即定制经训从朱子，亦谓其道不可易，学者当以是为归耳，岂徒欲其尊令甲取科第已耶？①

朱子的书，原本并不希望后世将之变成讲章之学，甚至成为科举制艺的对象，吕留良强调这一点必须明确。也就是说，学子还当通过朱子的《四书》"辨理道是非"，然后"阐千圣绝学"，故而"尊令甲取科第"并不是学《四书》之目的。

反对一心从事科举，只顾钻研时文选本而存"侥幸苟且之心"其实还不够，最为根本的问题在于去除功利之心，所以吕留良还说：

今天下之轻视夫文字也，亦若是而已矣。惟其视文字也轻，故明知其庸恶陋劣而不以为耻，曰："吾以钓声利、弋身家之腴而已。"程子曰："洒扫应对，可以至圣人。"则知举业亦可以为伊、傅、周、召，然而闻此说也，则群哑哑而笑矣。②

所谓近世学者，患在直求上达，此总是好名务外，徒资口耳，于身心实无所得。至目前纷纷，则又以之欺世盗名，取货贿、营进取，更不足论也。③

为什么学子不看重八股时文之中的朱子学思想，不认真研读《四书章句集注》？关键就是因为他们将八股取士仅仅当作钓取功名、直求上达的手段，即便科举成功也仅仅为了"身家之腴"，并不曾想在身心上讲求而至于圣

---

① 吕留良：《答吴晴岩书》，俞国林点校：《吕留良全集》第 1 册，第 23 页。
② 吕留良：《今集附旧序》，俞国林点校：《吕留良全集》第 1 册，第 164 页。
③ 吕留良：《与柯寓匏书》，俞国林点校：《吕留良全集》第 1 册，第 126 页。

人，做一番治国平天下的事业。"欺世盗名，取货贿、营进取"，功利之心竟然如此，若是对他们说求学是为了成圣成贤，便会"群哑哑而笑矣"。因此，吕留良在《四书讲义》里也反复强调读书的目的，必当为了身心受益，为了做人：

> 秀才自忖度所读何书，读书欲何为？未读时何等人，今读后又是何等人？须不受此讥始得。才苟且失脚，便是不曾读书。①

秀才读书，首先要问的就是为什么读书，未读、读后身心上的差异是什么，这样思考，方才是真读书。同样，即便从事了科举乃至事君为官，也应当思考其目的何在：

> 如后世事君，其初应举时，原为门户温饱起见。一片美田宅，长子孙，无穷嗜欲之私，先据其中，而后讲如何事君，便讲到敬事，也只成一种固宠患失学问。②

《论语》讲到事君之道，应当"敬其事而后其食"，若从应举开始并一心在"食"上，唯求功名利禄，以及宅田、子孙等嗜欲，那么即便讲论如何事君，其内心也只为"固宠患失"而已。所以说，刚开始读书的时候最为关键，写时文、应科举并不见得不是好事，关键还在于端正人心，志于圣人益于身心，认真读朱子《四书》才是根本。

在吕留良看来，想要端正士人之心，起手之时则只有时文最为有效，通过以《四书》为题的时文评选，引导士人进入朱子的《四书》学，就当时而言确实是一个好方法。吕葆中的《行略》引过吕留良类似的话："道之不明也久

① 吕留良：《四书讲义》卷十四，第 328 页。
② 吕留良：《四书讲义》卷十八，第 445 页。

矣！今欲使斯道复明，舍目前几个识字秀才，无可与言者；而舍四子书之外，亦无可讲之学。"他还说其父"晚年点勘八股文字，精详反覆，穷极根柢，每发前人之所未及，乐不为疲也"。① 因此，直接针对士人，也即识字秀才，改变士风、学风，唯一的办法就是通过士人们人人都离不了的《四书》、时文入手，以最为优秀的四书文之评选来作引导。钱穆先生在《吕晚村学述》中说："晚村于当时讲章家言，虽极致其鄙薄之意，而其自所致力，则终不出讲章一途。在彼之意，实欲拔赵帜，立汉帜，借讲章之途径，正儒学之趋向。"②吕留良以时文反时文，因而编成一系列著名的时文选本，再由后人汇集为《四书讲义》等书，这些时文、讲章，其意不在科举，而在于讲明儒门正学的朱子学，从而端正人心，维挽世道。从上文所述的吕氏选本以及《四书讲义》在有清一代的影响来看，他的目的确实是达到了。

也就正因为如此，吕留良的《四书讲义》，反复阐明的朱子学的真精神，就在于倡节义、反功利，这也就是所谓立身行己之道，也即出处、辞受之际扎定脚跟。《四书讲义》之中说：

> 近来多讲朱子之学，于立身行己，未必得朱子之真。其忧有甚焉者，开堂说法，未开口时，先已不是，又何论其讲义、语录哉！故今日学人，当于立身行己上，定个根脚。
>
> 圣贤于出处去就、辞受取予上，不肯苟且通融一分，不是他不识权变，只为经天纬地事业，都在这些子上做，毫厘差不得耳。③

能够做到大圣大贤的人，都是在出处、辞受上必有坚持，经天纬地事业也都从细微小事上做起，所以立身行己，毫厘差不得。《四书讲义》中还说：

---

① 吕葆中：《行略》，俞国林点校：《吕留良全集》第 2 册，第 870 页。
② 钱穆：《吕晚村学述》，《中国学术思想史论丛》第 8 册，第 213 页。
③ 吕留良：《四书讲义》卷三十五《公都子曰外人皆称夫子好辩章》、卷三十八《万章问曰人有言伊尹以割烹要汤章》，第 796、881—882 页。

"今日自名学者，先问其出处如何，取与如何，便已不端正，更何所论也。"①学者首先要做到自己的立身行己能够"定个根脚"，无论出处、取予，都当端端正正，然后方可讲学，而其所讲的存养之道，方才有可信之处。此处还说："人必取舍明而后可以言存养。吾见讲学宗师，谈心论性，诃诋古人。至其趋膻营利，丧身失脚，有不可对妻子者，吾不知其所讲者何事也。"②吕留良讲《四书》、讲朱学，其出发点都是节义之道，故而对于晚明流行的空谈心性，而自身节义无一可取，极为反对，将心性说得高妙也是没有任何意义的；同样，趋于功利而"丧身失脚"则更不足取。吕留良并不是说，"谈心论性"之类对存养工夫的讲求本身就有谬误，而是说学问之中也有一个先后、大小之分。所以他一再强调"必取舍明，而后可以言存养"，也即节义最为重要，先在立身行己的大段工夫上认真讲求，然后方才是存养工夫；也只有先讲明立身行己，方才能够不趋附于功利，以至于丧身失脚。

　　明晰了吕留良诠释朱子《四书章句集注》的核心理念之后，再来看吕留良所论夷夏之防等问题。其实吕留良所谓"夷夏之防"，并非从种族出发，而是从节义之道出发，指出必须讲明节义，反对功利。《四书讲义》卷十七"子贡曰管仲非仁者与章"说：

　　　　圣人此章，义旨甚大。君臣之义，域中第一事，人伦之至大。此节一失，虽有勋业作为，无足以赎其罪者。若谓能救时成功，即可不论君臣之节，则是计功谋利，可不必正谊明道。开此方便法门，乱臣贼子接迹于后世，谁不以救时成功为言者，将万世君臣之祸，自圣人此章始矣。看"微管仲"句，一部《春秋》大义，尤有大于君臣之伦，为域中第一事者，故管仲可以不死耳。原是论节义之大小，不是重功名也。③

　　① 吕留良：《四书讲义》卷七《子曰富与贵章》，第 156 页。
　　② 吕留良：《四书讲义》卷七《子曰富与贵章》，第 156 页。
　　③ 吕留良：《四书讲义》卷十七《子贡曰管仲非仁者与章》，第 401 页。

前人对此章关注极多,大多在说吕留良强调夷夏之防大于君臣之义,然而事实上吕氏的真正用意并不仅于此。唯有钱穆先生指出吕留良讲春秋大义"为域中第一事者",其立足点是在节义,他在《中国近三百年学术史》中说:"盖夷夏之防,定于节义,而摇于功名。人惟功名之是见,则夷夏之防终隳。人惟节义之是守,而夷夏之防可立。晚村所以深斥永嘉而敬推朱子者,其意在是。"①钱先生的诠释当是符合吕氏原意的。在吕留良看来,夷夏之防固然当守,此本不必多言,而需要讲明的则是如何守其防,唯有先明节义而已;至于"君臣之义",固然是"人伦之至大",君臣而后父子、夫妇,然而其中需要讲明的也就是节义。也就是说,真正需要讲明的只有节义之道,至于夷夏之防与君臣之义的选择,也就在于节义大小的分辨,而不在于功名大小的分辨。吕留良此章还说:"若将尊王另分在僭窃上说,此功不足赎忘君事雠之义也。……圣人论管仲,只许其功,并未尝有一言及于纠、白之是非也。"此处也是吕氏不同于朱子之处,朱子还在辨析公子纠与小白谁大谁小以及"君雠之义",而吕留良则指出,不必论及公子纠、小白的是非,更不必论及功名,只要讲明管仲所作所为的节义之大小。至于朱子等先儒为什么在此问题上会有纠结,吕留良关于此问题的评语还说:"要之此一段道理,先儒不曾经历讲究,固难晓然耳!"②从此可以看出吕留良对于春秋大义的思考,也是与其经历明清鼎革之变,在节义上有新的体证有关的。吕留良此章还说:"此章孔门论出处事功节义之道,甚精甚大。……后世苟且失节之徒,反欲援此以求免,可谓不识死活矣。"③也就是说,此章真正需要辨析的就是节义与功名之别,节义大小必须辨析,而功名大小则要服从于节义大小,若不重节义而反重功名,那就会被失节之徒给误用了。

---

① 钱穆:《中国近三百年学术史》第二章,第 89 页。
② 吕留良:《四书讲义》卷十七《子贡曰管仲非仁者与章》,第 402 页。按,此段原文《四书讲义》原刊本并未收录,点校本据《吕子评语》补入,参见吕留良:《吕子评语》卷十七,《吕留良全集》第 8 册,影印康熙五十五年刻本,第 802—803 页。
③ 吕留良:《四书讲义》卷十七《子贡曰管仲非仁者与章》,第 401 页。

四

陆陇其曾经做塾师二十多年，故而对于时文评选也不陌生，他曾经将明代先辈制义的八十八篇选编为《一隅集》，于康熙二十七年七月刊刻，其《年谱》说："是集本家庭授受之书，先生以习举业者均不可不知，恐流传不广，遂镂板行世。"①又有周梁将之重刻，等到陆陇其获得了从祀孔庙的殊荣后，此书便更被不断翻刻了。②

与吕留良的时文评选相似，陆陇其《一隅集》编纂的目的，也在于引导士子钻研儒家的经典，而不是单纯为了科举应试。康熙二十八年，陆陇其在灵寿县知县任上，曾向直隶学院申送此书，他强调：

> 今之士子，穷年累月，止知用力时文，而一切经史皆不眼读。所以学无根本，而士风日陋。故选先正制义数十篇，名曰《一隅集》，为之指点其开阖虚实之法，使之略知时文路径，而以其暇日，依《程氏分年读书日程》，肆力于经史，庶几学有本原，而真才可出，或稍补士风之万一。③

陆陇其也看到了当时士子只在时文选本上用功，不愿读经史，于是士风日陋。因此想用《一隅集》指点时文路径，希望士子能以朱子学为指引，并结合《程氏分年读书日程》认真研读经史，从而培养真才实学，端正士风。后来为重刻的《一隅集》作序的陈用光也说："就文词章句之末而推极于身心性命之际，盖不啻讲学之书，非世俗选刻科举文字之类也。观凡例中所引朱子

---

① 吴光西、郭麟、周梁等：《陆陇其年谱》，第 158 页。
② 陈维昭：《日藏稀见八股文集〈一隅集〉考论》，《复旦学报》（社会科学版）2017 年第 5 期。
③ 陆陇其：《申直隶学院文》，《三鱼堂外集》卷五。

言,以浑厚纯正明白俊伟之文为法,亦正人心作士气之一事。可以见公之用心矣。"①然而陆陇其此书,与吕留良那些时文选本相比,还是有所不同。陈维昭先生比较了二人共选的唐顺之《克伐怨欲不行焉章》并提出看法:"相比之下,吕留良更重义理脉络之串讲推衍,陆陇其更着力于文理脉络之梳理条析。"也就是说,陆陇其是时文评选家的另一类型。

就对于读书以及朱子《四书》类著作的重视而言,陆陇其与吕留良又有许多相似之处,比如在与弟子的书信中说:

> 每日应将《四书》一二章,潜心玩味,不可一字放过。先将白文自理会一番,次看本注,次看《大全》,次看《蒙引》,次看《存疑》,次看《浅说》。如此做工夫,一部《四书》既明,读他书便势如破竹,时文不必多读而自会做。
> 然此犹只是致知之事,圣贤之学,不贵能知,而贵能行。须将《小学》一书,逐句在自己身上省察,日间动静,能与此合否? 少有不合,便须愧耻,不可以俗人自待。②

与吕留良相似的有两点,其一,强调应在《四书》本身下工夫,不必多读时文;其二,学人应明确圣贤之学,故而更需要注意诸如朱子《小学》所倡导的,在自己身上的省察,也即身心受益才是根本。然又与吕留良只重视朱子的注不同,陆陇其的读《四书》之法更为全面,理会白文,然后是朱子的注,再后还要参考《四书大全》与《四书蒙引》等书。他在《松阳讲义》中也说:

> 吾辈今日学问,只是遵朱子。……未有朱子《章句》《或问》时,这章书患不明白;既有朱子《章句》《或问》,这章书不患不明白,只怕在口里

---

① 陈用光:《重刻一隅集序》,《太乙舟文集》卷六,清道光十七年刻本,第 6 册,第 52 页。转引自陈维昭文。

② 陆陇其:《与席生汉翼汉廷》,《三鱼堂文集》卷六。

说过了,不曾实在自家身心上体认,则书自书、我自我,何益之有?圣贤谆谆切切,决不是专为人作时文地步也,切宜猛省。[①]

在陆陇其看来,体认"圣人之意",也就是要讲求着实"在自家身心上体认"。那么必须首先找对书与人,也即必须找朱子的《四书章句集注》与《四书或问》,只有"朱子之意"方才真正是"圣人之意",这一点"断断不可错认了"。那么有人要问,朱子诠释《四书》之前,"圣人之意"如何呢?陆陇其认为那时候则书中意思患其不明白,朱子作有《章句》与《或问》等书之后,就不患不明白了。更为重要的则是,陆陇其担心学子们落入"专为人作时文地步",也就是说,为学而求"为人",写作时文只是为了科考进学,以及之后的功名利禄,于是便停留"在口里说过了",而不曾着实"在自家身心上"加以体认。最后的结果便是"书自书、我自我",没有任何益处。比较而言,则吕留良似乎除了《四书章句集注》,并未提及《或问》等朱子的其他著作,而陆陇其则将《四书或问》与《四书章句集注》并重,这与其反复推究《四书大全》的研究风格有些相近,也就是说他比较在意为《四书》文本寻找最为恰当的诠释,尊朱而不拘泥于朱。

再说科举之学,陆陇其也曾对此作过详细的论述:

> 所恶乎举业者,为其以利禄之心,从事于圣贤之书,探精索微,手拮据而口呻吟者,非以求道也。将以求其所欲也,甚者,则又不待其精微,苟可以悦于人而止,饰伪长诈,如市贾然,是以君子恶之。今使为举业者,无以利禄存于胸,惟知道之当求,而圣贤之不可不学。以居敬为本,以穷理为用,求之六经,以探其奥。[②]

---

① 陆陇其:《松阳讲义》卷一《大学之道章》,第4页。
② 陆陇其:《钱孝端经义序》,《三鱼堂文集》卷九。有关于"举业"这个问题,陆陇其多有涉及,如《书四书惜阴录后》,《三鱼堂文集》卷四;《与某书》,《三鱼堂文集》卷五;《示大儿定征》,《三鱼堂文集》卷六;《松阳讲义序》,《三鱼堂文集》卷八。

有关举业，陆陇其主要强调了两点：其一，他真正担心的就是以利禄之心从事举业，如果士人皆以"荣身"而从事"举业"，那么就会被利欲梏其心，伪诈之风将盛行于世，因此必须对此种用心加以纠正。其二，陆陇其认为从事举业当以道义为心，求"道之当求"，学圣贤之学而已。再如真正开始出仕为官之后，对于干渎上进一事，陆陇其也有专门的论述：

> 某于仕途中，惟谨守"安命"二字，奉先人之遗训，不敢失坠。故所遇上台，无论知己与不知，皆未尝稍有干渎。旧冬掣肘，已决计藏拙。不意新抚莅事，畿辅气象改观，故暂且盘桓。至行取一局，原非所敢望。……吾辈所共砥砺，当在学问之消长，至一官之升沉，何足以烦知己耶？①

即便为官，也当谨守"安命"二字，不可干进，更当"藏拙"，真正应当着力的则是学问的消长，而非官阶的升降，进一步讲做不做官、做多大的官，都要依于"道义"而非"干进"。

这个话题，其实陆陇其在《松阳讲义》中，进行了更加深入的讨论，主要集中在《子张学干禄章》。他以为君子首先应当对"功名利禄"进行一定的分辨，不可因为功名而蒙蔽自己的心，因此他说：

> 盖学莫先于为己、为人之辨。苟一心以为学，又一心以干禄，是学皆为人，不是为己。千古圣贤学脉，必从"正其谊不谋其利，明其道不计其功"始，一涉于为人便是俗学，不是正学。纵然侥幸得禄而根本已坏，所得不足偿所失矣。②

---

① 陆陇其：《答陈世兄》，《三鱼堂文集》卷七。
② 陆陇其：《松阳讲义》卷五《子张学干禄章》，第 152 页。

为学应当明晰为己与为人，如果一心为学的同时，又要一心想着"干禄"，求个做官发财，则只能是为人之学而非为己之学。因此陆陇其最后点出千古圣贤学脉，当于"正谊明道"上去求，其实最终陆陇其将重点落到了"义利"二字。只有为"义"才是为学之正途，当然亦是为官之正途。义利之辨即"为己、为人之辨"，一旦其为学干涉于"为人之学"，那么就是"俗学"而不是圣贤相传的"正学"了。《子张学干禄章》中类似的论述还有：

> 自圣学不明，士束发受书便从利禄起见，终身汲汲，都为这一个禄字差遣。一部《五经》《四书》，几同商贾之货，只要售得去便罢了；未尝思有益于身心、有用于天下，真是可叹！今日学者须先痛除此等念头，将根脚拨正了，然后去用工才是真学。不然，即读尽天下之书，譬如患病之人，日啖饮食，皆助了这病，毫无益于我。①

陆陇其认为，自从晚明以来，"圣学不明"，士子从一开始"束发受书"之时，就汲汲于利禄，一生都为"禄"字"差遣"，读《四书》与《五经》也只是为了售卖，不为"有益于身心"与"有用于天下"。因此，陆陇其指出必须先去"痛除"诸如"干禄"之类的念头，"将根脚拨正"，然后再去用功才能是"真学"，也即"为己"之学；不然的话，即便是"读尽天下之书"也无益于身心、无用于天下了。与"干禄""谋食"这两章相关，还有《子曰弟子入则孝章》，陆陇其的看法如下：

> 后世为父兄者，有弟子而不教，固无论矣；即有能教者，又都从利禄起见，束发受书，即便以利禄诱之，不期其为大圣大贤，而但愿其享高官厚禄。这个念头横于胸中，即使工夫一如古人，亦是为人而非为己了。

---

① 陆陇其：《松阳讲义》卷五《子张学干禄章》，第153页。

况念头既差,工夫必不能精实,只求掩饰于外,可以悦人而已。教学如此,人才安得而不坏哉?①

后世做父兄的便已经开了一个不好的头,有弟子不教的不去说他,能够教育的,却也是"从利禄起见",刚开始读书便用功名利禄来引诱,从不鼓舞弟子成为大圣大贤。一生为学,只为了"高官厚禄",这种念头横亘于心胸之中,那么其为学也就只能是"为人之学"而已。至于说,一旦树立了"为人"之心,为什么就不能学好? 陆陇其认为在为学之初念头上差了,做工夫的时候也就不能精、实,其为学只是追求外在的掩饰,只是追求取悦于外人,如此教学也就只会败坏了人才。所以,陆陇其要求为人父兄者与为人子弟者,都对此有所反思。这种对于功名利禄的态度,也即义利之辨的严苛,也是吕留良、陆陇其讲明《四书》以及对于写时文、应科举看法的共同之处。

五

康熙五十一年,特升朱子配享孔庙;雍正二年,陆陇其便获得从祀孔庙的殊荣,先后仅隔十二年。再过五年,也即雍正七年,则是文字狱案发,吕留良惨遭奇祸,还被污蔑为"时文鬼"②。这二人为学的一生大同而小异,然而身后差别实在太大,故而从他们学术之中最为关键的《四书》学来做一番比论,极有意味。

还是先看钱穆先生的论断,他在《吕晚村学述》中说:

晚村之一意于《四书》讲章之翻新,实是于世局可有大影响。……此即

① 陆陇其:《松阳讲义》卷四《弟子入则孝章》,第 123 页。
② 袁枚:《子不语》卷二十四《时文鬼》,《袁枚全集》第 4 册,江苏古籍出版社,1993 年,第485 页。

程、朱理学所欲发挥之大义理所在,又乌可以晚村之所为乃属制举讲章之习套,而轻加忽视乎?

　　讲理学正当从出处去就、辞受交接处画定界限,扎定脚跟,而岂理气心性之空言,所能辨诚伪、判是非? 此一主张,乃畅发于其《四书讲义》中。亦可谓当晚村之世,惟如晚村,乃始得为善述朱学也。①

钱先生并不因为吕留良在《四书》学上没有体例严谨的著作,仅为"制举讲章"而轻加忽视,反而处处强调其《四书讲义》阐明理学的成就,特别是对于"出处去就、辞受交接处画定界限、扎定脚跟"等义利之辨的弘扬,认为他正是"当晚村之世"、也即易代之际最为"善述朱学"者。也就是说吕留良的朱子学,因为讲明出处、辞受等节义上的大问题,所以方才是真正结合其时代的朱子学,也就是真正承继了朱子,乃至孔、孟的儒家真精神。再看同样出自钱穆先生的《陆稼书学述》则说:

　　其实稼书于朱学,仅为一种《四书》之学而止。……治朱学而特研《四书》,固不为非。特当以《四书》为主,从而求之则可;非谓逐字逐句读《四书》,即为尽学问之能事也。徒解字义,在汉儒为"章句",在明儒为"讲章",显非朱子之学。稼书亦只是明末之讲章家言,又乌得为朱子之正传?

　　稼书之所以为清廷特所引重,一则在其专力于《四书》学,上自《大全》《蒙引》《存疑》《浅说》以来,统绪皎然,有合于当时清廷重定科举一尊朱学之宗旨。次则因稼书持门户之见特深,于朱子后诸儒皆所排斥。②

---

① 钱穆:《吕晚村学述》,《中国学术思想史论丛》第 8 册,第 214—215 页。
② 钱穆:《陆稼书学述》,《中国学术思想史论丛》第 8 册,第 180、188 页。

钱先生反而将有着体例较为严谨的多种著作的陆陇其,推定为"只是明末之讲章家言",原因是其太过局限于"逐字逐句读《四书》",其实这里也似有矛盾之处。吕、陆都是"治朱学而特研《四书》"的学者,差别只在于吕氏有自己的创新,也即上文所说的"不能尽合朱子";而陆氏则将朱子的《四书》之注,与《四书大全》以及《四书蒙引》等进行了"统绪皎然"的疏通与辨析,即四库馆臣所谓的"融贯旧说"与"剖析精密"。其实就"深切著明"而言,二人都是共通的。当然,若从清廷的角度来看,吕留良的时文选本或《四书讲义》虽然也有利于"科举一尊朱学",但总不如陆陇其《松阳讲义》等书更加切实可用,更何况陆陇其已经出仕清廷,且是尊朱的官员之中极少的为人、为学一贯者,故而成为本朝第一个从祀孔庙的学人。

有意思的是,后人对吕、陆二人的《四书》学,却多有将之合二为一的冲动。如王锬编撰的《四书绎注》五卷,钱穆先生在论及吕留良《四书讲义》影响时也有提及,但称其书名为《吕陆四书绎注》。该书于《四书》各章先摘录吕留良、陆陇其二人之评语,再附以己说,其序中说吕、陆之书"皆能于朱子之注《四书》有所发明,一时学者宗之"①。李沛霖、李祯编撰的《四书朱子异同条辨》一书,对吕、陆二人评价都极高,在其自序中说"一二杰出之士如晚村、稼书之徒"②,该书共四十卷,后又刊行书名为《四书诸儒辑要》的删减版,两个版本都曾一版再版影响极广,又因其大量引用吕留良评语而曾遭禁毁,以至于连累了陆陇其。类似的还有康熙三十六年刊行、张庸德增补的《四书尊注会意解》等。③ 可见吕、陆二书合则可"美美与共",对于理解朱子《四书》学而言,将之参看则当收益更大。

评论吕、陆二人的《四书》学,仅仅谈及"尊朱"或"述朱"的问题则还是不够的,每每论及吕留良的学术思想,学者们大多强调其"尊朱辟王"的一面,

---

① 王锬:《四书绎注》,《四库禁毁书丛刊》经部第 8 册影印清康熙刻本,北京出版社,2000 年,第 479 页。
② 张书才:《纂修四库全书档案》,上海古籍出版社,1997 年,第 1096 页。
③ 张书才:《纂修四库全书档案》,第 1096 页。

这就很难解释,为什么深受吕留良影响、同样倡导"尊朱辟王"的陆陇其,在雍正朝的遭遇却完全不同。显然,在其背后还有更为重要的问题,这就是上文已经涉及的"出处"问题,其中有"不能尽合"者。也就是说,陆陇其在"尊朱辟王"等问题上对吕留良非常认同,但就"出处"一事上,却对其不太认同,他自己也说:

> 所不能尽合于先生者,程明道有云:"一命之士,苟存心于利物,于人必有所济。"斯言耿耿,横于胸中,遂与先生出处殊途。①

吕葆中在为其父吕留良所作的《行略》中,提及了吕、陆二人所论出处之事,以及陆陇其的祭文:

> 于禾遇当湖陆稼书先生,语移日,甚契。稼书商及出处,先君曰:"一命之士,苟存心于爱物,于人必有所济,君得无误疑是言与?"及先君卒,稼书在灵寿,为文致吊,犹不忘斯语焉。②

当时二人谈论学术非常投缘,论及出处的时候,是吕留良提及了程颢的这句名言,并要陆陇其对此不必有所怀疑。也就是说,只要从自己的本心出发,若是"存心于爱物",就会"于人必有所济",这一点陆陇其是认同吕留良,并且终其一生不忘的。然而究竟如何做,方才是"爱物"与"有所济"呢?陆陇其出于他自己对于儒家"道义"的理解,则认为出仕为官也未尝不可,只要不重于功名利禄,故而他不必如同吕留良这般纠结,于是便做了一个难得的清官。

---

① 陆陇其:《祭吕晚村先生文》,《三鱼堂文集》卷十二,参见卞僧慧《吕留良年谱长编》,第305页。"利物",《二程集》原作"爱物"。
② 吕葆中:《行略》,俞国林点校:《吕留良全集》第2册,第872页。

　　所以说"道义"本身，虽然与夷夏之辨等问题有所干涉，但并无直接的关系，真正有关系的只是对于功名利禄的看法而已，也就是说传统的义利之辨，方才是儒家所说的道义之所在。至于如何实践其道义担当，如何进行道德践履，其实陆陇其的《松阳讲义》等著作之中的论述，应当说比吕留良的《四书讲义》讲得更为工夫细密。然而吕留良则基于其复杂的遗民情结，更加强调出处、辞受之际的节义如何，其道德严格主义色彩则更为浓重，[①]以至于将节义引向了夷夏之防，最后则生出了曾静的理解。据《大义觉迷录》可知其《知新录》中说："如何以人类中君臣之义，移向人与夷狄大分上用？ 管仲忘君事仇，孔子何故恕之，而反许以仁？ 盖以华夷之分，大于君臣之伦。华之与夷，乃人与物之分界，为域中第一义，所以圣人许管仲之功。"[②]这些看法就是从吕留良之说而推论的，其实曾静也知道吕留良"因批评文字遂得窥探程朱之奥"[③]，然而从曾静此后的言行来看却只是沿着夷夏之防一面推论得越来越远，或已偏离了吕留良之学。再看一条《四书讲义》中的说法，则更可知吕、陆二人的差异：

　　　　君臣以义合，合则为君臣，不合则可去，与朋友之伦同道，非父子兄弟比也。不合亦不必到嫌隙疾恶，但志不同，道不行，便可去，去即是君臣之礼，非君臣之变也。只为后世封建废为郡县，天下统于一君，遂但有进退而无去就。嬴秦无道，创为尊君卑臣之礼，上下相隔悬绝，并进退亦制于君而无所逃，而千古君臣之义为之一变，但以权法相制，而君子行义之道几亡矣。[④]

────────

　　① 伊东贵之先生指出："吕留良极其二律背反式地理解义与利、公与私、王与霸这样的对立事项，强烈主张对其进行明辨，使他朱学严格主义式的性格更加明显。"《中国近世的思想典范》第五章注 33，台湾大学出版社，2015 年，第 142 页。吕留良朱子学的严格主义，其实核心在于"节义"上的"毫无假借"，然而再引申至于朱、王之抉择等问题上。
　　② 《大义觉迷录》卷二，沈云龙主编：《近代中国史料丛刊》第 36 辑影印清刻本，文海出版社，1973 年，第 172 页。
　　③ 《大义觉迷录》卷二，沈云龙主编：《近代中国史料丛刊》第 36 辑影印清刻本，第 193 页。
　　④ 吕留良：《四书讲义》卷三十七《孟子告齐宣王曰君之视臣如手足章》，第 831—832 页。

因为君臣之义，来自天理，故而可以合则留，不合则去，这在周代的封建制之下万国林立的时代比较容易实现，在郡县制、大一统之下则很难，所以说"有进退无去就"，更何况"尊君卑臣"以至于君臣上下悬绝，更无法实现士大夫的节义了。所以说吕留良之所以重新辨析君臣关系，并倡导封建，也就是因为倡导"君子行义之道"，就"节义"或"道义"的思考而言，显然吕留良比陆陇其深刻得多。当然，就倡导"义利之辨"，端正士风、学风，挽救世道人心而言则二人还是大同而小异，只是就"出处"而言，对于"君子行义之道"，陆陇其终究无法真正理解吕留良。

容肇祖先生曾有发问："雍正二年，陆陇其以第一人从祀圣庙，乾隆元年更邀赠官赐谥的特典，哪知道这位理学家是受雍正间号为'逆贼'的吕留良的学问的影响的呢？"①清廷统治者，特别是雍正帝，不知是否也曾思考过吕、陆之关系以及异同，似乎总还是一个问题。

（本文作者为杭州师范大学公共管理学院、国学院教授）

---

① 容肇祖：《吕留良及其思想》，《辅仁学志》1936 年 5 卷 1—2 期。

邵晋涵与章学诚的生前交谊与身后地位

曾礼军

提　要： 邵晋涵与章学诚是清代浙东学派守成期的"双子星座"。两人年龄相仿，生前交谊甚笃，但社会地位却大相径庭：邵晋涵深受上流社会欢迎，其学术成就也得到学界主流所认可；而章学诚则一生颠沛流离，穷困潦倒，长期沉沦于幕僚之中，其学术成就也一直为学界主流所鄙弃。富于戏剧意味的是，邵晋涵与章学诚两人逝世后的社会地位却逐渐发生了反转，章学诚逐渐受到人们的重视，其学术著作也不断地为学者所阐释和研究；而邵晋涵则渐为人们所遗忘，湮灭于历史深处。两人身后地位之升降，正与两人生前之穷达形成鲜明的对比。邵、章两人生前身后地位的反转，体现了不同时代对于他们学术的接受力各有不同。更根本的原因在于，邵晋涵只是一位学者，而章学诚不仅是一位史学家，还是一位思想家，其思想内涵的深刻性与超前性足以引起异时代的回响与重释。

关键词： 邵晋涵　章学诚　生前交谊　身后地位

邵晋涵与章学诚是清代浙东学派守成期的"双子星座"，对黄宗羲的学术思想尤其是其史学思想进行了继承和发展。章学诚年长邵晋涵五岁，且晚五年去世，他们生卒年限基本上与乾隆朝一致，章学诚生于乾隆三年（1738），卒于嘉庆六年（1801），邵晋涵生于乾隆八年（1743），卒于嘉庆元年（1796）。

　　邵晋涵，字二云，一字与桐，号南江，余姚人。其一生最为重要的学术经历是乾隆三十八年(1773)以大学士刘统勋荐，特旨改庶吉士，充《四库全书》纂修官，主持《四库全书·史部》之编撰。史部之书，多由其最后校定，提要亦多出自其手。五十六年(1791)迁中允，擢翰林院侍讲学士，兼文渊阁直阁事。历充《万寿盛典》、《八旗通志》、国史馆、《三通》馆纂修官，又分校石经。从《永乐大典》中辑出薛居正《旧五代史》，并加校勘。著有《南都事略》《尔雅正义》《孟子述义》《穀梁正义》《旧五代史考异》《史记辑评》《皇朝大臣谥迹录》《方舆金石编目》《韩诗内传考》《南江诗文钞》等。

　　章学诚，字实斋，号少岩，会稽人。少从山阴刘文蔚、童钰游。乾隆四十三年(1778)进士，官国子监典籍。著有《史籍考》《文史通义》《校雠通义》《方志略例》《湖北通志检存稿》《湖北通志未成稿》《和州志》《永清县志》《常德府志》《亳州志》《天门县志》《实斋文集》等。

　　邵晋涵为邵廷采从孙，而章学诚对邵廷采尤为推崇，尝称其"五百年罕见"，所以两人一同私淑邵廷采。由于这一学术因缘，邵晋涵成为章学诚的一位重要学侣。乾隆三十六年(1771)，二人于京师相识，后随朱筠前往安徽太平使院，遂相知二十余年。章学诚《邵与桐别传》曰："惟于予爱若弟兄，前后二十余年，南北离合，历历可溯，得志未尝不相慰悦。至风尘潦倒，疾病患难，亦强半以君为依附焉。"①尽管两人个性明显不同，在学术上也不无分歧，却有着终生相知的交谊。两人生前交谊甚笃，但社会地位却大相径庭：邵晋涵深受上流社会欢迎，其学术成就也为学界主流所认可；而章学诚一生颠沛流离，穷困潦倒，长期沉沦于幕僚之中，其学术成就也一直为学界主流所鄙弃。富于戏剧意味的是，邵晋涵与章学诚两人逝世后的社会地位却发生了反转，章学诚逐渐受到人们的重视，其学术著作也不断地为学者所阐释和研究，而邵晋涵则渐为人们所遗忘，湮灭于历史深处。两人身后地位之升

────────────

　　① 章学诚：《章学诚遗书》卷十八《邵与桐别传》，文物出版社，1985年，第176页。

降,正与两人生前之穷达形成鲜明的对比。邵、章两人生前、身后的地位变化和反转,体现了不同时代对于他们学术的接受力的变化,也表明他们的学术成就对于不同时代的影响力各有不同。其根本原因在于邵晋涵只是一位学者,而章学诚不仅是一位史学家,还是一位思想家,其思想内涵的深刻性与超前程度足以引起异代回响与重释。

一、生前深厚交谊

邵晋涵与章学诚两人的终生交谊始于乾隆三十六年(1771)。是年十月,朱筠为安徽学政,邵晋涵、章学诚、洪亮吉、黄景仁、张凤翔、莫与俦等于是年冬随朱筠离京,同至安徽太平使院,即为彼此的深入交游提供了难得的契机。当时章学诚学古文辞于朱筠,苦无借手,邵晋涵辄据前朝遗事,俾朱筠与章学诚各试为传记以质文心。其有涉史事者,若表、志、记、注、世系年月、地理、职官之属,凡非文义所关,覆检皆无爽失。由是邵晋涵与章学诚论史,契合隐微。章学诚《丙辰札记》曰:"余于乾隆辛卯之冬,与故学士邵二云,聚于太平之使院。邵出《介三文钞》,有明季遭乱妇女之死节者数通,俾余与朱先生据宋氏文而改为之。盖宋君所叙事多可采,而文不称也。余虽有改撰,而自嫌未善,旋弃其稿。朱先生集,尚有江都罗仁美继室李氏、歙人洪志达妻叶氏二传,皆本宋介三文而改撰者也。"①章学诚又盛赞邵晋涵从祖邵廷采,谓"五百年罕见"。这一论断当时并未得到邵晋涵的回应,所以还有后续的相关讨论。② 乾隆三十八年(1773)正月,章学诚初访邵晋涵于余姚,留数日。邵晋涵始信章学诚推尊邵廷采《思复堂文集》之言,属为校定,将重刻问世,然卒不果。③

① 章学诚:《章学诚遗书·外编》,第 385 页。
② 章学诚:《章学诚遗书》卷十八《邵与桐别传》及章贻选跋语,第 176 页。
③ 章学诚:《章学诚遗书》卷十八《邵与桐别传》及章贻选跋语,第 176 页。

　　邵、章两人的终生交谊首先建立在学术研究的相互激励上。乾隆三十七年(1772),章学诚开始撰写《文史通义》,邵晋涵得知后,即作《与章实斋书》,对章学诚撰写《文史通义》寄予厚望。邵晋涵《与章实斋书》曰:

　　　　实斋六兄足下:别离如昨,倏及三旬,想兴居安吉,校文余暇,未知《文史通义》新有撰述否? 自《周官》之法失其传,六艺乖散,校雠诸家索而不知其统,辍学之徒无所承受。昧者受罦牢,黠者操奇诵,懈然奋笔,以眩耀时人之耳目。其术愈岐,其迹亦屡迁,其去康庄也愈远。诚得为之安定其辞,厘正其体,如衡之悬,如规矩之正,无巧工不巧工,率依仿以从事,世相守以成法,而罔或离畔以去也,不诚六籍所赖以昌明哉! 足下以伉爽之识,沈鸷之思,采《七略》之遗意,娓娓于辨章旧闻,考撰同异,校雠之得其理,是诚足下之责也。……寒夜独坐,相念甚切,信笔飒缕,何异徽州使院中对饮小楼,商榷今古乎? 然终恨足下之不能面论也。①

　　反之亦然。邵晋涵一直抱有重修《宋史》的意愿,章学诚对此非常赞同和支持,遗憾的是邵晋涵一直都未动笔撰写。乾隆五十五年(1790)三月,章学诚至湖北武昌,又得毕沅支持,在武昌开馆继续纂修《史籍考》,并参与毕沅主编之《续资治通鉴》事,其间作《与邵二云论学》书,既婉商《尔雅正义》,又力促邵氏重修《宋史》。章学诚《与邵二云论学》曰:

　　　　仆于二月之杪,方得离亳。今三月望始抵武昌。襄阳馆未成,制府(毕沅)即令武昌择一公馆,在省编摩,于仆计亦较便也……足下《尔雅正义》,功赅而力勤,识清而裁密,仆谓是亦足不朽矣。抑性命休戚之

　　① 邵晋涵:《南江文钞》卷八,李嘉翼、祝鸿杰点校:《邵晋涵集》第7册,浙江古籍出版社,2016年,第1918—1921页。

故，亦有可喻者乎？《尔雅》字义，犹云近正，近正之义，犹世俗云官常说话，使人易解，足下既疏《尔雅》，则于古今言语能通达矣；以足下之学，岂特解释人言，竟无自得于言者乎！君家念鲁先生有言，文章有关世道，不可不作，文采未极，亦不妨作。仆非能文者也，服膺先生遗言，不敢无所撰著，足下亦许以为且可矣。足下于文漫不留意，立言宗旨，未见有所发明，此非足下有疏于学，恐于闻道之日犹有待也。足下博综十倍于仆，用力之勤亦十倍于仆，而闻见之择执，博综之要领，尚未见其一言蔽而万绪该也，足下于斯，岂得无意乎？《宋史》之愿，大车尘冥，仆亦有志，而内顾枵然，将资于足下而为之耳。足下如能自成一史，仆则当如二谢、司马诸家之《后汉》，王隐、虞预诸家之《晋书》，亦备一家之学。如其未能，则愿与足下共功，其中立言宗旨，不侔而合，亦较欧、宋《新唐》，必有差胜者矣。①

次年（1791）章学诚《家书五》再次言及：

廿一史中，《宋史》最为芜烂，邵欲别作《宋史》。吾谓别作《宋史》成一家言，必有命意所在，邵言即以维持宋学为志。吾谓维持宋学，最忌凿空立说，诚以班、马之业，而明程、朱之道，君家念鲁志也，宜善成之。然邵长于学，吾善于裁，如不可以合力为书，则当各成一家。略如东汉之有二谢、司马诸书，亦盛事也。②

五十七年（1792），章学诚作《与邵二云论修〈宋史〉书》，再勉邵晋涵改编《宋史》。《清史稿·邵晋涵传》曰：

①　章学诚：《章学诚遗书》卷九，第80页。
②　章学诚：《章学诚遗书》卷九，第92页。

尝谓《宋史》自南渡后多谬，庆元之间，褒贬失实，不如东都有王偁《事略》也。欲先辑《南都事略》，使条贯粗具，词简事增，又欲为赵宋一代之志，俱未卒业。其后镇洋毕沅为续宋、元《通鉴》，嘱晋涵删补考定，故其绪余稍见于审正《续通鉴》中。晋涵性狷介，不为要人屈。尝与会稽章学诚论修《宋史》宗旨，晋涵曰："宋人门户之习，语录庸陋之风，诚可鄙也。然其立身制行，出于伦常日用，何可废耶？士大夫博学工文，雄出当世，而于辞受取与、出处进退之间，不能无箪豆万钟之择。本心既失，其他又何议焉！此著《宋史》之宗旨也。"学诚闻而耸然。①

章学诚《与邵二云论修〈宋史〉书》曰：

足下今生五十年矣，中间得过日多，约略前后自记生平所欲为者，度其精神血气尚可为者有几？盖前此少壮，或身可有为，未可遽思空言以垂后世；后此精力衰颓，又恐人事有不可知。是以约计吾徒著述之事，多在五十六十之年。且阅涉至是不为不多，中间亦宜有所卓也。足下《宋史》之愿，大车尘冥，恐为之未必遽成；就使成书，亦必足下自出一家之指，仆亦无从过而问矣。……迁书所创纪传之法，本自圆神。后世袭用纪传成法，不知变通，而史才、史识、史学，转为史例拘牵，愈袭愈舛，以致圆不可神，方不可智。如《宋》《元》二史之溃败决裂，不可救挽，实为史学之河、淮、洪泽，逆河入海之会。于此而不为回狂障隤之功，则滔滔者何所底止！夫《通鉴》为史节之最粗，而《纪事本末》又为《通鉴》之纲纪奴仆，仆尝以为此不足为史学，而止可为史纂史钞者也。然神奇可化臭腐，臭腐亦复化为神奇，《纪事本末》，本无深意，而因事命题，不为成法，则引而伸之，扩而充之，遂觉体圆用神。《尚书》神圣制作，数千

---

① 赵尔巽等：《清史稿》卷四百八十一，中华书局，1977 年，第 13210 页。

年来可仰望而不可接者，至此可以仰追。岂非穷变通久，自有其会；纪传流弊至于极尽，而天诱仆衷，为从此百千年后史学开蚕丛乎？今仍纪传之体，而参本末之法，增图谱之例，而删书志之名，发凡起例，别具《圆通》之篇，推论甚精，造次难尽，须俟脱稿，便当续上奉郢质也。但古人云："载之空言，不如见之实事。"仆思自以义例撰述一书，以明所著之非虚语。因择诸史之所宜致功者，莫如赵宋一代之书。而体例既于班、马殊科，则于足下之所欲为者，不嫌同工异曲。惟是经纶一代，思虑难周，惟于南北三百余年，挈要提纲，足下于所凤究心者，指示一二，略如袁枢《纪事》之有题目；虽不必尽似之，亦贵得其概而有以变通之也。[①]

邵、章两人的终生交谊还体现在彼此频繁的学术交流上。乾隆五十三年(1788)四月二十二日，章学诚有《与邵二云书》，与邵晋涵谈搜求逸史的方法。章学诚提出的方法是：

自唐以前诸品《逸史》，除搜采尚可成卷帙者，仿丛书例，另作叙跋较刻，以附《史籍考》后，其零章碎句，不能成卷帙者，仍入《史籍考》内，以作考证。至书之另刻，不过以其卷页累坠，不便附于各条之下，其为体裁，仍是搜逸，以证著录，与零章碎句之附于各条下者，未始有殊。故文虽另刻，必于本条著录之下，注明另刻字样，以便稽检。鸿编巨制，取多用宏，创例仅得大凡。及其从事编摩时，遇盘根错节，必须因时准酌，例以义起，穷变通久，难以一端而尽，凡事不厌往复熟商。今兹所拟，不识高明以为何如？至宋、元以来，史部著述浩繁，自诸家目录之外，名人文集，有序文题跋，杂书说部，有评论叙述，均须摘抉搜罗。其文集之叙跋，不无仰资馆阁，说部则当搜其外间所无者。……若得此二事具，则

---

① 仓修良编注：《文史通义新编新注》，浙江古籍出版社，2005年，第671页。

于采择之功，庶几十得其八九矣。又文集内有传志状述，叙人著述，有关于史部者，皆不可忽。①

此一凡例，较之此前《论修史籍考要略》所说"古逸宜存""逸篇宜采"，更为明晰、具体，便于操作。章学诚对《史籍考》的编纂充满信心。至乾隆五十六年(1791)，章学诚又在另一《与邵二云书》中不无自豪地说：

> 其书既成，当与余仲林《经解钩沉》可以对峙，理宜别为一书，另刻以附《史考》之后。《史考》以敌朱氏《经考》，《逸史》以敌余氏《钩沉》，亦一时天生瑜、亮，洵称艺林之盛事也。但朱、余二人，各自为书，故朱氏《经考》，本以著录为事，附登纬候逸文；余氏《钩沉》，本以搜逸为功，而于首卷别为五百余家著录。盖著录与搜逸二事，本属同功异用，故两家推究所极，不侔而合如此。今两书皆出弇山先生(毕沅)一人之手，则又可自为呼吸照应，较彼二家更便利矣。②

此外，章学诚又有《与邵二云》《与邵二云论文》《与邵二云论文书》等书信，专门或重点讨论文学问题。《与邵二云》曰：

> 君家念鲁先生，尝言"文贵谨严雄健"。夫谨严存乎法度，雄健存乎气势。气势必由书卷充积，不可貌袭而强为也。法度资乎讲习，疏于文者，则谓不过方圆规矩，人皆可与知能，不知法度犹律令耳。文境变化，非显然之法度所能该，亦犹狱情变化，非一定之律令所能尽。故深于文法者，必有无形与声而又复至当不易之法，所谓文心是也。精于治狱者，必有非典非故而自协天理人情之勘，所谓律意是也。文心律意，非

---

① 仓修良编注：《文史通义新编新注》，第 678 页。
② 仓修良编注：《文史通义新编新注》，第 678 页。

作家老吏不能神明，非方圆规矩所能尽也。然用功纯熟，可以旦暮遇之。①

《与邵二云论文》曰：

　　盖文人之心，随世变为转移，古今文体升降，非人力所能为也。古人未开之境，后人渐开而不觉，殆如山径蹊间，介然用之而成路也。方其未开，固不能豫显其象；及其既开，文人之心，即随之而曲折相赴。苟于既开之境而心不入，是桃李不艳于春而兰菊不芳于秋也。盖人之学古，当自其所处之境而入，古人亦犹是也。譬冀、赵之人诣京都，自不须渡洪河，陈、许之人诣京都，亦不必涉大江；非不能渡江、河也，所处之地然也。今处吴、会之间，欲诣京都，问程而得江、河，则曰彼冀、赵、陈、许之人，未尝不至京都，吾何取于江、河，则亦可谓不知言矣。凡学古而得其貌同心异，皆但知有古而忘己所处境者也。古文之于制义，犹试律之与古诗也；近体之与古风，犹骈丽之与散行也。学者各有擅长，不能易地则诚然矣。苟于所得既深，而谓其中甘苦不能相喻，则无是理也。夫艺业虽有高卑，而万物之情各有其至，苟能心知其意，则体制虽殊，其中曲折无不可共喻也。每见工时文者则曰不解古文，擅古文者则曰不解时文，如曰不能为此，无足怪耳，并其所为之理而不能解，则其所谓工与擅者，亦未必其得之深也。仆于时文甚浅，近因改古文，而转有窥于时文之奥，乃知天下理可通也。②

　　邵、章两人的终生交谊也验证并强化于生死关头的悉心帮助上。乾隆

---

① 章学诚：《章学诚遗书》卷九，第81页。
② 仓修良编注：《文史通义新编新注》，第668页。

四十八年(1783),章学诚卧病京师,邵晋涵载其至家治疗。在此期间,二人常论《宋史》之芜烂,邵以重修为己任,得章氏赞同。其立言之旨,邵以维持"宋学"为志,章学诚则勉以"以班、马之业而明程、朱之道"。章学诚在以后为邵晋涵写的《邵与桐别传》中回忆此事说:

> 乾隆癸卯之春,余卧病京旅,君载予其家,延医治之。余沉困中,辄喜与君论学,每至夜分,君恐余惫,余气益壮也。因与君论修《宋史》,谓俟君书成后,余更以意为之,略如《后汉》《晋史》之各自为家,听决择于后人。君因询予方略,余谓当取名数事实,先作比类长编,卷帙盈千可也。至撰集为书,不过五十万言,视始之百倍其书者,大义当更显也。君曰:"如子所约,则吾不能,然亦不过参倍于君,不至骛博而失专家之体也。"余因请君立言宗旨。君曰:"宋人门户之习,语录庸陋之风,诚可鄙也。然其立身制行,出于伦常日用,何可废耶? 士大夫博学工文,雄出当世,而于辞受取与、出处进退之间,不能无箪豆万钟之择。本心既失,其他又何议焉! 此著《宋史》之宗旨也。"余闻其言而耸然。①

邵、章两人的终生交谊总结于章学诚的《邵与桐别传》。嘉庆元年(1796)邵晋涵卒后,章学诚为之作长篇《邵与桐别传》。关于此传,还有一个小插曲。嘉庆三年(1798),章学诚《又与朱少白》谈到其欲为邵晋涵撰传,至邵家访其遗著,然邵氏次子邵秉华先是"作无数惊疑猜惧之象,支离掩饰,殆难理喻","后乃至于专书不报",而自"姚江赴杭,至郡又过门不入",这使章学诚甚为纳闷。后来,章学诚"乃得其退后之言,直云仆负生死之谊,盗卖毕公《史考》,又将卖其先人笔墨,献媚于谢方伯,是以不取于仆"。章学诚辩白曰:

---

① 章学诚:《章学诚遗书》卷十八,第176页。

《史考》之出于毕公,自十数年前,南北艺林,争相传说。谢公有力,能招宾客,纂辑考订,何事不可由己出之,而必掩耳盗铃,暗袭众目皆知之毕氏书为己所创,人情愚不至此。况浙局未定之前,仆持《史考》残绪,遍吁请于显贵之门。君家宫保(朱珪),亦曾委折相商,且援桐城方制军、德州卢转运共勷秦大司寇《五礼通考》为例。当时知其事者,并无疑仆有如盗卖献媚。……邵君《雅疏》未出,即有窃其新解,冒为己说,先刊以眩于人,邵君知之,转改己之原稿以避剿嫌。……辛楣詹事,尝有绪言未竟,而黠者已演其意而先著为篇。……君家宋镌秘笈,李童山借本重刊,亦胜事也,其转借之人冒为己所箧藏,博人叙跋,誉其嗜奇好古,亦足下所知也。此辈行径,大者不过穿窬,细者直是肮筐。……然我党子弟,用此相猜,则世道人心,实不胜其忧患。……此番书辞,乞与邵楚帆侍御、邵耿光中翰及家逢之、正甫二孝廉,此外邵君弟子有能真知其师者,可共观之。……长者行事不使人疑,今遭疑如是,仆亦良自愧也。如何如何! 足下鉴之而已。[1]

然后至嘉庆五年(1800),由章学诚口述,其子章贻选记录整理,并加按语,成长篇传记《邵与桐别传》,对邵晋涵一生经历与学术成就作了详细回溯与高度评价。

二、身后地位升降

然而邵、章身后地位之升降,正与两人生前之穷达形成鲜明的对比,不能不引发后人的感叹与反思。尽管章学诚生前曾先后获得沈业富、朱筠的赏识、奖掖,并从学于朱门,又长期任职于毕沅幕府,在编纂《史籍考》中发挥

---

[1]　仓修良编注:《文史通义新编新注》,第 773—775 页。

着重要作用,但终究无法与任《四库全书》纂修官的邵晋涵相提并论。毫无疑问,在章学诚的同代学者中,当以邵晋涵为其终生学术知己,但一反当时学界眼光,对章学诚给予极高评价的,却并非邵晋涵,而是恩师朱筠之子、邵晋涵弟子朱锡庚(1762—1827)。由于师从朱筠的原因,章学诚与朱锡庚频频书信往还,由相交而相知,而且将彼此的情谊延续于子辈。朱锡庚在致章学诚长子的《与章杼思贻选书》中这样写道:

> 锡庚尝谓,乾隆年间积学之士与嘉庆年间所学似出两途,以阮制军为当代龙门,尚不能深知尊大人之底蕴,他人不待言矣。前拟撰《文史通义书后》,只以尊大人之学当世罕有知者,唯锡庚尚能窥其旨趣。第其事重大,未敢轻易下笔。近复拟作乾隆年间三绝学传……一为尊大人实斋先生。原夫周秦以上,但有史官,而无私学,其诗书礼乐以及典章象数皆史官职守。故孔子适周,问礼于老聃;韩宣聘鲁,观《易》象、《春秋》,曰周礼尽在鲁矣,俱指史官而言也。自刘向区六艺为九,汉唐以降,经史各立专家,言史者祖马、班,言经者尊贾、郑,从是史家者流,或考其事迹同异为刊误之书,或订其疆域沿革为地理之学,其于著述之旨趣,体例之要删,鲜有讲明其故者。唐刘子元、宋郑渔仲,间有著论,第驳而未醇,偏而未全。且株守史氏之一家,隔阂六经之条理。实斋先生以毕生所读之书,自成一家之学,勘辨同异,抉择是非,合而知要,离而能通。著《文史通义》内外篇若干卷,盖上穷官礼之遗意,下溯中垒之校雠,合经史为一者也。不知者见其详论史裁,近于刘、郑两家之绪余。是犹目考古音者谓出于吴棫韵谱,岂其然乎。其为绝学,知之者希,空前绝后,鼎立为三矣。①

---

① 朱锡庚:《朱少河先生杂著》,国家图书馆所藏稿本。

　　朱锡庚一方面感慨即使是阮元也没有真正认识到章氏的价值，另一方则非常推崇章学诚的绝世史才，认为清代学术有三绝，一是孔广森的春秋学，一是王念孙的训诂学，一是章学诚的史学。其称章学诚"以毕生所读之书自成一家之学""其为绝学，知之者希，空前绝后。"但像朱锡庚如此密切地与章学诚交往交心而且独具慧眼者毕竟寥寥无几。

　　然而对邵晋涵而言，其学术、仕途却是一帆风顺。尤其是乾隆三十八年（1773），邵晋涵以大学士刘统勋荐，特旨改庶吉士，充《四库全书》纂修官，与戴震、周永年、纪昀分别负责经史子集四部的校勘，并负责撰写《四库全书总目提要》，表明邵晋涵已臻于当朝学术殿堂的最高层。乾隆五十七年（1792），乾隆帝巡幸五台山，邵晋涵集十三经语十三章，为《五台集福颂》，其序辞盛称此次校刻石经之美善，曰：

　　　　臣谨案：石经之刻，自汉鸿都勒石以后，魏晋后魏孟蜀诸刻久无传本，学者所睹，惟有唐宋石经。臣前承恩命，镇抚陕西，见唐石经尚存西安府学。开成校刻只十二经，当时已讥其字乖师法，旋以乾符修改、后梁补阙、北宋人旁注，益滋混淆。及奉命移抚河南，访北宋二体石经，仅得《周礼》残碑，存陈留县学。至于南宋石经，缮写既非全篇，刻石复多零散，虽在杭州府学，好古之儒莫之宗尚。是则石经之刻，综前代所留贻，袭舛承讹，徒滋讥议，别黑白以定圭臬，至今日而始臻其美善。况夫《周易》正王弼之参连，《礼记》厘开元之篇第，《洪范》订其颇陂，《笙诗》存其义旨，《仪礼》存授绥之词命，《尔雅》删桑扈之重文，盛世惇经以考文，彰同文之上治，斯固非前代之刻石经可得而比拟也！①

　　此文邵晋涵自云代作，未注所代之人，玩其辞意，似代毕沅之作。此类

---

　　① 邵晋涵：《南江文钞》卷二，李嘉翼、祝鸿杰点校：《邵晋涵集》第 7 册，第 1783 页。

颂圣之文,章学诚或许不愿作,然而即便有意愿也根本没有机会,因为与邵晋涵屡次进京、居于学术高位形成鲜明反差的是,章学诚长期奔波于京外不同的幕府之中,一生颠沛流离,穷困潦倒。所以邵、章之间的穷达,既是仕途地位的差距,也是学术中心与边缘的差距。这不能不影响到两人对于从传统迄于当代学术,尤其是百年不衰的乾嘉学术的评价。

对于邵晋涵而言,根本不存在对乾嘉学术的认同问题,因为作为四库馆臣的邵晋涵本身即是乾嘉学术的代表人物,是乾嘉学术的创造者、引领者与推动者,所以当他以浙东学者融入乾嘉学术时,显然是以多讲"普通话"与少说"地方话"为前提甚至为代价的。邵晋涵之被乾嘉学界巨子普遍接纳和赞誉,也恰恰证明了这一点。与此相反,处于乾嘉学术边缘的章学诚则不仅依然坚持"地方话",而且还不时发出对"普通话"的尖锐批评,其结果便是被乾嘉学界巨子所侧目,甚至视为"异类"。但反过来看,章学诚却比邵晋涵更能与乾嘉学风保持一定距离,坚守浙东学术传统。从章学诚致力于方志学建设到"浙东学术""浙东史学"概念的提出,实际上都有以"地方话"抗衡和反拨"普通话"的潜在动机与意义。

统观章学诚对乾嘉学风与学人的批评,大致分个体批评、群体批评与整体批评三个层面展开。个体批评除了上文所论戴震之外,另一重要人物即是提倡心灵说的袁枚。嘉庆二年(1797),袁枚卒,章学诚作《妇学》《妇学篇书后》《诗话》《书坊刻诗话后》《论文辨伪》五篇,抨击袁枚之文。其《丙辰札记》曰:

> 近有无耻妄人,以风流自命,蛊惑士女,大率以优伶杂剧所演才子佳人惑人。大江以南,名门大家闺阁多为所诱,征诗刻稿,标榜声名,无复男女之嫌,殆忘其身之雌矣!此等闺娃,妇学不修,岂有真才可取?而为邪人播弄,浸成风俗。人心世道大可忧也![1]

---

[1] 章学诚:《丙辰札记》,中华书局,1986年,第98页。

胡适《章实斋年谱》曰："先生（章学诚）对于同时的三个名人，戴震、汪中、袁枚，皆不佩服，皆深有贬辞。但先生对戴震，尚时有很诚恳的赞语；对汪中，也深赞其文学；独对袁枚，则始终存一种深恶痛绝的态度。……先生之攻戴震，尚不失为诤友；其攻汪中，已近于好胜忌名；至其攻袁枚，则完全是以'卫道'自居了！"①在此，章学诚扮演着一个卫道士的角色，从一个侧面反映了其保守、落后的文学观。关于群体批评，可以嘉庆二年（1797）三月章学诚《又答朱少白书》为例，在此信与朱锡庚论学中，章学诚对戴震、程瑶田、洪亮吉、孙星衍等多有讥弹。其曰：

弟辨地理统部之事，为古文辞起见，不尽为辨书也。洪、孙诸公，洵一时之奇才，其于古文辞，乃冰炭不相入，而二人皆不自知香臭。弟于是乎谓知人难，自知尤不易也。诗与八股时文，弟非不能一二篇差强人意者也。且其源流派别，弟之所辨，较诗名家、时文名家转觉有过之而无不及矣。……故其平日持论关文史者，不言则已，言出于口，便如天造地设之不可摇动。此种境地，邵先生与先师及君家尚书皆信得及，此外知我者希，弟亦不求人知，足乎己者不求乎外也。以洪君之聪明知识，欲弹驳弟之文史，正如邵先生所云，此等拳头，只消谈笑而受，不必回拳，而彼已跌倒者也。……而弟犹不免论辨，若以争胜然者，实欲为世风作小维挽耳。故上尚书启事，极论今之士习文风，所争不在小也。虽然，人不自知分量，岂少也哉。程易田之于孙、洪诸君自较胜矣，彼刻《通艺录》，直《周官》之精要义也。而不今不古之传志状述，犹自以为文也，而亦列其中，岂非自具村俚供招。若戴东原氏则更进乎程矣！然戴集中应酬传志，亦自以为文也而存之，且以惹人笑柄之《汾州府志》，津津自道得意，然则人之真自知者寡矣！自己尚然不知，如何能知古今人

_____

① 胡适：《章实斋年谱》，商务印书馆，1934年，第96页。

之是非？良可慨也！人才如是之难，足下能不自勉。倘因弟之所论，而遂有轻视一切之心，则非弟勉效砥砺之意，而反进鸩毒于足下矣！大抵身履其境，心知其意，方有真见解，不用功于实际，则见解虽高而难恃也。如何，如何？邵先生行事细碎，宜即动手记之，即如受洪书而不报，此虽不便明记，亦可暗指其事，而形其雅量也。①

至于整体批评，可见于《与族孙汝楠论学书》（1766）、《与钱献之书》（1778）、《郑学斋记书后》（1790）、《又与正甫论文》（1791）等，都表达了其对乾嘉学风的不满与批评。这些批评不仅彰显了其倡导六经皆史、经世致用传统与风靡于乾嘉时代的考据之学的背离，而且也强化了性情高傲、治学甚严的章学诚与乾嘉学人的隔阂，这就注定了他的学说不被时代所认可，也注定了他不可避免地成为被"孤立"与"边缘化"的人物。

批判性思维往往是思想家而非学问家思维。对于邵晋涵，我们可以定位为史学家、经学家以及文学家，但他不是思想家，因而也就缺乏异代重新发现与阐释的可能；而章学诚却不仅是史学家、文学家，同时也是思想家。思想家在异代回响与重释的程度主要取决于其思想本身的深刻与超前程度。所以尽管邵、章生前穷达地位已定，但在身后却发生反转；尽管邵、章两人在学术传授、培养弟子群体上都不成功，但章学诚却拥有为邵晋涵所没有的众多跨时代的响应者。具体而论，这个时间节点发生在清末民初，王锟《浙东学派研究史》为我们抉要揭示了这一嬗变之机缘与进程：

> 章学诚所处的乾嘉时代，考据之学风靡盛行。而章学诚治文史讲究"义"，注重学术的经世致用，与时代风尚扞格不入。又章氏性情孤傲，治学甚严，对戴震、汪中、袁枚等考据学家都有过口头或笔端的不

---

① 仓修良编注：《文史通义新编新注》，第778—779页。

满。这些因素,均注定他的学说不被时代认可,甚至被视为"怪物""异类"。他自然也成为被"孤立"与"边缘"的人物。道光、咸丰以降的晚清70年,社会危机四伏,又兼西方殖民者大举入侵,清王朝面对内忧外患,却无力挽救,向衰世滑落。对于这旷古未见的"变局",众多学者纷纷从古籍考证中走出来,开始思索济世之道。于是,学术思潮逐渐由"纯学术"向"经世实学"转变。经世致用的思想与学风广受推崇,包括章学诚在内的浙东史学者也被学者大力表彰。如魏源、李慈铭关注到章学诚的经世致用思想。龚自珍从"经世"的观点宣扬"六经皆史"的深层涵义,魏源编辑的《皇清经世文编》也收录章学诚的《言公篇》和《妇学篇》。李慈铭对章学诚经世思想的学术实践——方志学,评价甚高,称他"于志学用力甚深,实为专家"。(《越缦堂日记》第6册,广陵书社,2004年,第4353页)清末民初的谭献、章太炎也对章学诚赞誉有加。谭献将章学诚列为清代五种绝学之一,并坦言:"章氏之识冠绝古今,予服膺最深。"(《复堂日记》,河北教育出版社,2001年,第17页)谭氏十分赞同《文史通义》中"六经皆史"命题中所推阐的"官师治教合一"论旨。稍后的章太炎对这位浙江先贤,也深深敬服,并用"六经皆史"的命题来摧破廖平、康有为关于孔子"托古改制"的论点。(参见戚学民:《清廷国史〈章学诚传〉的编纂:章氏学说实际境遇之补证》,《社会科学研究》2016年第2期)[1]

如果说这是章学诚学说因特定历史背景而引发第一波"章学诚热"的历史回响的话,那么到了二十世纪二三十年代则进入了一个相当密集的学术重释之时代。1922年,湖州著名藏书楼刘氏嘉业堂刊行了当时汇集章学诚著述最全的《章学诚遗书》,此为章氏逝世后其著述得到首次大规模的搜罗,

---

[1]　王锟、金晓刚:《百年历史的投影:二十世纪以来浙东学派研究平议》,中国社会科学出版社,2018年,第220—221页。

更加推动了民国章学诚研究的热潮。其中贡献最著的是胡适、梁启超与钱穆。1922年，胡适在内藤湖南研究的基础上，撰写了《章实斋先生年谱》一书，大致厘清了章学诚学术思想的发展脉络。胡适首次将"六经皆史"解释为"六经皆史料"，从现代史料学角度，肯定了章学诚"六经皆史"说的史料价值，同时也不免有借推崇清学而宣扬西方实证主义之嫌。梁启超也在西方实证史学的维度下，发掘清学的"科学主义"以及思想史之价值，高度评价章学诚在清代学术史及浙东史学上的成绩。其《清代学术概论》谓"学诚不屑屑于考证之学，与正统派异。其言'六经皆史'，且极尊刘歆《七略》，与今文家异。然其所著《文史通义》，实为乾嘉后思想解放之源泉。""书中创见类此者不可悉数，实为晚清学者开拓心胸，非直史家之杰而已。"①在梁氏看来，章学诚的"六经皆史"说，扩大了史学研究的史料范围，进一步瓦解了传统经学的权威形象，正契合新史学的主旨。至此，经过胡、梁两大巨子的意义发掘与重释，章学诚的"六经皆史"说便被赋予崭新的"现代性"意义。

不仅如此，章学诚还走出"国门"，受到海外学者的重视和好评。先是在1921年，日本学者内藤湖南以西方进步史观诠释章学诚的"六经皆史"说，认为章氏思想与西方社会进化论颇为吻合，并草成《章实斋年谱》，最早开启现代学术视野下的章学诚研究，并且引发胡适撰写《章实斋先生年谱》一书。此后的海外研究成果主要有斯坦福大学倪德卫（David S. Nivison）的博士论文《章学诚的文史思想》（1953），法国汉学家戴密微（Paul Demiéville）《章学诚及其史学》（1961），余英时《章实斋与柯灵乌的历史思想》（1957）、《论戴震与章学诚——清代中期学术思想史研究》（1976）等。戴密微《章学诚及其史学》一文比较了章学诚与西方历史学家，称章氏是中国第一流的史学天才，"他的名字可以与伊本·卡尔顿或欧洲最伟大的史学家们相提并论"②。这

---

① 梁启超：《清代学术概论》，东方出版社，2012年，第60页。
② 戴密微著，孙业山、王东译：《章学诚及其史学》，《历史教学问题》1996年第4期。原文载W·G·比尔斯莱和E·G·蒲立本编《中日史家》（第十章），牛津大学出版社，1961年。参见王锟《浙东学派研究史》（未刊稿）。

些研究成果都不同程度地融入西方视角与理论,虽然不乏新意,但也往往游离章学诚文本而作过度阐释,因而容易引发争议。

　　总之,邵晋涵与章学诚身后地位之升降,正与两人生前之穷达形成鲜明的对比,这体现了不同时代对于他们学术的接受变化,也体现了他们的学术著述对于后世阐释的张力和影响力各有不同。

　　　　（本文作者为浙江师范大学江南文化研究中心副研究员）

◎ 文献研究

从朱、吕书简辨二人异同

黄灵庚

提　要：朱熹、吕祖谦是南宋闽学与浙学的代表人物，二人交谊至深，互为声气。他们的书简往来十分频繁，从中可以一窥二人学术活动细节及为学宗旨。通过对二人书简的考察，一方面可以对朱、吕惺惺相惜、相互关照的情谊有更直观体认；另一方面，可以更清楚地看到朱、吕二人因气质、禀赋的差异对各自政见、处世待人的态度及学术风貌的影响。

关键词：书简　朱熹　吕祖谦　学术异同

朱熹、吕祖谦在南宋孝宗乾、淳时期，各自代表闽学与浙学，又和后起的陆九龄、陆九渊兄弟的心学鼎立为三，构成了南宋学术的基本格局。朱、吕是挚友。假如有人问朱熹：最好的朋友是谁？相信朱熹回答必定是："老兄伯恭。"问吕祖谦，相信吕祖谦回答必定是："夫子元晦。"从二人现存的书简看，吕祖谦给朱熹的书简只有 61 封，大约始于孝宗乾道五年(1169)续弦韩氏"德清亲迎"以后，止于孝宗淳熙八年(1181)初。而朱熹给吕祖谦的书简竟有 102 封，大约始于孝宗隆兴元年(1163)与吕祖谦初会"三山之别"以后，止于孝宗淳熙七年(1180)末。依据"来而不往非礼也"原则，吕氏的书简可能有大量放佚。但是，朱、吕在朋友往复的书简中，数量各都是最多的。只是每封书简的确切时间，多已无从考证。

朱、吕在书简里讨论的问题，大到国家朝廷的政事，小到个人家庭生活的细事，彼此关切，互为声气，甚至连"未易与外人道"①"非它人所欲闻者"②此类极贴心"私房"的话语，也和盘托出。二人交谊亲密、深厚的程度，于此可见。

一、从朱、吕书简看二人商讨著述

朱、吕二人都是著述家，博学多识，勤于著述，著作等身。据现存文献资料，朱子的存世著述之作有 24 种，1 400 余万言③；吕氏的存世著述之作有 27 种，2 000 余万言④。其中放佚也不在少数，如吕氏原有 57 种，其半已放佚。朱、吕在书简中商讨著述之作的内容，占了很多篇幅。彼此相互信任，每有新著成，必相互馈赠，且征求对方意见。对方必倾尽所有，毫无保留。书简论及的朱子著述，有《通书注》《太极图解》《中庸章句》《西铭解》《论孟精义》《仁说》《伊洛渊源录》《外书》(已佚)《学记集解》(已佚)《诗集传》《五朝名臣言行录》《祭礼》《通鉴纲目》《弟子职》《女戒》《大学章句》《近思录》等，论及的吕氏著述有《书说》《左氏博议》《左氏传说》《徽宗实录》《读诗记》《皇朝文鉴》《大事记》《白鹿洞书院记》《精骑》《近思录》等。

《近思录》为朱、吕共著。孝宗淳熙二年(1175)，吕氏从东阳造访庐墓守孝的朱熹于寒泉精舍，相与读周敦颐、程颐、程颢、张载之书，叹四子之著作

---

① 朱熹：《答吕伯恭书》，《晦庵先生朱文公文集》卷二十五，朱杰人、严佐之、刘永翔主编：《朱子全书》第 21 册，上海古籍出版社、安徽教育出版社，2002 年，第 1134 页。
② 朱熹：《答吕伯恭》，《晦庵先生朱文公文集》卷三十四，朱杰人、严佐之、刘永翔主编：《朱子全书》第 21 册，第 1473 页。
③ 据上海古籍出版社、安徽教育出版社 2002 年版《朱子全书》统计。
④ 据浙江古籍出版社 2007 年版《吕祖谦全集》和上海古籍出版社 2007 年版《十七史详节》统计，凡 1400 余万言，再加未版《通鉴详节》500 余万言。

"广大闳博，若无津涯，而惧夫初学者不知所入也，因共掇取其关于大体而切于日用者，以为此编"①。二人于是辑录四子 27 种著作中的语录 622 条，分为 14 卷，且取《论语·子张》子夏所云"博学而笃志，切问而近思，仁在其中矣"之"近思"为书名，作为理学入门之书。书成之后，作过不少调整、增删。奇怪的是吕氏致朱子书中无一语道及，而朱子致吕氏书中则有数条。如，朱子说："《近思录》近令抄作册子，亦自可观。但向时嫌其太高，去却数段（如太极及明道论性之类者），今看得似不可无。如以《颜子论》为首章，却非专论道体，自合入第二卷（作第二段）。又事亲居家事直在第九卷，亦似太缓，今欲别作一卷，令在出处之前，乃得其序。卷中添却数段，草卷附呈，不知于尊意如何？第五伦事《闺范》中亦不载，不记曾讲及否，不知去取之意如何？因来告谕及也。此书若欲行之，须更得老兄数字，附于目录之后，致丁宁之意为佳，千万勿吝也。"②"须更得老兄数字，附于目录之后"云云，可能是指吕氏《题近思录》。朱子又说："《近思录》道中读之，尚多脱误，已改正，送叔度处。横渠诸说告早补定，即刊为佳。此本既往，无以应朋友之求假，但日望印本之出耳。千万早留意，幸甚。"③叔度，即潘景宪，吕氏同年友，金华人，其女适朱子的长子塾，是朱子的亲家。"横渠诸说告早补定"云云，当是吕氏致朱子书所说之事。则《近思录》在未印之前，朱、吕已有书简往来商订、增补之事。朱子又说："《近思》数段，已补入逐篇之末，今以上呈。恐有未安，却望见教。所欲移入第六卷者，可否？亦望早垂喻也。'丧礼'两条，承疏示，幸甚。或更有所考按，因便更望批报也。偶有便人，夜作此附之，未及究所欲言，临风惘惘。……叔度向欲刻《近思》板，昨汝昭书来，云'复中辍'，何

① 朱熹：《近思录序》，朱杰人、严佐之、刘永翔主编：《朱子全书》第 13 册，第 163 页。
② 朱熹：《答吕伯恭》，《晦庵先生朱文公文集》卷三十三，朱杰人、严佐之、刘永翔主编：《朱子全书》第 21 册，第 1460 页。
③ 朱熹：《答吕伯恭》，《晦庵先生朱文公文集》卷三十三，朱杰人、严佐之、刘永翔主编：《朱子全书》第 21 册，第 1467 页。

也？此人行速，亦未及作书。此事试烦商订，恐亦有益而无损也。"①案"'丧礼'两条，承疏示"云云，吕氏已有书"疏示"于朱子也可知。补入逐篇之末的数段，是否吕氏提供，检其与朱元晦书，无痕迹可寻。朱子于"卷中添却数段"及"所欲移入第六卷者"，仍须"草卷附呈"请吕氏裁定，都是编定之后通过书简相互商榷的结果。又，"《近思》已寄来，尚有误字，已校定写寄之矣"②。又，"钦夫寄得所刻《近思录》来，却欲添入说举业数段，已写付之"③。二书也可知其相互校订、增益《近思录》，吕氏有书致朱子，而吕氏这些书简今皆不存。

朱子《答时子云》说："向编《近思录》，欲入数段说科举坏人心术处，而伯恭不肯。今日乃知此个病根从彼时便已栽种培养得在心田里了，令人痛恨也。"④今本《近思录》无"说科举坏人心术"的文字。《语类》贺孙录云："'吾之心，即天地之心；吾之理，即万物之理；一日之运，即一岁之运'，这几句说得甚好。人也会解得，只是未必实见得。向编《近思录》，欲收此段。伯恭以为怕人晓不得，错认了。"⑤今本《近思录》亦未收录。又，《语类》道夫录云："问一故神。曰：'横渠说得极好，须当子细看。但《近思录》所载与本书不同。当时缘伯恭不肯全载，故后来不曾与他添得。"⑥按："一故神"一段四十五字，出于《横渠易说》。"一故神"又有"物形乃有小大精粗"至"惟是君子上达小人下达之为别"，凡六十八字，今本《近思录》未录。其所谓"伯恭不肯""伯恭

①　朱熹：《答吕伯恭》，《晦庵先生朱文公文集》卷三十三，朱杰人、严佐之、刘永翔主编：《朱子全书》第 21 册，第 1468—1469 页。

②　朱熹：《答吕伯恭》，《晦庵先生朱文公文集》卷三十三，朱杰人、严佐之、刘永翔主编：《朱子全书》第 21 册，第 1474 页。

③　朱熹：《答吕伯恭》，《晦庵先生朱文公文集》卷三十三，朱杰人、严佐之、刘永翔主编：《朱子全书》第 21 册，第 1476 页。

④　朱熹：《答时子云》，《晦庵先生朱文公文集》卷五十四，朱杰人、严佐之、刘永翔主编：《朱子全书》第 23 册，第 2569 页。

⑤　朱熹：《程子之书》，《朱子语类》卷九十七，朱杰人、严佐之、刘永翔主编：《朱子全书》第 17 册，第 3265—3266 页。

⑥　朱熹：《张子之书》，《朱子语类》卷九十八，朱杰人、严佐之、刘永翔主编：《朱子全书》第 17 册，第 3302 页。

以为怕人晓不得,错认了""伯恭不肯全载"云云,都是在定稿以后的事情,吕氏也必然是通过书简告知朱子的。

朱子每构思新作,往往先咨询吕氏,求其襄助。如撰编《伊洛渊源录》之前,朱子与吕氏书说:"欲作《渊源录》一书,尽载周、程以来诸君子行实文字,正苦未有此及永嘉诸人事迹首末。因书士龙,告为托其搜访见寄也。"①吕氏见书后,不敢怠慢,即复书说:"《外书》《渊源录》亦稍稍裒集得数十条,但永嘉文字殊未至,亦屡督之矣。"②吕氏将撰《伊洛渊源录》当作己事,一边补缀拾遗"数十条",一边屡督"永嘉文字"。朱子后将稿本寄与吕氏,吕氏审阅后复书说:"《渊源录》事书稿本复还纳。此间所搜访可附入者并录呈。但永嘉文字屡往督趣,犹未送到。旦夕陈君举来,当面督之也。《渊源录》,其间鄙意有欲商榷者,谨以求教。大抵此书,其出最不可早。与其速成而阔略,不若少待数年而粗完备也。汪丈说高抑崇有伊、洛文字颇多,皆其手泽,故子弟不肯借人。已许为宛转假借。若得此,则所增补者必多。推此类言之,则毋惜更搜访为善。"③从此书看,吕氏又"附入"稿本所缺内容,答应督趣陈傅良收辑"永嘉文字"。更重要的是,吕氏对稿本提出具体"商榷"意见,并劝朱子此书"其出最不可早,与其速成而阔略,不若少待数年而粗完备"。朱子又与吕氏书说:"《渊源录》许为序引,甚善。两处文字告更趣之。《祭礼》已写纳汪丈处,托以转寄,不知何为至今未到? 然其间有节次修改处,俟旦夕别录呈求订正也。"④从此书看,朱子曾求吕氏作序,吕氏答应了朱子,但是这些书简均已散佚。后来,朱子专门答论《伊洛渊源录》一书⑤,计十六条,都是朱

①　朱熹:《答吕伯恭》,《晦庵先生朱文公文集》卷三十三,朱杰人、严佐之、刘永翔主编:《朱子全书》第 21 册,第 1438 页。

②　吕祖谦:《与朱侍讲》,黄灵庚、吴战垒主编:《吕祖谦全集》第 1 册,浙江古籍出版社,2007年,第 419 页。

③　吕祖谦:《与朱侍讲》,黄灵庚、吴战垒主编:《吕祖谦全集》第 1 册,第 430 页。

④　朱熹:《答吕伯恭》,《晦庵先生朱文公文集》卷三十三,朱杰人、严佐之、刘永翔主编:《朱子全书》第 21 册,第 1446 页。

⑤　朱熹:《答吕伯恭论〈渊源录〉》,《晦庵先生朱文公文集》卷三十五,朱杰人、严佐之、刘永翔主编:《朱子全书》第 21 册,第 1527—1531 页。

子对吕氏质疑内容的回复。惜吕氏质疑的书简，已复然不见，无从对照。《伊洛渊源录》实则也浸透了吕氏的心血。

朱子对于吕氏的著述也是如此，倾其所有，毫无保留。如，《读诗记》是吕氏研习《诗经》的重要著作，在尊序与破序问题上，吕氏和朱子完全不同。吕氏解诗依循毛亨《小序》，朱子则弃《毛序》而别为新说，但是并不妨害二人交流。吕氏与朱子书说："《诗说》止为诸弟辈看，编得训诂甚详，其它多以《集传》为据。只是写出诸家姓名，令后生知出处。唯太不信《小序》一说，终思量未通也。"① 又说："读书虽略有课程，如《诗》解多是因《集传》，只写出诸家姓名，纵有增补，亦只堪晓童蒙耳。"② 吕氏一再说《读诗记》是"童蒙"教科书，"止为诸弟看"，不宜废弃解《诗》传统，所以遵序。其既"多以《集传》为据"，又以朱子不信《小序》，是"思量不通"，坚持了自己原则。关于《诗经》，朱子与吕氏书有四，其一说："《诗说》，昨已附《小雅》后二册去矣，《小序》之说，未容以一言定，更俟来诲，却得反复。区区之意，已是不敢十分放手了。前谕未极，更须有说话也。恐尊意见得不如此处，却望子细一一垂喻，更容考究为如何，逐旋批示尤幸，并得之却难看也。……但已看破《小序》之失，而不敢勇决，复为序文所牵，亦殊觉费力耳。"③ 其二说："向来所喻《诗序》之说，不知后来尊意看得如何？'雅''郑'二字，雅，恐便是大、小《雅》，郑，恐便是《郑风》。不应概以《风》为《雅》，又于《郑风》之外别求《郑》声也。圣人删录，取其善者以为法，存其恶者以为戒，无非教者，岂必灭其籍哉？看此意思，甚觉通达，无所滞碍，气象亦自公平正大，无许多回互费力处。"④ 其三说："《诗传》已领，《小雅》何为未见？此但记得曾遣去，即不记所附何人。或已到，幸早批喻也。……诸喻皆一一切当，谨当佩服。但《小序》之说，更有商

---

① 吕祖谦：《与朱侍讲》，黄灵庚、吴战垒主编：《吕祖谦全集》第 1 册，第 435 页。

② 吕祖谦：《与朱侍讲》，黄灵庚、吴战垒主编：《吕祖谦全集》第 1 册，第 439 页。

③ 朱熹：《答吕伯恭》，《晦庵先生朱文公文集》卷三十四，朱杰人、严佐之、刘永翔主编：《朱子全书》第 21 册，第 1497 页。

④ 朱熹：《答吕伯恭》，《晦庵先生朱文公文集》卷三十四，朱杰人、严佐之、刘永翔主编：《朱子全书》第 21 册，第 1502 页。

量。此人亟欲遣请祠者，不欲稽留之，别得奉扣耳。"①朱子反复向吕氏解释《诗序》"更有商量"，且指出吕氏解《诗》"已看破《小序》之失，而不敢勇决，复为序文所牵，亦殊觉费力"，劝其废弃。

在互通信简中不断交流，二人在某些具体问题上，通过相互讨论，认识也不断深入。如，朱子与吕氏书说："向见所集《诗》解《出车》篇，说戒严之日，建而不旆，不知此有何证？幸见教。若果有证，说文义殊省力也。其间亦有数处可疑，今不尽记，大抵插入外来义理太多，又要文势连属，不免有强说处。不知近日看得如何，亦望垂喻也。"②对于朱子的质疑，虽未见吕氏的书简有所回复。但是，《读诗记》说："古者出师以丧礼处之，命下之日，士皆涕泣。夫子之言行三军，亦曰'临事而惧'，皆此意也。"又说："军礼虽无所考，以《左传》《聘礼》考之，则治兵之时，建而不旆，受命则张而旆之。在道之时，则敛而不旆，将战之时，则张而旆之。《左传》：'平丘之会，晋治兵于邾南，革车四千乘，建而不旆。壬申，复旆之。诸侯畏之。'杜预曰：'军将战则旆，故曳旆以恐之。'此治兵不旆，将战张旆之验也。"③吕氏以《左传》证《诗》，恐怕也是后来增补，且回复了朱子"不知此有何证"之问。

《大事记》是吕氏比较用心的一部力作，和其《诗说》一样，精益求精，反复勘磨，至临终之前数天还在修订。④ 吕氏与朱子书说："《大事记》以不敢劳力索考，有时取编过者看，百孔千疮，不堪点检，且欲住手再整顿。若尽此岁以前，须稍见头绪，是时当逐旋录数段往求教也。"⑤朱子自然是义不容辞，回复说："《大事记》想尤奇，尤有益，然尤费力，此更望斟酌也。二书告令人录

———————————

① 朱熹：《答吕伯恭》，《晦庵先生朱文公文集》卷三十四，朱杰人、严佐之、刘永翔主编：《朱子全书》第 21 册，第 1500 页。
② 朱熹：《答吕伯恭》，《晦庵先生朱文公文集》卷三十四，朱杰人、严佐之、刘永翔主编：《朱子全书》第 21 册，第 1492 页。
③ 吕祖谦：《吕氏家塾读诗记》，黄灵庚、吴战垒主编：《吕祖谦全集》第 4 册，第 339—340 页。
④ 吕祖谦：《庚子辛丑日记》，黄灵庚、吴战垒主编：《吕祖谦全集》第 1 册，第 276 页。
⑤ 吕祖谦：《与朱侍讲》，黄灵庚、吴战垒主编：《吕祖谦全集》第 1 册，第 439 页。

一二卷多发明处见寄，甚幸。"①又说："向令写一二年《大事记》及他文字一两篇，竟不写来，不知竟能为办此否耳。"②遗憾的是，今存朱、吕的书简中没有涉及《大事记》的具体问题，或业已放佚，则无从知晓。

　　朱、吕各自从对方书简中获得教益，也看到了自己不足的一面。如，朱子与吕氏书推崇吴才老："近看吴才老《论语说》，论子夏'吾必谓之学矣'一章与子路'何必读书'之云，其弊皆至于废学，不若'行有余力，则以学文''就有道而正焉''可谓好学'之类，乃为圣人之言也。颇觉其言之有味，不审高明以为何如？"③吕氏则大不以为然，复朱子书说："吴才老之说，就解《论语》上看则有味，原其所发，则渠平生坐在记诵考究处，故凡见何必读书之类，辨之必力，其发亦自偏也。"④朱子幡然省悟，复吕氏书说："所论吴才老说经之意，切中其病。然在今日平心观之，却自是好语也。《学记》'深造自得'之语，初亦觉其过，欲改之，则已刻石不及矣。以此知人心至灵，只自家不稳处便须有人点检也。"⑤同样，吕氏从中也获得朱子的启迪。如，吕氏与朱子书，征求编纂《文海》的意见，说："《文鉴》以趣办，去取不当，必多有大悖理处，因笔望条示，虽不可追改，犹得以警省尔。"⑥《文鉴》又称《文海》，是吕氏在晚年奉旨选编的北宋年间名家诗文总集，后称《宋文鉴》。朱子对于《文鉴》的选文甚为关切，建议说："《文海》条例甚当，今想已有次第。但一种文胜而义理乖僻者，恐不可取。其只为虚文而不说义理者，却不妨耳，佛、老文字，恐须如欧阳公《登真观记》、曾子固《仙都观》《菜园记》之属乃可入，其他赞邪害正

　　① 朱熹：《答吕伯恭》，《晦庵先生朱文公文集》卷三十四，朱杰人、严佐之、刘永翔主编：《朱子全书》第 21 册，第 1512 页。

　　② 朱熹：《答吕伯恭》，《晦庵先生朱文公文集》卷三十四，朱杰人、严佐之、刘永翔主编：《朱子全书》第 21 册，第 1516 页。

　　③ 朱熹：《答吕伯恭》，《晦庵先生朱文公文集》卷三十三，朱杰人、严佐之、刘永翔主编：《朱子全书》第 21 册，第 1449 页。

　　④ 吕祖谦：《与朱侍讲》，黄灵庚、吴战垒主编：《吕祖谦全集》第 1 册，第 418 页。

　　⑤ 朱熹：《答吕伯恭》，《晦庵先生朱文公文集》卷三十四，朱杰人、严佐之、刘永翔主编：《朱子全书》第 21 册，第 1451 页。

　　⑥ 吕祖谦：《与朱侍讲》，黄灵庚、吴战垒主编：《吕祖谦全集》第 1 册，第 439 页。

者,文词虽工,恐皆不可取也。盖此书一成便为永远传布,司去取之权者,其所担当,亦不减《纲目》,非细事也。"①又说:"比看《文鉴》目录,无书者固不论,其可检者尚有不能无疑处,恨不得面扣其说,当有深意也。"②类此内容,均反映了二人当时围绕着《文鉴》相互切磋、研讨的情景。而此时吕氏为编纂此书,累坏了身体,导致中风,连生活也难以自理。朱子于是更多地是担心吕氏的身体,说:"得韩丈上饶书及尤延之书,皆令劝老兄且屏人事,捐书册,专精神,近医药,区区之意亦深念此。幸更于此少留意焉,千万之望。"③于此也见二人交谊之深。

二、从朱、吕书简看二人气质及学术异同

从书简中可知,朱、吕二人禀性、气质有较大差异。朱子的性格比较外向:褊躁,争强好胜,言辞犀利;而吕氏相对内向:收敛,宽缓谦和,言语周详。二人交往中,得以相互警醒、制约、弥补,相得益彰。吕氏劝朱子说:"大凡人之为学,最当于矫揉气质上做工夫。如懦者当强,急者当缓,视其偏而用力焉。以吾丈英伟明峻之资,恐当以颜子工夫为样辙。回禽纵低昂之用,为持养敛藏之功,斯文之幸也。"④意思说,朱子当务之急,性格、脾气需要改改,有理也别那么强势,咄咄逼人。又说:"大抵禀赋偏处,便使消磨得九分,触事遇物,此一分依前张王,要须融化得尽方可尔。来喻所谓未得力,恐只是用力犹未至耳。自己工夫紧切,则游从者听讲论、观仪容,所得亦莫不深实矣。"⑤吕氏说朱子"禀赋偏",指性格、气质上的偏激、狂躁。这是朱子的先

---

① 朱熹:《答吕伯恭》,《晦庵先生朱文公文集》卷三十四,朱杰人、严佐之、刘永翔主编:《朱子全书》第21册,第1476页。
② 朱熹:《答吕伯恭》,《晦庵先生朱文公文集》卷三十四,朱杰人、严佐之、刘永翔主编:《朱子全书》第21册,第1516页。
③ 朱熹:《答吕伯恭》,《晦庵先生朱文公文集》卷三十四,朱杰人、严佐之、刘永翔主编:《朱子全书》第21册,第1502页。
④ 吕祖谦:《与朱侍讲》,黄灵庚、吴战垒主编:《吕祖谦全集》第1册,第399页。
⑤ 吕祖谦:《与朱侍讲》,黄灵庚、吴战垒主编:《吕祖谦全集》第1册,第434页。

天缺陷。吕氏反复规劝，给朱子开药方：用力敛藏，以颜回为榜样，慢慢"融化""消磨"性格上"张王"（躁急火暴）的毛病。

朱子对于吕氏的规劝似乎部分接受，更多的是不以为然。朱子辩解说："至于立彼我较胜负之嫌，则熹虽甚陋，岂复以此疑于左右者哉？持养敛藏之诲，敢不服膺？然有所不得已者。世衰道微，邪诐交作，其他纷纷者，固所不论。而贤如吾伯恭者，亦尚安于习熟见闻之地，见人之诡经诬圣，肆为异说，而不甚以为非，则如熹者，诚亦何心安于独善，而不为极言核论，以晓一世之昏昏也？使世有任其责者，熹亦何苦而哓哓若是耶？"①朱子以为出于不得已，不甘心"安于独善"，宁冒与人"较胜负之嫌"，以"晓一世之昏昏"。朱子又说："来教又谓吾道无对，不当与世俗较胜负，此说美则美矣，而亦非鄙意之所安也。夫道固无对者也，然其中却着不得许多异端邪说，直须一一剔拨出后，方晓然见得个精明纯粹底无对之道。若和泥合水，便只着个'无对'包了，窃恐此'无对'中多藏得病痛也。孟子言杨、墨之道不熄，孔子之道不著，而《大易》于君子小人之际，其较量胜负，尤为详密，岂其未知无对之道邪？盖无对之中，有阴则有阳，有善则有恶，阳消则阴长，君子进则小人退，循环无穷，而初不害其为无对也。况熹前说已自云'非欲较两家已往之胜负，乃欲审学者今日趣向之邪正'，此意尤分明也。"②朱子更从对立辩证层面设意，说虽然"道"是"无对"的，但是有圣教而必有邪说，"有阴则有阳，有善则有恶，阳消则阴长，君子进则小人退，循环无穷"。所以，不能"若和泥合水"，在"道无对"的名义下藏污纳垢，实质上也是对吕氏的反批评。

朱、吕性格上的差异，也就反映了二人学术差异。吕氏的学术风格，朱子概括为"喜合恶离"。朱子回复门生孙季和时说："大抵近日议论喜合恶

① 朱熹：《答吕伯恭》，《晦庵先生朱文公文集》卷三十三，朱杰人、严佐之、刘永翔主编：《朱子全书》第 21 册，第 1427 页。
② 朱熹：《答吕伯恭》，《晦庵先生朱文公文集》卷三十三，朱杰人、严佐之、刘永翔主编：《朱子全书》第 21 册，第 1426 页。

离,乐含胡而畏剖析,所以凡事都不曾理会到底,此一世之通患也。"①"喜合恶离"之语,其实是针对吕氏的学术批评。这也从吕氏复信中可以证实。吕氏说:"喜合恶离之病,砭治尤切。"②又说:"追味往年喜合恶离之诲,诚中其病。推原病根,盖在徒恃资禀,观书粗得味,即坐在此病处,不复精研,故看义理则汗漫而不别白,遇事接物则颓弛而少精神。"③但是,吕氏并非完全承认自己"喜合恶离",说:"窃尝谓异端之不息,由正学之不明,此盛彼衰,互相消长,莫若尽力于此。此道光明盛大,则彼之消铄无日矣。孟子所谓'吾为此惧,闲先圣之道'。旧说以'闲'为'闲习',意味甚长。杨、墨肆行,政以吾道之衰耳。孟子所以不求之它,而以'闲习'吾先圣之道为急先务,而淫辞诐行之放,则固有次第也。不知吾丈以为如何?所以为此说者,非欲含糊纵释,黑白不辨,但恐专意外攘,而内修处工夫或少耳。"④

吕氏是从"成己"层面上立说的。先成己而后成物,成己工夫比成物工夫更重要。吕氏求之于内,于"内修处工夫"用力,以为自己做得完美,诚意周孚,则圣学自然光明盛大,异端邪说不攻自消,所以说"惟日省未至,不敢诿其责于人也",因而容易被误解为置邪说异端于一边,态度暧昧,含混不清。吕氏依循旧注,于是将孟子"吾为此惧,闲先圣之道"之闲,解为"闲习","以闲习吾先圣之道为急先务",而辟杨墨异端在其次。意思是说,先圣道统大明,杨、墨邪说则自消,毋需花费精力去攻杨、墨。习先圣,辟杨、墨已包括在内,浑然不分了。

朱子则反是,说:"所喻'闲先圣之道',窃谓只当如'闲邪'之'闲',方与上下文意贯通。若作'闲习',意思固佳,然恐非孟子意也。政使必如是说,则闲习先圣之道者,岂不辨析是非、反复同异,以为致知格物之事?若便以

① 朱熹:《答孙季和》,《晦庵先生朱文公文集》卷五十四,朱杰人、严佐之、刘永翔主编:《朱子全书》第23册,第2537页。
② 吕祖谦:《与朱侍讲》,黄灵庚、吴战垒主编:《吕祖谦全集》第1册,第398页。
③ 吕祖谦:《与朱侍讲》,黄灵庚、吴战垒主编:《吕祖谦全集》第1册,第408页。
④ 吕祖谦:《与朱侍讲》,黄灵庚、吴战垒主编:《吕祖谦全集》第1册,第401页。

为务为攘斥，无敛藏持养之功而不敢为，则恐其所闲习者，终不免乎毫厘之差也。若颜子则自不须如此，所以都无此痕迹耳。此事本无可疑，但人自以其气质之偏缘情立义，故见得许多窒碍。若大其心，以天下至公之理观之，自不须如此回互费力也。"①朱子将"闲先圣之道"之"闲"，别解"防闲"之闲，说"阻止"之义。说孟子本意是害怕先圣之道被废止，所以攘斥杨墨邪说为先务，不容回互。朱子是从"成物"层面上理解，以为成物必须"格物致知"，别白是非，缕分细析，毫厘之差也毋得含糊，而忽略了"成己"敛藏的工夫。

　　朱、吕学术差异，可以借用"博杂"和"支离"来说明。"博杂"是朱子批评吕氏的用语②，"支离"是陆九渊批评朱子的用语③，都是负面的。如果不带偏见，看朱、吕各自长处，"博杂"可以换作"弘通"。博是弘博，通是融和，广览博收，不名一师，融合诸家之长。"支离"可换作"细密"，格物致知，牛毛茧丝，条分缕析，穷研精微。朱、吕书简中关于"文理密察"的商讨，可见各自所守及学术风格。"文理密察"，原出《礼记·中庸》："唯天下至圣为能：聪明睿知，足以有临也；宽裕温柔，足以有容也；发强刚毅，足以有执也；齐庄中正，足以有敬也；文理密察，足以有别也。"应该如何理解？朱子复吕氏书说："前书所引'文理密察'，初看得不子细。近详考之，似以'密'为'秘密'之密，'察'为'观察'之察。若果如此，则似非本指也。盖'密'乃'细密'之密，'察'乃'著察'之察。正谓毫厘之间，一一有分别耳，故曰'文理密察，足以有别'，只是一事，非相反以相成之说也。若道理合有分别，便自显然不可掩覆，何必潜形匿迹以求之，然后为得邪？大抵圣贤之心，正大光明，洞然四达，故能

---

　　①　朱熹：《答吕伯恭》，《晦庵先生朱文公文集》卷三十三，朱杰人、严佐之、刘永翔主编：《朱子全书》第 21 册，第 1431 页。

　　②　朱熹说："东莱博学多识则有之矣，守约恐未也。"（见《朱子语类》卷一百二十二《吕伯恭》，朱杰人、严佐之、刘永翔主编：《朱子全书》第 18 册，第 3850 页）又说，"博杂极害事"，伯恭"日前只向博杂处用功，却于要约处不曾子细研究"。（见黄宗羲：《宋元学案》卷五十一《东莱学案》，中华书局，1986 年，第 1675 页）

　　③　陆九渊说："墟墓兴哀宗庙钦，斯人千古不磨心。涓流滴到沧溟水，拳石崇成泰华岑。易简工夫经久大，支离事业竟浮沉。"（见钟哲点校：《陆九渊集》卷三十四《语录》上，中华书局，2010 年，第 427—428 页）

春生秋杀,过化存神,而莫知为之者。学者须识得此气象而求之,庶无差失。若如世俗常情支离巧曲,瞻前顾后之不暇,则又安能有此等气象邪? 不审高明以为如何?"①

吕氏的"前书"未见,恐已放佚。"近详考之,似以'密'为'秘密'之密,'察'为'观察'之察"云云,是朱子引吕氏"前书"的原话,吕氏确是如此解释的。再从朱子批评看,其解"文理密察"是一事,"足以有别"又是一事。吕氏是强调整体把握,合而观之,万物浑然,文理有隐有显,暗明浑然而"相反而相成",观而察之,才能判别。朱子改训"密"为细密、察为明察,说观察得仔细。朱子是侧重具体细分屡析,妙理几微,以为万物本自"毫厘之间,一一有分别","故曰'文理密察,足以有别',只是一事"。朱子又说:"然其大概,则有可以一言举者。其病在乎略知道体之浑然无所不具,而不知浑然无所不具之中,精粗、本末、宾主、内外,盖有不可以毫发差者。是以其言常喜合而恶离,却不知虽文理密察,缕析毫分,而初不害乎其本体之浑然也。"②吕氏从整体上去理解、把握"文理密察"意义,也是其"博通""喜合恶离"所致。

通过书简反复商讨,彼此看到各自缺失,得到补救。吕氏似乎接受了朱子的批评,复朱子说:"昨所云'文理密察',盖亦如来喻,初非以为'秘密'之'密'、'观察'之'察'也。谓如《易传》中'以形体谓之天,以主宰谓之帝,以功用谓之鬼神,以妙用谓之神,以性情谓之乾'等语,铢分粒剖,各有攸当,而未尝有割裂杌陧之病,析理精微如此,乃可谓之'文理密察'耳。"③所以吕氏在探讨《春秋》时说:"十二公虽均不受命于天子,然罪有轻重,情有浅深,锱铢不辨,则非子思所谓'文理密察,足以有别'者也。故曰致广大而尽精微。"④既有整体把握,弘博浑融,又有细别锱铢的意味。朱子也如此,其复吕氏书

---

① 朱熹:《答吕伯恭》,《晦庵先生朱文公文集》卷三十三,朱杰人、严佐之、刘永翔主编:《朱子全书》第 21 册,第 1430 页。

② 朱熹:《答吕伯恭》,《晦庵先生朱文公文集》卷三十三,朱杰人、严佐之、刘永翔主编:《朱子全书》第 21 册,第 1425 页。

③ 吕祖谦:《与朱侍讲》,黄灵庚、吴战垒主编:《吕祖谦全集》第 1 册,第 402 页。

④ 吕祖谦:《春秋讲义·不书即位》,黄灵庚、吴战垒主编:《吕祖谦全集》第 1 册,第 548 页。

简说:"道间与季通讲论,因悟向来涵养功夫全少,而讲说又多强探必取、寻流逐末之弊,推类以求,众病非一,而其源皆在此。恍然自失,似有顿进之功。若保此不懈,庶有望于将来。然非如近日诸贤所谓顿悟之机也。向来所闻诲谕诸说之未契者,今日细思,吻合无疑。大抵前日之病,皆是气质躁妄之偏,不曾涵养克治,任意直前之弊耳。自今改之,异时相见,幸老兄验其进否而警策之也。"①从中也受到教益、启发。

但是,陈亮对此颇有微意,说:"世之学者,玩心于无形之表,以为卓然而有见,事物虽众,此其得之浅者,不过如枯木死灰而止耳。得之深者,纵横妙用,肆而不约。安知所谓'文理密察'之道?泛乎中流,无所底止,犹自谓其有得,岂不可哀也哉?故格物致知之学,圣人所以倦倦于天下后世,言之而无隐也。夫道之在天下,何物非道?千涂万辙,因事作则,苟能潜心玩省,于所已发处体认,则知夫子之道忠恕而已,非设辞也。"②其所称"世之学者",似指朱、吕二人。"得之浅者"指朱子,"得之深者"指吕氏,在朱、吕之间拉了偏架。但以为二人均失于"玩心于无形之表",空谈义理,脱离了其时实际。夫子"忠恕"二字,忠是对国家、朝廷言,无可疑虑;而恕是对学术言。夫子之恕,是"己所不欲,勿施于人",强调"于所已发处体认""文理密察"之道,或深或浅,各有所得,莫论是非曲直,不必作无谓争论。

三、从朱、吕书简看二人出处异同

孝宗乾道至淳熙间,朝廷多次委任官职,朱子均请辞不就。至淳熙五年(1178),除知南康军。请辞至四,不许。朱子非常苦恼,百思不知所从,多次求助于吕氏。朱子为何不愿出仕?朱子于致吕氏书中透露了心迹:

---

① 朱熹:《答吕伯恭》,《晦庵先生朱文公文集》卷三十三,朱杰人、严佐之、刘永翔主编:《朱子全书》第 21 册,第 1467 页。
② 陈亮:《与应仲实》,《陈亮集》,河北教育出版社,2003 年,第 253 页。

　　但所被恩命，以熹之资历分义，精神筋力，皆无可受之理，虽感君相矜怜之意，重以仁贤说诱之勤，终未敢起拜而恭受也。申省状已附递回付奏邸，副本录呈。叙说虽详，然似无过当之语，只是须如此说，方尽底蕴耳。如以未安，幸为却回，仍别为作数语见教，庶几可以无怍。若只熹自作，终只有此等词气出来也。观此气象，岂是今日仕途物色？当路者必欲强之，大是违才易务矣。区区之志，状中备见。更有一事，自数年来绝意名宦，凡百世务，人情礼节，一切放倒。今虽作数行书与人，亦觉不入时样。唯在山林，则可以如此恣意打乖，人不怪责。一日出来作郡，承上接下，岂容如此？又已惯却心性，虽欲勉强，亦恐旋学不成，徒尔发其狂疾，此是一事。又数年来次辑数书，近方略成头绪，若得一向无事，数年不死，则区区所怀，可以无憾，而于后学，亦或不为无补。今若出补郡吏，日有簿书期会之劳，送往迎来之扰，将何暇以及此？因循岁月，或为终身之恨，而其为政又未必有以及人，是其一出，乃不过为儿女饥寒之计，而所失殊非细事。此皆未易与外人道，故状中不敢及之，只欲老兄知之，更为宛转缓颊，使上不得罪于君相，下不见疑于士大夫足矣。扶接导养之功，正应于此用力，想不以为烦也。揆路未敢作书，烦为深达此意。只俟此事定叠，再得宫观如旧，便自作书谢之也。武夷今冬当满，今既未受命，亦未敢便落旧衔，但未敢请俸耳。或恐得祠，别有所加，此亦决然难受。亦可微词风晓之，免临时复纷纷也。千万留念，至恳至恳。保全孤迹，使不至疏脱，深有望于高明也。①

　　上引书简中，朱子不愿就职的理由归纳起来有两条：一是禀性散漫，习惯于山林闲散生活，"凡百世务，人情礼节，一切放倒"。如任职到官场，送往迎来，承上接下，偶尔发其狂疾，则非出乱子不可。二是自己心里有小盘算，

---

　　① 朱熹：《答吕伯恭书》，《晦庵先生朱文公文集》卷二十五，朱杰人、严佐之、刘永翔主编：《朱子全书》第 21 册，第 1133—1134 页。

"数年来次辑数书,近方略成头绪,若得一向无事,数年不死,则区区所怀,可以无憾,而于后学,亦或不为无补"。似乎这件事放不下。也是说,在朱熹,立功、立言不可并兼,则只取立言,著书立说,传之于后,比用之于当途的立功更为重要,且再三关照吕祖谦,这个想法"未易与外人道",是万不能公开宣扬的,以为出仕,"乃不过为儿女饥寒之计"。孰重孰轻,在朱子心中自有一杆秤。朱子委托吕氏出主意,希望想出两全其美的对策来,"使上不得罪于君相,下不见疑于士大夫"。但是,在吕氏看,朱子所说都不是理由,于是正面开导、规劝他,说:"恭审分符南康,虽未足大慰善类之望,然缊积之久,小见诸行事,亦吾道兴起之渐,所系政不轻也。去就想有定论。某窃谓起家为郡,乃前辈常事,而军垒地望不高,无辞卑居尊之嫌。远方事事自如,可以行志,非此间局促如辕下驹之比。前后除目,无如此稳贴可受,况吾丈平昔惓惓君民之念至深至笃,今幡然一起,上可以承领朝家善意,下可以泽一方之民。而出处之义,考之圣贤,亦无不合。若谓今之州郡不可为,则朋友间随其分量,得行其志者亦不少。况学力之深,德望之重,又在僻远之地,亦何龃龉之虑耶?"①从复信可知,吕氏似乎没有照朱子嘱咐行事,更没有求见"揆路(宰相陈揆)"为他说情、请愿,而是竭力劝其出仕,从经世济民的角度多加劝勉,又从"远方事事自如"的角度对其多有宽慰,只字未鼓励其著书立说。

朝廷任朱子南康军之命,原出于吕氏的丈人韩元吉荐引。朱子得知这个情况,又托吕氏去做通韩元吉工作,想开个后门,以为只有韩元吉出手,辞官的事情可以解决:"闻是韩丈拈出,前此亦未知。今既如此狼狈,却须得韩丈出手,大家收救,莫令到无收拾处,乃荷相念。然又不欲作书,彼亦未必以为诚。然不知可烦老兄,因书一言所以不敢受之意非出矫伪,得自庙堂上辞免文字,特依所乞,再授元官,差监岳庙,便是一个出场也。"②又说:"今且望

① 吕祖谦:《与朱侍讲》,黄灵庚、吴战垒主编:《吕祖谦全集》第1册,第425页。
② 朱熹:《答吕伯恭书》,《晦庵先生朱文公文集》卷三十三,朱杰人、严佐之、刘永翔主编:《朱子全书》第21册,第1444页。

老兄以此两书曲折尽达韩丈,今日别无医治方法,只有早听其辞,便自帖帖无事。若更降指挥,一下一上,则干冒频烦,传闻广而讥议多,必别致生事矣。"①朱子将请辞获允的希望全托寄于韩元吉。吕氏应该如何处置?真的会替朱子说情吗?韩元吉会助他一把吗?吕氏回复朱子书说:"窃谓前后除目,无如此除稳惬。然军垒地望不高,无辞卑居尊之嫌。远方自如,无掣肘牵制之患。吾丈平昔惓惓君民志念,未尝少忘。幡然一起,既可以承领朝家美意,又可以泽及一方,使世少见儒者之效,所系自不轻也。善类衰微,元气漓薄,稍有萌动,政当扶接导养。虽如孔、孟,交际苟善,未有不应之者。若到官后,或有龃龉,则卷舒固在我也。目前相识作郡,粗能行志者不少,况学力之深,德望之积,上下自应孚信,亦何龃龉之虑耶?若意未能已,犹欲自列,须令其辞平稳。若不允,则便宜受命,不可至于再也。苟恳辞不已,纷纷者便以长往不来见处,甚者将有厌薄当世之议,使上之人贪贤乐善之意,由此少怠,亦可惜也。"②从复信中,知吕氏根本没提韩元吉,似未曾替朱子去求助韩元吉,依然是谆谆开导、规劝,说如此坚持下去,绝无好处,"使上之人贪贤乐善之意,由此少怠",后果也很严重。

朱子的性格固执,一旦决定,委难回改。吕氏看朱子也着急起来,似乎真的去求了"当路",而且不只一次。结果让朱子很失望,已无商量、回旋的余地。吕氏把内情都告诉了朱子:"某伏蒙疏喻,即以达之当路,凡雅志所欲言者,悉为启白。而贪贤之意,确然莫夺,遂以向与刘圭父议者,与之商量。今不许辞免旨挥与任满奏事偕下。诏旨既严,又省往来之劳,斟酌得亦曲尽。恐当勉强一出,以承美意。若到官,或有龃龉,则如陶彭泽翩然赋归山林之乐,盖未失也。若深关固拒,使知吾意之所存无几,而滔滔之徒,便有愤世疾邪之论矣。"③在这种情况下,吕氏以为朱子继续犟着,不是办法,于是劝

---

① 朱熹:《答吕伯恭书》,《晦庵先生朱文公文集》卷二十五,朱杰人、严佐之、刘永翔主编:《朱子全书》第 21 册,第 1127 页。
② 吕祖谦:《与朱侍讲》,黄灵庚、吴战垒主编:《吕祖谦全集》第 1 册,第 426 页。
③ 吕祖谦:《与朱侍讲》,黄灵庚、吴战垒主编:《吕祖谦全集》第 1 册,第 426 页。

朱子："复有趣行堂帖,谨以拜纳,恐须勉强一至治所。若相事势果不可为,则引疾丐祠,却是常程事。辞免则碍旨挥,到任丐祠则非辞免也。又载疾之官,亦见奉命之共。才文字到,便可得却,无今日许多牢攘也。况江东帅、漕、宪、监,皆旧相知,或素慕用,上下相应,当无龃龉。或粗可施展,使一方之民息肩,亦岂小补哉? 钦夫得书,亦以为须一出为善,虽去就出处素有定论,然更须斟酌消息,勿至已甚。苟一向固拒,则上之人谓贤者不肯为用,于大体却有害也。"①事已至此,朱子不得已将准备出仕,一方面对吕氏"诲谕辞受之说甚详,盖一出于忠诚义理之心,非世俗欣厌利害之私所能及。三复玩味,使人心平气和,恨其闻之晚也"②,似不尽感激之意。另一方面承认自己禀性"褊狭",心知其非,而往往做不到,觉得很是痛苦。前途茫茫,世事难料,情绪也有些悲观,甚至还作好了被"窜谪"的打算:"近日觉得凡百应接,每事须有些过当处,不知如何整顿得此身心四亭八当,无许多凹凸也? 耐烦忍垢之诲,敬闻矣。今大纲固未尝敢放倒,但不免时有偷心,以为何为自苦如此? 故事有经心而旋即遗忘者,亦有不敢甚劳心力而委之于人者,亦有上说不从、下教不入而意思阑珊因循废弛者。此两月来,既得不允指挥,不敢作此念。又为狂妄之举,准备窜谪,尤不敢为久计。身寄郡舍,而意只似燕之巢于幕上也。言事本只欲依元降指挥条具民间利病,亦坐意思过当,遂杀不住,不免索性说了。从头彻尾,只是此一个病根也。"③总之,朱子出知南康是消极被动的、极不情愿的。

反观吕氏的官职,至多京都的秘书省秘书郎、国史院检讨官、实录院检讨官,"铅椠事业","不过区区缀缉简牍,外此无所关预"④。但是,"史事以文

① 吕祖谦:《与朱侍讲》,黄灵庚、吴战垒主编:《吕祖谦全集》第 1 册,第 428 页。
② 朱熹:《答吕伯恭书》,《晦庵先生朱文公文集》卷三十三,朱杰人、严佐之、刘永翔主编:《朱子全书》第 21 册,第 1468 页。
③ 朱熹:《答吕伯恭书》,《晦庵先生朱文公文集》卷三十四,朱杰人、严佐之、刘永翔主编:《朱子全书》第 21 册,第 1504 页。
④ 吕祖谦:《与朱侍讲》,黄灵庚、吴战垒主编:《吕祖谦全集》第 1 册,第 422 页。

籍不备,阙遗处极多,但是非邪正所系,不敢草草也"①,故"勉自鞭策,粗不旷废"②,可谓是竭其心力,克尽其职。身为京官,吕氏有对班机会,可以面向君上直陈己见。吕氏将此看得特别重要,想着如何进尽善言,打动君心。与朱子书说:"对班不出数十日间,愚虑之所及者,敢不展尽?政虑诚意浅薄,无以感动耳。回互覆藏,徒为崎岖,决无所益,此病久已知之矣。"③又说:"今日先务,恐当启迪主心,使有尊德乐道之诚,众建正人以为辅助,待上下孚信之后,然后为治之具,以次而举可也。"④从其言论中看,吕氏总是在寻求机会,为国家尽力,为儒者争一成事立功的"样辙","使一方之民小小休息,亦不为无补"⑤。总之,相比之下,吕氏出仕的态度是积极的。后来,朱子任职南康,全力"以旱暵祈禳奔走,日日暴露,不得少休","又不得不为救荒之备"。⑥ 吕氏得知后"不胜欣怿",复书百端鼓励:"荒政措画次第,无所不用其极。寻常小郡,患于叫唤不应,如南康今日事体则不然。苟为民而屈至诚恳恻无疑外,入细商榷,使彼可从,自应有济。但恐辞气劲厉,在事者便谓欲独为君子,愈扞格不可入耳。其他皆高明所洞达,独此说似可为献也。……前书拜禀,盖谓世衰道微,正欠人担荷此事,幸而有之,唯愿其进德修业,日新又新,使学者有所矜式而已,非于此有所疑也。示喻自反深切,益令人叹服。'当仁不让'、'检身若不及'两句,初不相妨,坚任道之志,而致细察之功,乃区区所望也。"⑦朱子出任治政有成效,吕氏看得比自己还重,再三关照朱子,"荒政既粗可枝梧,又诸公略相应副,自无辞求去,只得为民少屈,以须终更也"⑧。

---

① 吕祖谦:《与朱侍讲》,黄灵庚、吴战垒主编:《吕祖谦全集》第 1 册,第 422 页。
② 吕祖谦:《与朱侍讲》,黄灵庚、吴战垒主编:《吕祖谦全集》第 1 册,第 425 页。
③ 吕祖谦:《与朱侍讲》,黄灵庚、吴战垒主编:《吕祖谦全集》第 1 册,第 422 页。
④ 吕祖谦:《与朱侍讲》,黄灵庚、吴战垒主编:《吕祖谦全集》第 1 册,第 404 页。
⑤ 吕祖谦:《与朱侍讲》,黄灵庚、吴战垒主编:《吕祖谦全集》第 1 册,第 433 页。
⑥ 朱熹:《答吕伯恭书》,《晦庵先生朱文公文集》卷三十四,朱杰人、严佐之、刘永翔主编:《朱子全书》第 21 册,第 1508 页。
⑦ 吕祖谦:《与朱侍讲》,黄灵庚、吴战垒主编:《吕祖谦全集》第 1 册,第 435 页。
⑧ 吕祖谦:《与朱侍讲》,黄灵庚、吴战垒主编:《吕祖谦全集》第 1 册,第 436 页。

朱、吕出处的差异，确实有些令人意外。朱子后来也是如此，仅淳熙九年(1182)，三辞官：八月，除直徽阁，辞；改除江西提点刑狱，辞；十一月，诏与江东提刑梁总两易其任，再辞。急流勇退，既是性格所致，又是著书怀抱所系。吕氏则锐意进取，只在淳熙六年(1179)，由于身体原因，不得已才请辞参议官。这也是其性格、怀抱所致。由此也看出了二人国家情怀、修己成物的差异。

四、从朱、吕书简看二人处世待物异同

朱、吕在如何对待苏轼遗产问题上明显存在分歧。吕氏批评朱子："尚有欲言者，吾道本无对，非下与世俗较胜负者也。汪丈所谓'道不同不相知'，昨因其说，既而思之，诚未允当。但详观来谕，激扬振厉，颇乏广大温润气象，若立敌较胜负者，颇似未弘。如注中东坡字改为苏轼，不知以诸公例书名而厘正之耶？或者因辨论有所激而加峻耶？出于前说固无害，出于后说则因激增怒于治心，似不可不省察也。"①吕氏从朱子的一条注释中，发现"东坡字改为苏轼"，本来尊称其号而后改为直呼其名，有意贬斥苏轼，是显得不够"广大温润"。苏洵及其二子苏轼、苏辙，称为"苏氏蜀学"，在北宋时期影响极大，至南宋仍有余烈。苏学虽然不纯，如苏轼崇道、佞佛，而其主体上还是归属儒教圣学。父子三人忠事朝廷，致君尧舜，不乏值得赞许、珍视的谠言嘉谋。吕氏于《读诗记》《丽泽论说集录》《左氏传说》《通鉴详节》《十七史详节》等著作中，均大量正面引用三苏的谠论，其编《古文关键》《皇朝文鉴》等选用三苏各类诗文也是甚多的，专门编纂过《标注三苏文集》。吕氏以苏学非异端，三苏至多是唐勒、景差之流文人，没必要去"深辨"。说"孟子深斥杨、墨，以其似仁义也。同时如唐勒、景差辈，浮词丽语，未尝一言与之辨。

① 吕祖谦：《与朱侍讲》，黄灵庚、吴战垒主编：《吕祖谦全集》第 1 册，第 397 页。

岂非与吾道判然不同,不必区区劳颊舌较胜负耶?某氏(似指东坡)之于吾道,非杨、墨也,乃唐、景也,似不必深与之辨"①。朱子对三苏不那么宽容,直接打入异端:"示喻苏氏于吾道不能为杨、墨,乃唐、景之流耳。向见汪丈亦有此说。熹窃以为此最不察夫理者。夫文与道,果同耶?异耶?若道外有物,则为文者可以肆意妄言而无害于道。惟夫道外无物,则言而一有不合于道者,则于道为有害,但其害有缓急深浅耳。屈、宋、唐、景之文,熹旧亦尝好之矣。既而思之,其言虽侈,然其实不过悲愁、放旷二端而已。日诵此言,与之俱化,岂不大为心害?于是屏绝不敢复观。今因左右之言,又窃意其一时作于荆楚之间,亦未必闻于孟子之耳也。若使流传四方,学者家传而人诵之,如今苏氏之说,则为孟子者亦岂得而已哉?况今苏氏之学,上谈性命,下述政理,其所言者非特屈、宋、唐、景而已。学者始则以其文而悦之,以苟一朝之利,及其既久,则渐涵入骨髓,不复能自解免。其坏人材,败风俗,盖不少矣。伯恭尚欲左右之,岂其未之思邪?其贬而置之唐、景之列,殆欲阳挤而阴予之耳。向见正献公家传,语及苏氏,直以浮薄谈目之,而舍人丈所著《童蒙训》,则极论诗文必以苏、黄为法,尝窃叹息,以为若正献、荥阳,可谓能恶人者,而独恨于舍人丈之微旨有所未喻也。然则老兄今日之论,未论其它,至于家学,亦可谓蔽于近而违于远矣。更愿思之,以求至当之归,不可自误而复误人也。"②在朱子看来,除了一个"道"之外,别无他物。朱子既然承认苏学也"上谈性命,下述政理",难道没有一点可取之处?采取如此"屏绝不敢复观"态度,攻其一端,不及其余,"区区显然劳颊舌较胜负",显然气度局狭,不够开阔。

　　朱、吕书简亦论及与陆九龄、陆九渊兄弟的学术异同。孝宗淳熙二年(1175)五月,在吕氏倡导、撮合下,朱子与陆氏兄弟相约于江右铅山的鹅湖

---

① 吕祖谦:《与朱侍讲》,黄灵庚、吴战垒主编:《吕祖谦全集》第1册,第399页。
② 朱熹:《答吕伯恭书》,《晦庵先生朱文公文集》卷三十三,朱杰人、严佐之、刘永翔主编:《朱子全书》第21册,第1428页。

寺交流切磋,这就是驰名史册的"鹅湖之会"。朱子本意是劝陆氏兄弟合归于己,论辩十多日,谁也说服不了谁,反倒是陆氏兄弟占了上风。吕氏初始偏袒朱子,后觉陆氏兄弟不无有理,"甚有虚心相听之意"①。最后吕氏总结说:"元晦英迈刚明而工夫就实入细,殊未可量;子静亦坚实有力,但欠开阔耳。"②对此,朱子是不满意的,以为吕氏是在朱、陆间"和泥合水"。其实,这正是朱、吕在处世待物态度上的差异。吕氏也不是那种一味迁就、不讲原则的人。吕氏以为"大抵论义理、谈治道、辟异端,则不当有一毫回避屈挠,至于说自己及著实朋友,只当一味敛缩"③。对于陆氏兄弟这样的"著实朋友",则需要有耐心,存同求异,更多地予以鼓励、引导,而不是"较胜负",加以排斥。之后,吕氏每看到陆氏兄弟进步,不无喜悦地告诉朱子:"陆子寿前日经过,留此二十余日,幡然以鹅湖所见为非,甚欲著实看书讲论,心平气下,相识中甚难得也。近因荆州之赴,深思渠学识分晓周正如此,而从游之士往往不得力。记得往年相聚时,虽未能尽领解渠说话,然觉得大段有益,不知其他从游者,何故乃如此。"④又说:"陆子静留得几日,讲论必甚可乐。不知鹅湖意思已全转否?若只就一节一目上受人琢磨,其益终不大矣。大抵子静病在看人而不看理。只如吾丈所学十分是当,无可议者。所议者只是工夫未到耳,在吾丈分上,却是急先务,岂可见人工夫未到,遂并与此理而疑之乎?"⑤吕氏以为不能局限于"一节一目"的小问题,若从全局整体看待,则陆氏兄弟自有长处。虽"子静病在看人而不看理",而朱子不能也是"看人而不看理",急先要务是自己的"工夫"。这个"工夫",不外乎"躬自厚而薄责于人"(《论语·卫灵公》),从自身之处用力克服,那是所说"著实朋友,只当一味敛缩"、谦让、包融。不久九龄去世,闻此噩耗,吕氏痛惜不已:"陆子寿不

① 钟哲点校:《陆九渊集》卷三十四《语录》上,第 428 页。
② 吕祖谦:《与陈同甫》,黄灵庚、吴战垒主编:《吕祖谦全集》第 1 册,第 472 页。
③ 吕祖谦:《与朱侍讲》,黄灵庚、吴战垒主编:《吕祖谦全集》第 1 册,第 418 页。
④ 吕祖谦:《与朱侍讲》,黄灵庚、吴战垒主编:《吕祖谦全集》第 1 册,第 433 页。
⑤ 吕祖谦:《与朱侍讲》,黄灵庚、吴战垒主编:《吕祖谦全集》第 1 册,第 437 页。

起,可痛。笃学力行,深知旧习之非,求益不已,乃止于此,于后学极有所关系也。痛！痛！"①反观朱子,其关心的问题,只是陆氏兄弟是否回心转意,对二陆鹅湖论辩、斥其"支离",仍然耿耿于怀。朱子复书吕氏说:"近两得子寿兄弟书,却自讼前日偏见之说,不知果如何?"②其"不知果如何",似对吕氏褒美陆氏兄弟之语有些怀疑。又说:"子寿相见,其说如何? 子静近得书。其徒曹立之者来访,气质尽佳,亦似知其师说之误。持得子静近答渠书与刘淳叟书,却说人须是读书讲论,然则自觉其前说之误矣。但不肯翻然说破今是昨非之意,依旧遮前掩后,巧为词说,只此气象却似不佳耳。"③朱子看到二陆已接受了"读书讲论",而又说"依旧遮前掩后",抓住人家把柄,不肯放过。朱子又说:"子寿兄弟得书,子静约秋凉来游庐阜,但恐此时已换却主人耳。渠兄弟今日岂易得? 但子静似犹有些旧来意思。闻其门人说,子寿言其虽已转步而未曾移身,然其势久之,亦必自转。回思鹅湖讲论时是甚气势? 今何止什去七八耶?"④朱子仍然耿耿于鹅湖讲论,"子静似犹有些旧来意思",没有改变。朱子在予张栻书中也说:"子寿兄弟气象甚好,其病却是尽废讲学而专务践履,却于践履之中,要人提撕省察,悟得本心,此为病之大者,要其操持谨质,表里不二,实有以过人者。惜乎其自信太过,规模窄狭,不复取人之善,将流于异学而不自知耳。"⑤由此可知,朱、陆学术异同,固然是治学路径的差异,但是也不可否定,其中也系于朱子的不容人于异、苛求于人的处世待物的态度。

经吕氏介绍、荐引,朱子和陈亮相识。吕氏与朱子书说:"陈同甫近一二

① 吕祖谦:《与朱侍讲》,黄灵庚、吴战垒主编:《吕祖谦全集》第1册,第436页。
② 朱熹:《答吕伯恭书》,《晦庵先生朱文公文集》卷三十四,朱杰人、严佐之、刘永翔主编:《朱子全书》第21册,第1476页。
③ 朱熹:《答吕伯恭书》,《晦庵先生朱文公文集》卷三十四,朱杰人、严佐之、刘永翔主编:《朱子全书》第21册,第1493页。
④ 朱熹:《答吕伯恭书》,《晦庵先生朱文公文集》卷三十四,朱杰人、严佐之、刘永翔主编:《朱子全书》第21册,第1504页。
⑤ 朱熹:《答张敬夫》,《晦庵先生朱文公文集》卷三十一,朱杰人、严佐之、刘永翔主编:《朱子全书》第21册,第1350页。

年来，却翻然尽知向来之非，有意为学，其心甚虚，而于门下乡慕尤切。但渠目下以家事势未能出，两三年间必专往求益也。"①但是，在朱子复吕氏书中，不见有议论同甫之事。至吕氏下世的第二年，即淳熙九年（1182），朱子以提举两浙东路常平茶盐公事，巡历绍兴、婺州、衢州等地，陈亮专程拜会朱熹，朱、陈开始相交。就在此年，朱子奏劾台州太守唐仲友，六度上状朝廷，给唐罗织了"促限催税""违法扰民""贪污淫虐""蓄养亡命""偷盗官钱""伪造官会"等罪名，"震动一世"。陈亮也被牵扯进去，说是为朱子"诬构"唐罪状，实在是冤枉了陈。② 宋孝宗"令宰属看详，都司陈庸乞令浙西提刑委清强官究实"，知这些罪状皆不堪复案。"其实皆浮言，非事实，善乎王丞相对孝宗曰：'穷措大争文章。'盖公论也。"③孝宗也委婉劝朱子："浙东之事，朕自知之。"④若吕氏还在世，真不知其作何感想？ 之后，朱、陈交往之所以越来越疏，固然出于"义利王霸"之争，道不同不相为谋，恐怕又是朱子的待物苛刻而容不得其门下异说"张王"矣。

永嘉薛季宣、陈傅良、叶适等倡导事功之学，和陈亮同调，都与吕氏有很深交谊，也一一向朱子荐引。朱子与吕氏书说："薛湖州（薛季宣曾知湖州）昨日又得书，其相与之意甚勤。闻其学有用，甚恨不得一见之。然似亦有好高之病，至谓'义理之学不必深穷'，如此则几何而不流于异端也耶？ 其进为甚骤，亦所未晓。因书幸见告以其所自。"⑤其眼光尖刻，一望到底，人家短处无所遁形。而吕氏复朱子书说："薛士龙（薛季宣）归涂道此留半月，向来喜事功之意颇锐，今经历一番，却甚知难。虽尚多当讲画处，然胸中坦易无机械，勇于为善，于世务二三条，如田赋、兵制、地形、水利，甚曾下工夫，眼前殊

① 吕祖谦：《与朱侍讲》，黄灵庚、吴战垒主编：《吕祖谦全集》第1册，第429页。

② 黄灵庚：《唐、朱交恶辨正》，《中国文化研究》2009年第3期。

③ 张枢：《敝帚编》（已佚），引文见清张作楠《补唐仲友补传》转引，光绪二十四年金华倪氏刊本。

④ 《朱熹传》，《宋史》第36册，第12757页。

⑤ 朱熹：《答吕伯恭书》，《晦庵先生朱文公文集》卷三十四，朱杰人、严佐之、刘永翔主编：《朱子全书》第21册，第1437页。

少见其比。渠亦甚有惓惓依乡之意,'义理不必深穷'之说,亦尝扣之,云初无是言也。"①吕氏并非不知其学之病,总是看人家长处,包融气象无处不见,后得知薛去世,伤心不已,说:"薛士龙七月后以疾不起,极可伤。其为人坦平坚决,其所学确实有用,春来相聚,比旧甚虚心。方欲广咨博访,不谓其止此也。"②朱子于复吕氏书简,只表示"可骇可叹"③,再不议及薛季宣学问。两相比较,颇耐人寻味。

上述所见,朱、吕对于不同政见、不同学术,处置方式也甚不同:朱子倾向于分离、切割,壁立千仞,多苛责于人;吕氏则主张协调、包容,海纳百川,专内省于己。

（本文作者为浙江师范大学人文学院教授）

---

① 吕祖谦:《与朱侍讲》,黄灵庚、吴战垒主编:《吕祖谦全集》第 1 册,第 412 页。
② 吕祖谦:《与朱侍讲》,黄灵庚、吴战垒主编:《吕祖谦全集》第 1 册,第 416 页。
③ 朱熹:《答吕伯恭书》,《晦庵先生朱文公文集》卷三十三,朱杰人、严佐之、刘永翔主编:《朱子全书》第 21 册,第 1439 页。

晚清江南军机大臣稿钞日记五种述略

张　剑

提　要：近代处于中西碰撞的特殊时代，近代人物日记也因而具有特殊的价值，特别是处于权力中枢的军机大臣的日记，价值更为丰富；但是多数日记系行草手稿，深藏秘阁，颇难为世人闻知。今择何汝霖、季芝昌、沈兆霖、许庚身、廖寿恒的手稿日记略作介绍，以供学人参考。

关键词：晚清日记　何汝霖　季芝昌　沈兆霖　许庚身　廖寿恒

晚清是中国近代史的开端，晚清军机大臣作为中枢权力机关的核心成员，在其中扮演了重要角色，对晚清政治、经济、文化、文学等都有不同程度的影响。他们不少人留有日记传世，备受世人关注；目前已有多部日记得到整理出版，如祁寯藻日记、李棠阶日记、王文韶日记、翁同龢日记、孙毓汶日记、额勒和布日记、鹿传霖日记、荣庆日记、张之洞日记、袁世凯日记、载沣日记、那桐日记、徐世昌日记等，但仍有部分军机大臣的稿本日记处于秘藏或未整理状态，今择五位曾任军机大臣的江浙著名人物的稿本日记略作介绍，以供学人参考。

一

何汝霖(1781—1853)，字雨人，江宁(南京)上元人。嘉庆十八年，三十三岁时始得拔贡；道光五年，四十五岁时始中举人；充军机章京，累迁都水司郎中；历内阁侍读学士、大理寺少卿；道光二十年，六十岁时命在军机大臣上行走，历宗人府丞、副都御史；道光二十五年擢兵部尚书；道光二十七年五月丁母忧，回乡守制；道光二十九年八月服阕，命以一品顶戴署礼部侍郎，寻署户部尚书，仍直军机处，授礼部尚书。以病卒。

何汝霖所遗两册日记手稿，现藏于上海图书馆。字迹极度潦草，难以辨识，故长期未能为人有效利用。其中一册封面题"日记（丁未年八月十二日起至戊申年十二月二十九日），上册"，106页，蓝格，每半页九行；一册封面题"日记（己酉年元旦至八月十四日止），下册"，79页，蓝格，每半页九行。时间为道光二十七年丁未至道光二十九年己酉其回籍守制时期，内容皆居乡时的一己见闻与感受，本色自然，极具性情，真实展现出一位达官显贵的乡居生活，尤其是他用较大篇幅和较多细节记录了在其他史料中难以接触到的基层人物（仆人、塾师、市井亲友等），是非常珍贵的资料。如对徐妪这位爱搬弄是非的多嘴女佣，何汝霖的记载就很生动：

> 徐妪多言而燥，哓哓不休，令人生厌，而其作事尚不过滑，故可容之。（道光二十八年三月五日）
>
> 恨徐妪多嘴多事之病，日甚一日，且与定儿时时拌舌，闻之生厌。驱之不能，惟有忍气受之而已。（道光二十八年六月二日）
>
> 徐妪高声乱嚷，且与定保见则喧闹，毫无忌惮。伊母忍之，昨几成气臌，服药多剂乃渐好，奈何奈何！且人家老婆子来，彼必无所不说，生出无穷口舌，寓中男家人事，彼必多管，乱出主意，动则口称要回京，几乎将我气坏。忍之万分，愈觉扬气。最与大陈桂之陈嫂合式，来必谈至半天方去。陈嫂之在我家，从前惯说是非，可以想见矣。（道光二十八年七月一日）

何汝霖所说家乡的"陈嫂"，和徐妪一样，都是爱搬弄是非的长舌妇，以前在何家还差点惹出人命来，①徐、陈两个老妈子凑在一起，家中自然鸡飞狗跳，不得安宁。但就是对这位爱搬弄是非的多嘴女佣，虽然其"谬丑日甚"，几乎将人气坏，何汝霖也只是"忍之而已"（道光二十八年九月三十日）。在何氏日记中，这些仆人绝非一个个抽象的低贱符号，而是皆具性情、各有脾气的活生生的人。正因为如此，何氏的记载才具有重要的社会史和生活史价值。

另外，何汝霖还以每日记录天气、水况的方式，为道光年间两次最大的水灾留下了详尽珍贵的气象学、水利学、灾害学数据；他对江苏吏治败坏和绅风不竞的无情揭露，也具有重要的政治史和地方文化史意义。

如对江宁知府沈濂（号莲溪）在道光二十九年赈灾时所作的评价：

> 林章甫来谈府县视民灾甚不紧要，闻制军所议，颇叹其迂，而沈濂尤滑不可名。言秋冬大赈，必糟可知。徐之糊涂，私挪捐款，已属不成事体，沈则深詈之，而反与众绅为难。秣陵吏治坏极矣。（道光二十九年六月十七日）
>
> 早赴护国庵看章甫，谈抚恤事，甚言沈莲溪全无人味，毫不关心，凡督藩所急办者，多方阻挠，真无心肝者也。（道光二十九年六月十九日）

有力针砭了基层官吏的麻木、自私和腐败，他甚至将道光末年的大水灾归结于吏治之坏："彼苍之怒甚深，良由江省今日吏治人心风俗，事事皆坏到极处也"（道光二十九年六月十日）。这当然是一种愤激之言，但作者身居高位，能做如此表达，其情怀、见识自有一般人物难以企及之处。

由于何汝霖个性直率，臧否人物毫不掩饰留情，兼之他有将家信内容摘

---

①　上海图书馆藏何兆瀛《家书汇存》"申字十九号"（道光二十八年七月廿九）家书载："徐妪多嘴多事，殊为可厌。陈妪犹在人间，亦属奇事，伊前在吾家挑弄是非，几乎酿出人命来，此番犹有老脸进门，尤属奇事。"

录于日记中的习惯,故所记远较一般日记细微详实、形象生动。

二

  季芝昌(1791—1861),原名震,字云书,号仙九,别署丹魁堂主,江苏江阴人。道光十二年进士,授编修。十三年,督山东学政。十九年,晋詹事,典江西乡试。二十年,督浙江学政。母忧归,服阕,擢内阁学士。二十三年,授礼部侍郎,督安徽学政。二十七年,充会试知贡举,署户部左侍郎,兼管三库事务。二十八年,调补户部仓场侍郎,命偕定郡王载铨筹办长芦盐务,清查天津仓库。二十九年,偕大学士耆英赴浙江阅兵,并清查仓库,筹办盐务,授山西巡抚,未一月,召署吏部侍郎,命在军机大臣上行走。寻授户部侍郎。三十年,擢左都御史。咸丰元年,出为闽浙总督。二年,兼署福州将军,寻以疾乞休。久之,卒于家。

  季芝昌日记,稿本,六册,南京图书馆藏。前五册均为红格稿本,每半页八行,第六册为蓝格稿本,每半页九行。

  前五册系季氏道光二十九年四月至咸丰十年十一月日记。

  第一册封面题"己酉浙楂日记、晋程日记",下钤"静含居士"朱文印,印下又题"归田日记"。正文约 77 页,首页钤"南京图书馆藏"朱文印,所记时间为道光二十九年(1849)己酉四月十六日至九月十三日(道光二十九年七月二十四日后钤"席月心樵"朱文印,九月十三日后钤"不失鸽斋"朱文印)。内容为前往浙江查阅营伍,并清查仓库,酌办盐务,顺道查询东南两河节浮费、裁冗员并体察浙江两省漕粮改折情形事宜,以及赴任山西巡抚,寻受命还京行程。是册后面又录咸丰二年壬子十二月初七至咸丰三年癸丑六月三十日记,末页钤"海虞沈传甲经眼"朱文印,此当归入第三册"归田日记"之前。

  第二册,封面题"辛亥闽程日记",钤"延年益寿"朱文印、"静含居士"朱文印、"美意延年"白文印。正文约 92 页,所记时间为咸丰元年辛亥六月十六日至十二月三十日、咸丰二年壬子十二月初七至三十日，首页钤"南京图书馆藏"朱文印、"海虞沈传甲经眼"朱文印，末页镌"海隅侨客"朱文印、"海虞沈传甲经眼"朱文印。内容为赴任闽浙总督行程及任上事。

第三册，封面题"归田日记"，下镌"海隅侨客"朱文印、"主恩未报耻归田"朱文印，旁书"癸丑七月至乙卯八月"。正文约 89 页，首页钤"南京图书馆藏"朱文印、"海虞沈传甲经眼"朱文印。所记时间为咸丰三年癸丑七月一日至咸丰五年乙卯八月三十日。

第四册，封面题"养余日记"，下钤"养余逸叟"白文印，旁书"乙卯九月至戊午八月"。正文约 92 页，首页钤"南京图书馆藏"朱文印。所记时间为咸丰五年乙卯九月一日至咸丰八年戊午八月三十日。

第五册，封面无字，观其内容当为"养余日记"之接续。正文约 70 页，首页钤"南京图书馆藏"朱文印、"海虞沈传甲经眼"朱文印。所记时间为咸丰八年九月初一日至咸丰十年十一月二十九日。

第三册至第五册内容均为季氏回常熟养病，晚年乡居诸事，尤详于日常应酬、诗酒唱和，可与其诗文集对读。如咸丰四年五月数则日记：

> 初三日，晴。子方来。忽患手战，戏作五古一首。
> 初六日，晴。吴冠英来。晓枕酬伯田端午一首。子方属题《庞德公隐居图》，得五古一首。
> 初七日，晴。骤热。酉刻阵雨颇甚。芟竹，得诗一首。
> 初八日，午前雨，午后晴。昆圃送杜鹃花，得七绝三首。
> 十二日，云阴时多，虽未成雨，已有凉气。偶成七绝二首。
> 十三日，五更有疏雨，竹醉日种竹，得七绝四首。

检其《丹魁堂诗集》，则可对应为《手颤戏作》《端午酬伯田》《庞公隐居图为子方同年作》《芟竹》《庞昆圃送杜鹃花》《偶成》《竹醉日种竹》，颇便于知人论文,并为其作品系年。

第六册封面无字,正文约 16 页。首页首行题"感遇录",下镌"南京图书馆藏"朱文印。内容为季氏历述其所受皇恩之记载。本册后粘有夹页,系季芝昌手书遗折草稿,又有一纸,钤印数方,为季氏曾用之印,分别为"观生物气象"朱文、"因树巢"白文、"怡云"朱文、"绮里"朱文、"静含居士"朱文、"仙翁"白文、"樗甘老人"朱文、"金粟山房"白文、"季氏仙九"朱文。"感遇录"曾有印本,但内容较稿本为少。如印本此段文字:"壬辰殿试,进呈十卷,余列第二。成庙既拆首卷,以次卷墨色过薄,拔第七卷墨浓者置第二,而余为第三。既引见,侍郎李劳龄师退而色喜曰:'鼎甲尽出余手矣。'盖御史分卷时,三人皆在李所也。"稿本此后尚多一段文字:

是科读卷者枢相曹太傅为首,衡量公虚如此。及丁未殿试,余以少宰与读卷,相国窦文庄必欲一甲尽出其手,原拟第三卷字体多讹,同列皆拟黏贴黄签,文庄怫然不悦。进呈时成庙定首、次卷,指第三卷中误字示诸臣,乃拔七卷庞钟璐第三,而置原拟者为第十,同列无不快之。

两相对照,信有收获。遗憾的是,季芝昌军机日记和在闽浙总督任上的大部分日记被人窃去。然即其留存日记而言,亦有助于晚清政治史、经济史、社会史、生活史、文学史之研究,值得重视。

三

沈兆霖(1801—1862),字尺生,号雨亭,后改朗亭,又号黄井生,钱塘人。道光十六年进士,选庶吉士,授编修。二十五年,迁司业。二十六年,迁侍讲,入直上书房。二十九年,迁侍讲学士,直南书房。历詹事、内阁学士。咸丰元年六月,充江西乡试正考官。二年,擢吏部侍郎,督江西学政。四年,因病回籍调理。五年,仍署吏部侍郎,直南书房,寻兼署工、兵二部。六年,授吏部侍郎,调工部,复调户部。八年,命往通州察核通济库。九年,擢左都御史。十年,署户部尚书,补兵部尚书,又调户部尚书。十一年,穆宗即位,命充军机大臣。同治元年,署陕甘总督,督兵进击撒回,降之。七月,师还,次平番二道岭沟,山水骤发,兆霖及从行兵役并没。赠太子太保,谥文忠。有《沈文忠公集》《使西江草》《重使西江草》传世。

沈兆霖日记,附于中国科学院图书馆所藏沈氏《使西江草》《重使西江草》中,字迹工整,当系请人誊写的清稿本。其《使西江草》一册,系记录沈氏咸丰元年赴任江西乡试正考官之始末经过,前为诗词,后为日记,日记自咸丰元年六月二十三日至十月三日;《重使西江草》一册,系沈氏咸丰三年江西学政任上按试各府县之记录,前为诗歌,后为日记,日记自咸丰三年二月二日至十一月三日。

咸丰元年日记多记往返行程中对沿途官员的印象及当地风景、民情、收成等,如七月二十四日:"辰刻行,一路山水萦结,四十里抵太湖县。晤县令张宝融(字凝初,行一),河南辛丑进士,谈颇久,犹是读书本色,述及境内丰稔,喜形于色,可谓心孚民者矣。"九月初六日:"卯刻行,尖泒河,一路平旷,迥殊舒城以南风景。晚禾尚半没水中,循护城河,经包孝肃祠达庐州郭外行馆。太守胡君元炜、县令吴君祥麟皆以捕事出,未晤。庐凤民俗强悍,劫案恒有,缉捕几无虚日。大率皖省滨江滨湖一带急务,莫如防圩捕匪,诚能行以实心,弗为涂饰,兼与文教以弭其暴悍之气,庶几渐可挽回,否则守土者身其余几耶。"

咸丰三年日记不仅记载江西各府县科场状况、生童习气,于当地风土、货物、人情及沿途山川风景亦颇留意。如:

二月十日,卯刻行,自元塘至白眉渡,山匝水匝,厓上多小松,踯躅花正开,或黄或红,与碧草相间,烂如绮绣。积雨水足,舟行轻利,惟自临江登舟后天气极寒，披裘犹自瑟缩，不能四拓蓬窗，一舒野目耳。过白眉渡，山色益奇秀，一重一掩，岩脚在水，巨石隐见，滩声盈耳，仿佛严江七里滩也。

九月廿八日，卯刻行，经数滩，极难上，巳刻方抵南安城。城分南北，北城为廨署考院，南城则商贾聚集之地，中以横浦桥联属之。城高而坚，市井亦尚繁盛，试院不甚宽，而屋明敞。试过各棚，唯此于校阅最宜。棚分东西，仅一千余号，外无围墙，不易稽察。南安近粤，去南雄州百二十里，至庾岭三十里，天气亦与各府迥异，十月上旬尚不能披棉，蚊蚋甚多，蚊之大几与蝇等。粤货皆有食蕉果，形如大皂角，而数十实以一蒂承之，皮深青，去皮，肉白色，未熟者稍涩，熟则甘如饴云，性凉，亦所未尝也。南安文风以南康为冠，谢、卢二姓尤多应试者，上犹、崇义次之，最下为大庾。

一则文笔优美，仿佛山水游记；一则文法谨严，叙事要言不烦，颇见沈氏才力。由于咸丰三年太平军已入江西，故沈兆霖日记对其相关传闻及各地团练情况均详加记录，如五月二十日所记长达二千余字，对官民关系、如何团练及盛于江西抚、建、宁、赣一带的边钱会均有论及，可备史乘采撷。

乡试主考官和学政皆为朝廷钦命，本有代皇帝访察各地之任务，而沈兆霖供职南书房，于此尤为用心。皇帝对其意见也很重视，《清史稿》本传载："（咸丰）三年，粤匪自武昌下九江，兆霖请速援南昌。上谘以军事，兆霖奏言……得旨允行。"[1]

沈氏资料，存世不多，日记尤其罕见，幸此两册稿本中尚存残篇，堪称宝贵。

---

① 《清史稿·沈兆霖传》卷四百二十一，中华书局，1977年，第12149页。

四

许庚身（1825—1894），①字星叔，又字吉珊，浙江仁和（今杭州）人。咸丰初，由举人考取内阁中书。后充军机章京。同治元年进士，累迁鸿胪寺少卿，母忧归。服竟，迁内阁侍读学士，入直如故。进《春秋属辞》，被嘉奖。补光禄寺卿。曾典试贵州，督江西学政。光绪四年，授太常寺卿。擢礼部侍郎，调户部、刑部。十年，法越事起，充军机大臣，兼总理各国事务。十四年，晋兵部尚书。十九年十一月三十日卒，谥恭慎。

许庚身日记，稿本，五册，其中二册藏国家图书馆，三册藏上海图书馆。国家图书馆所藏，系许恪儒先生捐赠，第一册封面题"春明日记第三本"，系同治十年全年日记；第二册封面题"日记第二本，丁丑九月起戊寅十月止"，时间起止为光绪三年九月初一日至光绪四年十月二十九日。皆系许庚身任军机章京时的日记，记录朝中政事较为谨慎，而多记每日天气、日常酬接等，尤详于读书活动，观之可窥许氏知识结构。许恪儒先生曾将此两册标点，定名《许庚身春明日记》，收入《晚清文献七种》（齐鲁书社 2014 年出版）。

上海图书馆所藏三册封面均题"春明日记"，首册又书"乙酉七月初一日起，丙戌七月二十九日止"，时间起止为光绪十一年七月初一日至光绪十二年七月二十九日；次册又书"丙戌八月初一日起，丁亥十二月初五日止"二行，时间起止为光绪十二年八月初一日至光绪十三年十二月初五日；第三册时间起止为光绪十六年四月初一日至十一月二十九日。皆系许庚身军机大臣任上日记，每日记录似有定式，多依气候变化、公事安排、私事活动为序。许氏记公事尚简，往往一笔带过，不书详细内容，然因作者位置显赫，其所闻接，多为要人名流，故虽简，仍具重要史料价值。若与《清实录》等资料对读，

---

① 据《许恭慎师墓志铭》，许庚身卒于光绪十九年十一月三十日，已是公历 1894 年 1 月 6 日。

可收相互发明之妙,如日记光绪十二年七月初五日载:"晴阴。午刻至总署,未初醇邸至,未正各国公使咸至,相见于宇宙太和之轩,申正回寓。"而《清实录》同日相关事宜仅云:"总理各国事务衙门奏订立英约,并定盖印画押日期。报闻。"日记光绪十二年七月六日载:"初六日丁酉,晴。军机一起。是日门生来见者三十余人。"而《清实录》同日载:

　　　丁酉,谕军机大臣等:张曜等奏山东黄河伏汛漫口,并陈明民埝此堵彼开情形各折片。本年六月间伏汛盛涨……其减水分入南河故道,以泄水势。是否可行,著曾国荃、卢士杰、成孚、崧骏、张曜、边宝泉仍遵前旨妥议,迅速覆奏。将此由五百里各谕令知之。

　　　引见各直省考取优贡生,得旨:谭奉璋等二十三名以知县用,王延纶等三十九名,以教职用。①

　　日记所言两事之具体内容或因由,观此则一目了然。

五

　　廖寿恒(1839—1903),字仲山,号抑斋,江苏嘉定(今上海市嘉定区)人。咸丰十一年顺天举人,同治二年进士,散馆授编修。出督湖南学政。光绪二年,擢侍讲。再督河南学政,累迁内阁学士。十年,行走总理衙门。迁兵部侍郎,调礼部、户部、吏部侍郎,二十三年,迁左都御史,入军机。明年,调礼部尚书。二十五年十二月罢值军机,次年奏准开缺回籍。辑有《中州试牍》等。

　　廖寿恒日记,又题作"抑抑斋日记",稿本,两册,上海图书馆藏。第一册封面题:"戊戌八月以后日记　抑抑斋",时间起止为光绪二十四年八月初六

---

　　① 《德宗实录》,《清实录》第55册,中华书局,1987年,第100页。

日至二十五年四月初七;第二册封面题"庚子十月望后日记",时间起止为光绪二十六年十月十六至二十七年五月三十日。首册日记为廖氏值军机大臣时所记,涉及戊戌变法种种史实,于研究慈禧训政后的中枢决策与朝局,有较重要的参考价值。如光绪二十四年八月数则日记:

> 初六日丁亥,晴。寅正,入直,忽奉朱谕吁恳皇太后训政,命拟旨,即日在便殿办事,初八日行礼。巳初召见仪鸾殿东暖阁,以康有为结党营私,莠言乱政,命起立,就傍案缮旨呈览,即席封固带下,延崇受之、英菊侪至直房面交。午正后散。申刻赴署,与樵公同见美馆康使,言九龙铁路事。又见英德翻译。归寓,寿州在座相候,略谈。袁爽秋方伯谈至戌正始去。
>
> 初七日戊子,微阴。巳正见面,又命缮电旨,发北洋及山海、东海、江海关,缉拿康有为,是日三暗五明,未正始散。下午,松鹤龄来长谈,交梅少岩、涂椿年、李筱屏、章乃正名条。发杭电,训政折式。
>
> 初九日庚寅,晴。封奏三件,未下。辰正三刻召见,以封章示,眼花不能细视,乃劾张南海、徐致靖、杨深秀及参预新政四人。乃目不之见,耳亦不之闻。寿山嘱余叩头,茫如也。候命起立,缮密旨,乃逮所劾七人。及退出,始知疏中并弹及余亦附和康某。慈圣勉以好好当差,岂不奇哉,岂不殆哉。到直房,延金吾崇、英至,以前件交去,未正后散,急访庆邸商添堂官事。
>
> 初十日辛卯,晴。阅电报,知康为英人认保护,知事不谐矣。慈圣出太医所开上之脉案,命阅,并拟饬中外保荐医生,盖病根已四阅月矣。酉正赴署,偕王、崇两公赴林权助之约。直至亥正后始散。
>
> 十三日甲午,晴。荣相入枢府,裕简北洋。① 贻蔼人封事,② 召见时

---

① 《清实录》该日有载:"荣禄著在军机大臣上行走。裕禄著补授直隶总督兼充办理通商事务。"(《德宗实录》,《清实录》第 57 册,第 605 页)

② 此指国子监司业贻谷,字蔼人。

发下,乃因此。慈圣忽命将康、刘、林、杨、谭、杨六人处斩,余初未之闻,及告领班缮旨,大骇,以语夔老,①错愕不胜。商之礼、刚、裕,②皆谓无术挽回。而杨、林、刘三人冤矣,呆瞪气塞者半晌,刑之滥,罚之不公,至此而极,恐乱正未已。午正散,申初赴署,偕夔老送伊藤行,谈良久。

涉及朝廷处理康梁及戊戌六君子之细节,而廖本人并不认为自己属于康党。再如光绪二十四年以下两则日记:

> 九月初四日甲寅,晴。法国医官多德福偕翻译微席业至德昌门,与谈医理,问以耳鸣,云系膀胱经有瘀,须视小便如何。巳初,上召之于勤政殿诊视,据云是虚证,久则恐成肺痈。
>
> 十月廿四日甲辰,晴。卯正一刻到内,酉正二刻见面。简放江西、江宁藩司等缺。慈圣偶有所触,以外间谣言诽谤,有心誓日,泣不止。余以慈圣之慈,皇上之孝,天下人所皆知,浮言不足听。皇太后以宗社为重,当保卫慈躬,调护圣躬为要。四刻余始退。

亦涉及光绪之疾,似确有其事,而慈禧与光绪之关系,外间传言纷纷,致使慈禧向军机大臣剖心发誓,流泪不止。这些材料,可以弥补近代史研究中的不少疏失,其意义可想而知。

第二册日记,记廖氏开缺回籍后的居家生活,于祭事族葬等宗亲活动颇多记载,对其兄廖寿丰患病延医直至去世之过程亦详加详载,可以考见廖氏兄弟晚年境况,亦有生活史与疾病史的研究价值。

(本文作者为北京大学中文系教授)

---

① 夔老:指王文韶,字夔石。
② 礼、刚、裕:指礼亲王世铎、刚毅、荣禄。

◎ 文学研究

衔华佩实：吕祖谦融会理文的理路与贡献

李建军

提 要：吕祖谦作为一位具有渊深文学素养的理学家，继承博采兼综的吕氏家风，融会理学与文学，既强调"文之时用"、崇"道"讲"理"，又"重道而不轻文"，甚或离"道"论"文"、离"理"言"情"，酿造出"衔华佩实"的彬彬文质。同时，吕氏中正平和的学人气度，"气"和方能"辞"和的文论主张，又催生出其文"匣剑帷灯"般的悠悠意蕴。另外，吕氏"早葩晚实"的文风嬗变，也是其融会理文的自然结果。吕氏融会理文的文论主张、"衔华佩实"的散文写作，可谓"唐宋古文的嫡嗣与正宗"，为理学文论灌注了生气，为南宋文章增添了华彩，置于南宋的时代语境，可谓灼灼之光，置于中国文学史的宏阔视野，也是权衡文道关系的经典论述和成功实践。

关键词：融会理文　衔华佩实　早葩晚实　理学文论

吕祖谦(1137—1181)，字伯恭，婺州(今浙江金华)人。因先世占籍莱州，故学者称东莱先生。又因其伯祖吕本中也号东莱，世人因称吕本中为大东莱先生，吕祖谦为小东莱先生。吕祖谦卒谥曰成，后世复以"吕成公"称之。吕祖谦著述异常宏富,经史子集皆有,现在可以稽考的有 50 余种,传世的尚有 30 余种,其中集部著述有 9 种,今存者尚有 6 种,包括总集 5 种:即编选《丽泽集诗》《皇朝文鉴》,集注《观澜文集》,编选并标注《东莱标注三苏文集》,编选并评点《古文关键》;别集 1 种,即其文集《东莱集》。

吕祖谦以学人而兼文士,在理学、史学、文学等多个方面都取得了卓越的成就,是南宋著名的理学家、史学家、教育家和文献学家,其学术造诣在当时已受推尊,学界将其与朱熹、张栻并列为东南三贤。辛弃疾《祭东莱先生文》说:"上承伊洛,远溯洙泗。金曰朱、张、东莱,屹鼎立于一世,学者有宗,圣传不坠。"[1]楼钥《东莱吕太史祠堂记》亦云:"乾道、淳熙间,儒风日盛。晦庵朱公在闽,南轩张公在楚,而东莱吕公讲道婺女。是时以学问著述为人师表者相望,惟三先生天下共尊仰之。"[2]东莱的学术在后世也颇受推崇,清代大学者全祖望将吕学与朱学、陆学并列为乾、淳之际的三大学派。[3]当代学者对东莱的学术也有很高评价,美国学者田浩称吕祖谦为"1170 年代的道学领袖",说:"吕祖谦虽然不被《宋史》列入《道学列传》,并且鲜为现代学者所论及,但从 1160 年代末期到 1181 年他去世的十几年里,他其实是道学最重要的领袖。吕祖谦比 12 世纪其他道学领袖在政治上更得意,而学问也广为时人推崇。"[4]吕祖谦在文学上的多方面成就也受到了后世的推崇,其文章编选、文学评点、散文写作在后世都产生了深远的影响,学界已有很好的论述。但从融会理文的角度综合考量吕祖谦的文论贡献和散文成就,学界的现有研究还可进一步深入。本文立足原始文献,细绎东莱融会理文的文论主张和衔华佩实的文章造诣,希冀推进相关研究。

---

① 辛弃疾:《祭东莱先生文》,黄灵庚、吴战垒主编:《吕祖谦全集》第 1 册,浙江古籍出版社,2008 年,第 763 页。
② 楼钥:《楼钥集》卷五十二《东莱吕太史祠堂记》,浙江古籍出版社,2010 年,第 970 页。
③ 黄宗羲原撰,全祖望补修:《宋元学案》卷五十一《东莱学案》,中华书局,1986 年,第 1653 页。
④ (美)田浩:《朱熹的思维世界》,台北:允晨文化实业股份有限公司,1996 年,第 117 页。

一、"时用大哉"的文用主张

吕祖谦作为一位理学家，虽然也论"道"说"理"，却与那些空谈道德性命的道学先生迥然不同。他治学博古通今，被陈傅良赞为"绍绝学之遗统，缅潜心于一贯；立六艺之要津，涉九流而弗畔。既超乘于先得，亦加鞭于后倦。可谓明古人之大体，而能通当世之变。"①博古通今的目的在于经世致用，吕祖谦认为："百工治器，必贵于有用。器而不可用，工弗为也。学而无所用，学将何为也邪？"②清代王崇炳盛赞东莱"其为人，闳廓平粹，志在经世，而耻苟合"③，也道出了东莱务在经世的立身志向。

吕祖谦经世致用的思想倾向，还可从其对事功之学的吸纳得到印证。朱熹对"理会制度"的永嘉之学颇有微词，对"谈古论今，说王说霸"的永康之学更是不满，自然也就对吕祖谦"合陈君举、陈同甫二人之学问而一之"④的作法存有异议，批评他"博杂极害事"，认为这会影响理学思想的纯正。朱熹的指责恰好从反面说明了吕祖谦对事功学说的吸纳。后来清人全祖望也注意到东莱学说的这一倾向：

> 乾、淳之际，婺学最盛。东莱兄弟以性命之学起，同甫以事功之学起，而说斋则为经制之学。考当时之为经制者，无若永嘉诸子，其于东莱、同甫，皆互相讨论，臭味契合。东莱尤能并包一切。⑤

东莱"以性命之学起"，又能"并包一切"，将"事功之学""经制之学"兼

---

① 陈傅良：《祭吕祖谦文》，黄灵庚、吴战垒主编：《吕祖谦全集》第 1 册，第 770 页。
② 《丽泽论说集录》卷十《门人所记杂说二》，黄灵庚、吴战垒主编：《吕祖谦全集》第 2 册，第 263 页。
③ 王崇炳：《重刻吕东莱先生遗集叙》，黄灵庚、吴战垒主编：《吕祖谦全集》第 1 册，第 984 页。
④ 黄宗羲原撰，全祖望补修：《宋元学案》卷五十一《东莱学案》，第 1676 页。
⑤ 黄宗羲原撰，全祖望补修：《宋元学案》卷六十《说斋学案》，第 1954 页。

容。可见东莱确实不是那种古板、高蹈的道学先生，而是一位灵活务实、经世致用的理学家。

吕祖谦经世致用的思想倾向既体现在学术事业上，也彰显于文论主张和文选事业上，更浸透在散文写作中。

（一）经世的治学倾向

吕祖谦治学讲究经世，批评"今人为学，多尚虚文，不于着实处下工夫，到临事之际，种种不晓"，主张"学者须当为有用之学"①。学之目的在于用，知之目的在于行，"致知、力行不是两事，力行亦所以致其知，磨镜所以镜明"②。学与用、知与行应该合一。

吕祖谦提出"为学要须日用间实下工夫乃得力"③，"学者以务实躬行为本"④，在《太学策问》中还明确倡导"讲实理、育实材而求实用也"⑤。吕祖谦不仅倡导学以致用，而且身体力行，《宋史》本传褒赞说，"其所讲画，将以开物成务，既卧病，而任重道远之意不衰。居家之政，皆可为后世法"⑥，正道出了东莱之学"开物成务"的致用维度。

检点东莱撰述，可以发现《宋史》之言不诬，吕祖谦有多种编著，都具有强烈的经世意识。比如《历代奏议》《国朝名臣奏议》，显然是为奏议写作提供镜鉴的。又如《阃范》，"集经、史、子、传，发明人伦之道"⑦，也是指导人伦的具体规范。再如《少仪外传》，"杂取经传嘉言善行，切于立身应世者，皆博学切问之事也，而大要以谨厚为本"⑧，也是立身应世的指导性读本。东莱著

---

① 吕祖谦：《左氏传说》卷五，黄灵庚、吴战垒主编：《吕祖谦全集》第7册，第68页。
② 《丽泽论说集录》卷十《门人所记杂说二》，黄灵庚、吴战垒主编：《吕祖谦全集》第2册，第260页。
③ 《与学者及诸弟》，黄灵庚、吴战垒主编：《吕祖谦全集》第1册，第504页。
④ 《与内兄曾提刑》，黄灵庚、吴战垒主编：《吕祖谦全集》第1册，第459页。
⑤ 《太学策问》，黄灵庚、吴战垒主编：《吕祖谦全集》第1册，第84页。
⑥ 《宋史》卷四百三十四《儒林传·吕祖谦传》，中华书局，1977年，第12874页。
⑦ 陈振孙：《直斋书录解题》卷九，上海古籍出版社，1987年，第283页。
⑧ 陈振孙：《直斋书录解题》卷九，第283页。

述中,现实用意最明显的莫过于《历代制度详说》。该书"凡分十三门:一曰科目,二曰学校,第三……所言乃考课之事,四曰赋役,五曰漕运,六曰盐法,七曰酒禁,八曰钱币,九曰荒政,十曰田制,十一曰屯田,十二曰兵制,十三曰马政。皆前列制度,叙述简赅;后为详说,议论明切"①。此书考察历代政治、经济等制度,研究其利弊,意在为当时国计民生提供镜鉴,资治色彩极浓。

(二) 致用的文学主张

吕祖谦非常强调文之用,指出:"文之时用大矣哉。观乎天文以察乎时变,观乎人文以化成天下。所谓文者,殆非绘章雕句者之为也。"②认为文之用不在"绘章雕句",而是可以"观乎天文以察乎时变,观乎人文以化成天下",那么具体表现在哪些方面呢?

首先是修身化人。"观书不可徒玩文采,要当如药方、酒法,求其君臣佐使,互相克制,有以益吾身可也"③,观书当要"益吾身"。"至书,无悦人之浅效,而有化人之深功;至乐,无娱人之近音,而有感人之余韵"④,至书(文学)至乐(艺术)不以悦人为目标,而以化人感人为鹄的。吕祖谦在《太学策问》中还明确提出:"今日所与诸君共订者,将各发身之所实然者,以求实理之所在,夫岂角词章,博诵说,事无用之文哉!"⑤更是将文之求理修身之用说得非常明白直露。

当然,文之用、文士之用不仅在于修身化人,更在于经世济民。东莱认为,发"清言"、玩"辞藻"的浮华不实之士,徒有其表,无补于世,无异于春秋之时卫懿公的鹤,好看不中用。⑥

吕祖谦致用的文学主张,从其文选事业更可得到印证。吕祖谦有《标注

① 《钦定四库全书总目》卷一百三十五《历代制度详说提要》,中华书局,1997年,第1780页。
② 《策问》,黄灵庚、吴战垒主编:《吕祖谦全集》第1册,第695页。
③ 《门人所记杂说二》,黄灵庚、吴战垒主编:《吕祖谦全集》第2册,第260页。
④ 《宁嬴从阳处父》,黄灵庚、吴战垒主编:《吕祖谦全集》第6册,第494页。
⑤ 《太学策问》,黄灵庚、吴战垒主编:《吕祖谦全集》第1册,第84—85页。
⑥ 《卫懿公好鹤》,黄灵庚、吴战垒主编:《吕祖谦全集》第6册,第204页。

三苏文集》《古文关键》等古文选本,都是从便于举子习文的实用角度而编选、评点、标注的。而其《皇朝文鉴》,也因资治意义而彰显出致用色彩,被宋孝宗誉为"有益治道"①。

吕祖谦经世致用的思想倾向是一以贯之的,体现在学术事业上是"学者须当为有用之学",彰显于文论主张上是"文之时用大矣哉",表现在文选事业上是"有益治道",而浸透在文章写作中则是"有不得已而作"。吕祖谦之侄吕乔年跋《东莱吕太史集》云:

> 乔年闻之先君曰:"太史之于文也,有不得已而作,故今所传,诗多挽章,文多铭、志,余皆因事涉笔,未尝有意于立言也。②

所谓"未尝有意于立言""有不得已而作",均道出了东莱为文的致用倾向。通检东莱文集,里面的文章均是"为时而著""为事而发"的有用之作,没有无病呻吟的为文造情之作。

二、"衔华佩实"的彬彬文质

吕祖谦是一位理学家,同时也是一位文章家,其文既有理学底蕴孕育出来的醇深内涵,又有文学修养闪耀出来的熠熠光彩,可谓理与文的融会,质与文的交响。其实,吕氏文质彬彬的散文作品正是其重道而不轻文、情理并茂之文论的自然体现。

(一)重道而不轻文的文论

传统文艺观里,尽管"道"的具体内涵众说纷纭、见仁见智,但"道"始终

---

① 《宋史》卷四百三十四《儒林传·吕祖谦传》,第 12874 页。
② 吕乔年:《东莱吕太史集跋》,黄灵庚、吴战垒主编:《吕祖谦全集》第 1 册,第 981 页。

具有至高无上的地位，而"文"则有或"原道"、或"载道"、或"明道"、或"扶道"的从属定位，道主文从的格局基本没有被撼动过。但是某些时代，在道主文从的大格局下，可以重道而不轻文甚至文道并重，从而保证了文的相对独立性和自身价值，促进了"文"的发展。也有某些时代片面强调"文"对"道"的依附，最终束缚了"文"的发展，吕祖谦就不幸处在了这样的时代。当然，这与理学的昌盛及其对主流意识形态的渗透息息相关。

吕祖谦的时代，理学对思想文化的影响开始无孔不入，文学逐渐沾染上了头巾气和道学气，甚至沦为了"道"的奴婢，重道轻文的风气渐成主流。其实，这种风气并非空穴来风，而是伴随理学的发展、得势，然后渐吹渐猛。道学宗主周敦颐在北宋初年重申文以载道说，再次明确了道与文的主从关系。周氏强调"文辞艺也，道德实也"，批驳"不知务道德而第以文辞为能者，艺焉而已"①，同时又指出"圣人之道，入乎耳，存乎心，蕴之为德行，行之为事业；彼以文辞而已者，陋矣"②，虽有重道之主张，但尚未将文与道完全对立起来。周敦颐之后，理学大家程颐将文道关系说成势不两立，并发出了"作文害道"③的惊世骇俗之论。既然"作文害道"，那为了"道"，就只能舍弃"文"了。程颐的"作文害道"说，发展到朱熹，就是"文者道之枝叶""文皆是从道中流出"，④彻底否定了文的独立性。

周敦颐而下，直到朱熹，理学逐渐发展成熟，与之相随，重道轻文的风气也越来越浓。朱熹之时，就连陆游这样的大诗人都说出了"文辞终与道相妨"⑤的话，可见当时崇道抑文之盛。但就在这样的时代背景下，吕祖谦仍然重道而不轻文，甚至离道论文，确实难能可贵。

吕祖谦作为理学家，谈文道关系时，当然也持道主文次之论，但其并无

---

① 周敦颐：《周元公集》卷一，《文渊阁四库全书》第 1101 册，台湾商务印书馆，1986 年，第432 页。
② 周敦颐：《周元公集》卷一，《文渊阁四库全书》第 1101 册，第 435 页。
③ 《程氏遗书》卷十八，程颢、程颐：《二程集》，中华书局，2004 年，第 239 页。
④ 黎靖德编：《朱子语类》卷一百三十九，中华书局，1986 年，第 3319、3305—3306 页。
⑤ 钱仲联校注：《剑南诗稿校注》，上海古籍出版社，1985 年，第 2201 页。

程朱"重道轻文"的极端看法,而是认为"辞章古人所不废"。吕祖谦还认为"言语足以动人,文章足以耸众"①,充分肯定文辞的作用。

吕祖谦对文辞的看重,与其从事的科举教育事业息息相关。吕祖谦自己是场屋高手,27 岁就进士及第,旋即又中博学宏词科,对科举文章自有心得。后来当其居丧守墓之时,四方学子多来从学,主要就是为了向吕祖谦学习举业。吕祖谦也因势利导,以举业招致其来,而后教之以真正的为学之道。举业讲究为文之术、作文之法,吕祖谦长期浸淫于此,自然对"文"多了一份亲近和认可。也正因为这种对"文"的亲近和认可,所以作为理学家的吕祖谦常常能跳出"言文必言道""舍道不言文"的理学文论藩篱,文道分论,甚而只论文不论道。如其《古文关键》评点古文,不去论"道"说"理",而是纯粹从文法的角度立论,总结作文技巧。又如其谈创作,也多是从文学的自身规律着眼,较少牵扯"道"。

其实,吕祖谦重道而不轻文的文论主张,也应该与其包容博取、不拘门户、不走极端的治学倾向颇有关系。吕祖谦调和朱、陆二家纷争,既看到朱熹理学可能流于章句的琐碎,也看到陆九渊心学可能流于漫衍的玄虚,于是兼而取之。再如,吕祖谦对陈傅良、陈亮等人的事功学说,也不像朱熹那样口诛笔伐,而是充分吸纳其合理质素。吕祖谦包容博取的治学倾向,使其虽为理学家,却不会拘囿于"作文害道""文从道中流出"这些理学文论的藩篱,而是更为通达,更为宽和,从而秉持一种"重道而不轻文"、甚或离道论文的文论主张。这种文论主张"实现了理学家文道论的超越"②,在偏颇的理学文论甚器尘上之际,彰显出其特有的理论价值。

(二) 情理并茂的文学主张

吕祖谦重道而不轻文甚而离道论文的文论倾向,保证了文的相对独立

---

① 《门人集录易说上》,黄灵庚、吴战垒主编:《吕祖谦全集》第 2 册,第 48 页。
② 杜海军:《吕祖谦文学研究》,学苑出版社,2003 年,第 227 页。

性，实现了对理学家文道论的超越，但这主要是从文章作法、文辞技巧着眼。其实，从文章内容方面立论，吕祖谦"讲理又讲情"的文学主张在理学家文论中也是熠熠生辉。

吕祖谦作为理学家，论文之时当然爱讲"理"。但其可贵之处在于，在强调"理"的前提下也充分肯定"情"，有时甚至离"理"言"情"。

吕祖谦"重情"的文学主张集中体现在其论诗之中。吕祖谦认为，《诗经》之所以能进入六经，与匹夫匹妇喜怒哀乐之情的真实发抒密不可分。吕氏指出，"诗者本发乎闾巷草野之间，冲口而发，举笔而成"，"匹夫匹妇欢愉劳佚，悲怒舒惨，动于天机不能已，而自泄其鸣于诗谣歌咏之间"①，用形象的语言道出了诗缘情的真谛。在另一处，吕祖谦说得更为直白："诗者，人之性情而已。"②又说："诗有不出于真情者乎？"③进一步指出诗出于真情。

诗出于真情，故而东莱论诗，每每着眼于探寻诗所缘之真情，如其论《尚书》中《五子之歌》的产生。东莱认为，《五子之歌》乃"忠爱友恭之意，展转而无所依"，"蕴积之久，志念已熟，发之于歌，故辞旨深切"④，该歌乃真情的发抒。正因为强调真情发抒，所以吕祖谦对矫情之举深恶痛绝。《左氏博议·公孙归父言鲁乐》批评公孙归父"未有去国之悲，而有怀乡之情"不真不正。吕氏指出"因去国之悲，然后怀在国之乐"，才是"情之正"，而公孙归父"独为晏氏之所讥"⑤，就是因其违背了人之常情。吕祖谦对情之真伪的细致辨析，说明了不真不正之情必遭人讥笑，其实这也正折射出东莱对文学抒情的一种态度。

吕祖谦既强调情之真，又主张情之正。孔子说过："《诗》三百，一言以蔽

---

① 《晋文公秦穆公赋诗》，黄灵庚、吴战垒主编：《吕祖谦全集》第 6 册，第 333—334 页。
② 《门人所记诗说拾遗》，黄灵庚、吴战垒主编：《吕祖谦全集》第 2 册，第 112 页。
③ 《增修东莱书说》卷四，黄灵庚、吴战垒主编：《吕祖谦全集》第 3 册，第 82 页。
④ 《增修东莱书说》卷六，黄灵庚、吴战垒主编：《吕祖谦全集》第 3 册，第 105 页。
⑤ 《左氏博议》卷二十五，黄灵庚、吴战垒主编：《吕祖谦全集》第 6 册，第 572 页。

之，曰'思无邪。'"①还说过："乐则韶舞。放郑声，远佞人。郑声淫，佞人殆。"②吕祖谦对孔子的这两处观点深为赞同："'思无邪''放郑声'，区区朴直之见，只守此两句。纵有他说，所不敢从也。"③显示出对儒家"思无邪"文艺思想的执守。吕祖谦还非常认同儒家"发乎情止乎礼"的观点，认为："大抵诗人之作诗，发乎情性，止乎礼义，固其义也。"④本着"情出于正"的观点，吕祖谦对屈原《离骚》颇有微词。吕氏认为"屈原有爱君之心，固是善，惜乎其发之不以正，自愤怨激切中来"，而"孟子则初无此心，其言语始终和缓，皆出于正，此屈原、孟子所以分"⑤，这其实就是以儒家传统的哀而不伤、怨而不怒、温柔敦厚之说为鹄的。

吕祖谦的时代，理学文论渐成主流，扬"理"抑"情"渐成主调，作为理学家的吕祖谦能在强调"理"的前提下也充分肯定"情"，讲"理"又讲"情"，提倡诗文中情之真与情之正，显示出对文学内在规律的充分体认。吕祖谦可谓南宋理学家中很有文学眼光、文论观点颇为通达的卓荦之士。

（三）文质彬彬的散文写作

吕祖谦重道不轻文甚而离道论文的文论倾向、讲"理"又讲"情"的文学主张，落实在散文写作中，就是既崇"道"讲"理"，又情理并茂，酿造出醇雅的内蕴，同时还因注重文章技法，"无语录为文之习"⑥，而颇富文学色彩。上述特点贯穿在东莱的整个文集中，而在祭文和墓志铭中表现得比较充分。

《东莱集》中祭文有二十多篇，或祭先辈，或祭师友，或祭同僚，除了一些应景之作，大多写得声情并茂，甚而催人泪下。《祭张荆州文》就是这样的佳

---

① 《论语·为政》，《论语注疏》本，北京大学出版社，1999年，第14页。
② 《论语·卫灵公》，《论语注疏》本，第210—211页。
③ 《又诗说辨疑》，黄灵庚、吴战垒主编：《吕祖谦全集》第1册，第598页。
④ 《左氏传说》卷九，黄灵庚、吴战垒主编：《吕祖谦全集》第7册，第112页。
⑤ 《门人集录孟子说》，黄灵庚、吴战垒主编：《吕祖谦全集》第2册，第185页。
⑥ 《四库全书总目》卷一百五十九《东莱集提要》，第1370页。

作。东莱与张栻志同道合，又有同僚之谊，故而东莱对张栻的逝世悲痛万分。东莱在写给朱熹的信中提到：

> 张五十丈遂至于此，痛哉！痛哉！闻时适方饭，惊愕气通，手足厥冷，几至委顿。平生师友间，可以信口而发，不须拣择，只此一处尔。祭文谨录呈。虽病中语言无次序，然却无一字妆点做造也。①

于此可见东莱对张栻之逝的哀恸。《祭张荆州文》真实抒发了这种情感。该文与东莱平素那些构思精巧的文章相比，单纯从文法的角度看，既不精，也不巧，但就是这种"近拙"的无技巧书写，将东莱对张栻之逝的哀恸表露得真实动人。朱熹对该文赞不绝口："祭文真实中有他人所形容不到处，叹服！"②

不惟《祭张荆州文》，东莱的其他祭文，也大都饱含真情实感，如《祭汪端明文》乃祭祀恩师汪应辰之作，"阔謦欬其未几，忽赴车之停辀。亟宿舂而听役，泪淋浪而莫收。炯话言之如在，策蹇步而敢偷"③，饱含真情。《代仓部祭曾文清公文》乃代父祭外祖父之文，用辞赋体，抒发对曾文清公仙逝"坠一世之师表，夺四朝之典型"④之悲痛；《祭芮祭酒文》用四言诗的形式，抒发对国子祭酒芮烨的哀悼。⑤

《东莱文集》十五卷中，墓志铭有四卷共 40 篇，⑥在整个文集中所占比重非常高。墓志铭因有固定的格套，常常写得平板呆滞，而吕祖谦写的碑志，

---

① 《与朱侍讲》，黄灵庚、吴战垒主编：《吕祖谦全集》第 1 册，第 431 页。
② 《答吕伯恭》，朱杰人、严佐之、刘永翔主编：《朱子全书》第 21 册，上海古籍出版社、安徽教育出版社，2002 年，第 1503 页。
③ 《祭汪端明文》，黄灵庚、吴战垒主编：《吕祖谦全集》第 1 册，第 132 页。
④ 《代仓部祭曾文清公文》，黄灵庚、吴战垒主编：《吕祖谦全集》第 1 册，第 124 页。
⑤ 《祭芮祭酒文》，黄灵庚、吴战垒主编：《吕祖谦全集》第 1 册，第 126 页。
⑥ 四川大学古籍所修《全宋文》时，又辑得吕祖谦一篇佚文《冲素处士张公墓志铭》，故吕氏今存的墓志铭共 41 篇。

"布置有统,纪载有法"①,常常写得既有法度,又不失灵活。黄灵庚先生对此颇为赞赏:"吕祖谦为文,纵横开阖,变化莫测,洋洋洒洒,气势磅礴,颇具汉唐气象。如墓志铭之类应酬之作,最易落入窠臼;而吕祖谦所作墓志铭,谋篇布局,无一相同。"②

《严陵方君墓志铭》无疑是东莱碑志中最有味道的一篇。该文布局新奇,开篇就非常独特:

> 桐君所庐,下上数十里间,言台者以严遵,言石者以郭文,言山者以戴颙。其迹皆隐者之遗迹,其绪或没不见。独白云原,唐末方处士干始居之,后出而枝叶最蕃。一原数百家,联谱合牒,衣冠人物之盛,邦人纪之。至于里居之良,虽事业无所试,庞然秀眉,集享全福,彼其中盖可占也。③

文章以桐庐三隐士的遗迹为话头,引出唐末方处士干所居之白云,再引出白云的"里居之良"。在此基础上,再引出碑主,真可谓渐说渐近,烘云托月。文章接下来刻画了一位高风亮节、荣辱不惊的有德乡绅形象。文章最后才点出碑主的寿年、卒日、族出、妻子、葬日等情况。该文已经完全跳出了墓志铭平板呆滞的程序化写法,可谓一篇颇有文学意味的人物传记。

墓志铭中,碑主的行治、履历无疑是重点,东莱在写这部分内容时,并不平铺直叙,而是慧眼独具,精心选取那些典型性的事件、经典性的细节,以生动的笔调娓娓道来,管中窥豹,为碑主雕心写魂。如《分水王君墓志铭》记叙王君如何由侠转儒,笔调极为生动,读来饶有情趣:

---

① 这两句乃陈亮称赞吕祖谦《薛常州墓志铭》的赞语,其实移来评价东莱的整个碑志亦未尝不可。
② 黄灵庚:《东莱吕太史集》点校说明,《东莱吕太史集》卷首,黄灵庚、吴战垒主编:《吕祖谦全集》第1册,第1页。
③ 《严陵方君墓志铭》,黄灵庚、吴战垒主编:《吕祖谦全集》第1册,第181—182页。

君少以侠气盖里中。尝夜猎，从骑四出，即兽无在者，有畜犬呜呜衔衣，棰之不却，且导且前，公独怪之，亟随以归。明日覆视其处，左右虎迹纵横，乃叹曰："犬，人畜也，犹知爱其主。吾奉父母遗体，不自爱可乎？"于是解鞲断绁，尽谢猎徒。闭户，绅架上书阅之，领略其大指，不为缴绕章句学。①

其实，不惟上述碑志，东莱的其他碑志也大都能抓住碑主的典型事件和细节，以细腻生动的笔法将人物写活。

东莱的碑志在叙述口吻上，许多时候超越了第三人称叙述的成法，常常借碑主亲人之口叙碑主的生平行事，令人读来更有现场感。如《郭宜人墓志铭》以郭宜人老伴之口叙碑主的贤惠勤劳，又如《鄱阳王安母程氏墓志铭》借碑主儿子之口叙碑主之德行。

总之，东莱所撰碑志或"布局灵活破成法"，或"笔调生动求活法"，或"叙述有方无定法"，都显示出既有法度又不失灵活、既有规矩又超越规矩的宏大气象。明代王行编纂《墓铭举例》，选取唐宋十五家之碑志以为范例，②其中就有吕祖谦，可见东莱碑志的相应价值。

祭文和碑志是东莱文集中所占比重很大的文体，通过这两种文体的分析，也是基本可以管窥东莱散文整体风貌的。东莱重道不轻文甚而离道论文的文论倾向，讲"理"又讲"情"的文学主张，贯穿在散文写作中，就是既崇"道"讲"理"，③又情理并茂，酿造出醇雅的内蕴；同时还因注重技法，讲究文辞，而较有文学意味。总之，醇雅的内蕴和较有文学意味的表达，催生了东

---

① 《分水王君墓志铭》，黄灵庚、吴战垒主编：《吕祖谦全集》第1册，第175—176页。

② 《四库全书总目》卷一百九十六《墓铭举例提要》："取唐韩愈、李翱、柳宗元，宋欧阳修、尹洙、曾巩、王安石、苏轼、朱子、陈师道、黄庭坚、陈瓘、晁补之、张耒、吕祖谦一十五家之文所载碑志，录其目而举其例，以补元潘昂霄《金石例》之遗。"

③ 胡凤丹《重刊吕东莱先生文集序》："嗟乎！先生之文之传于世者，《博议》一书，犹非其毕生致力者也。顾以其文利举业，世盛行之。今读集中诸说，盖深有会于天人理学之原，家国修齐之要，其有功于圣教，更非《博议》可比。"（《东莱吕太史集》新增附录，黄灵庚、吴战垒主编：《吕祖谦全集》第1册，第989页）胡凤丹讲东莱之文有功于圣教，可见其文在崇"道"讲"理"方面的功绩。

莱散文的文质彬彬。《四库全书总目·东莱集提要》云：

> 祖谦于《诗》《书》《春秋》皆多究古义，于十七史皆有详节。故词多根柢，不涉游谈。所撰文章关键，于体格源流，具有心解。故诸体虽豪迈骏发，而不失作者典型，亦无语录为文之习。在南宋诸儒之中，可谓衔华佩实。[①]

其中"衔华佩实"云云，正道出了东莱之文"彬彬"的文质。

三、"匣剑帷灯"的散文风味

吕祖谦的文章，尤其是那些写景、状物、叙事之作，平和雅淡，又很有意味。文如其人，东莱文章的这种特色，正是其平心静气的治学态度以及辞气平和的文论主张在散文写作中的自然体现。清代张坦让曾经评价东莱为人与为文的特点及其关系：

> 先生得理学正传，心平气和，一切殚近里着己工夫，尝曰："操存则血气就轨而不乱，收敛则精神内守而不浮。"故其为文也，如匣剑帷灯，浑金璞玉。鬐时读其遗编，恍见洙泗支流，而一种静穆之致，使人仿佛兴起。[②]

所谓"匣剑帷灯"，指匣里的宝剑，帐里的明灯，剑气灯光，若隐若现，比喻为文含蓄蕴藉、摇曳生姿；所谓"浑金璞玉"，指未加修饰的天然美质，比喻为文意象浑然。其实，张坦让在此已经点出了东莱为人与为文的关系，为人

---

① 《四库全书总目》卷一百五十九《东莱集提要》，第2129页。
② 张坦让：《吕东莱先生文集序》，黄灵庚、吴战垒主编：《吕祖谦全集》第1册，第986页。

"心平气和"，"故其为文也，如匣剑帷灯，浑金璞玉"，两者的关联在平和的气度上，在内敛的格调上。

（一）中正平和的学人气度

吕祖谦为人，心平气和，可谓谦谦君子，温润如玉，《宋史》本传记载：

> 心平气和，不立崖异，一时英伟卓荦之士皆归心焉。少卞急，一日，诵孔子言"躬自厚而薄责于人"，忽觉平时忿懥涣然冰释。朱熹尝言："学如伯恭，方是能变化气质。"①

东莱"心平气和，不立崖异"的为人治学风尚，历代学人多有阐发。朱熹说："大抵伯恭天资温厚，故其论平恕委曲之意多。"②前论"天资温厚"乃为人特点，后言"其论平恕委曲之意多"乃治学风尚，两者的联结点其实就在平和。宋末大学者王应麟《困学纪闻》也记载说："吕成公谓争校是非，不如敛藏持养。"③清代王崇炳在《重刻吕东莱先生遗集叙》中也说："其学近里切己，贵涵养实践，不贵争辨，于洙泗为近。"④都道出了东莱为人为学平心易气的风尚。

当然，东莱的平和，并非是在诸学角胜的语境下，"平"无己见，"和"其稀泥，而是在有自己独到见解和坚定执守前提下，以君子之风执两用中，博采众长，显示出一种中正。吕祖谦说：

> 以君子之言，借小人之口发之，则天下见其邪，而不见其正；以小人之言，借君子之口发之，则天下见其正，而不见其邪。是故《大诰》之篇，

---

① 《宋史》卷四百三十四《儒林传·吕祖谦传》，第 12874 页。
② 《答吕伯恭》，朱杰人、严佐之、刘永翔主编：《朱子全书》第 21 册，第 1430 页。
③ 王应麟：《困学纪闻》卷二十，上海古籍出版社，2008 年，第 2105 页。
④ 王崇炳：《重刻吕东莱先生遗集叙》，黄灵庚、吴战垒主编：《吕祖谦全集》第 1 册，第 984 页。

入于王莽之笔,则为奸说;阳虎之语,编于孟氏之书,则为格言。①

强调人正则其言自正。吕祖谦又说:

> 人苟心不在于善,凡所遇之事,曲固曲也,直亦曲也;邪固邪也,正亦邪也。董仲舒、公孙弘同事武帝矣,仲舒治《春秋》,弘亦治《春秋》。世皆内仲舒而外弘,何耶? 刘向、谷永同事成帝矣,刘向奏谏疏,谷永亦奏谏疏。世皆右向而左永,何耶? 弘之《春秋》,人之所以羞道之者,心累其书也;永之谏疏,人之所以喜攻之者,心累其言也。井辱秭陵,泉贪交广,果然为之累者,井耶? 泉耶? 人耶?②

强调人正则其学自正。吕祖谦还说:

> 盖文之极,须当守以正。大凡有文之人,自为人所重……文士虽为人所爱,而亦为人所薄。若唐之王、杨、卢、骆,虽有文采,终为人薄者,以不正故耳。若孔子、孟子,非不文也,而后人仰之,莫不肃然而敬者,以其永正也。六经之文亦然。③

强调人正则其文自正。吕祖谦立身中正,故其为言而人信之,为学而人服之,为文而人赞之。

东莱的中正平和,尤其体现在学术纷争之际,"陶铸同类以渐化其偏"④,对此,宋末的黄震深有体会:

---

① 《楚灭夔》,黄灵庚、吴战垒主编:《吕祖谦全集》第6册,第349页。
② 《晋败赤狄灭潞》,黄灵庚、吴战垒主编:《吕祖谦全集》第6册,第553页。
③ 《门人集录易说上》,黄灵庚、吴战垒主编:《吕祖谦全集》第2册,第37—38页。
④ 黄宗羲原撰,全祖望补修:《宋元学案》卷五十一《东莱学案》,第1652页。

（东莱）先生以理学朱、张鼎立，为世师，其精辞奥义，岂后学所能窥其万分一。然尝观之，晦翁与先生同心者，先生辩诘之不少恕；象山与晦翁异论者，先生容下之不少忤。鹅湖之会，先生谓元晦英迈刚明，而工夫就实入细，殊未易量；谓子静亦坚实有力，但欠开阔。其后象山祭先生文，亦自悔鹅湖之会集粗心浮气。然则先生忠厚之至，一时调娱其间，有功于斯道何如耶！①

东莱调和朱陆之辩，针砭双方之弊，不偏不党，显示出一种中正的立场与宽和的气度。东莱的中正平和也明显地体现在博采兼综永康学派与永嘉学派上。两派好言事功，遭到朱熹的猛烈抨击，同为理学家的东莱却超越了"正其谊不谋其利，明其道不计其功"的道学教条，充分吸取两派的合理质素，对此，朱熹深有体察，也颇有微辞："其学，合陈君举、陈同甫二人之学问而一之……伯恭则兼君举、同甫之所长。"②朱熹的微辞其实正折射出东莱不拘门户、博采众长的中正平和。

东莱的中正平和，既体现在折衷学派纷争的不偏不党，也彰显于治学"参贯融液"的"无所偏滞"。吕祖俭评价东莱，"问学术业，本于天资，习于家庭，稽诸中原文献之所传，博诸四方师友之所讲。参贯融液，无所偏滞"③；东莱高足丁少瞻也盛赞其师，"皇帝王霸之道，无所不明其旨；隐显小大之书，无所不揽其粹。以是为天下之师，总学者之会"④。都点出了东莱治学广博、无所偏滞的特点。东莱的时代，有些理学家重经轻史，但东莱经史并重，曾与朱熹交流课徒之道，明确地说"当于经史间作长久课程"⑤。而且，"吕祖谦将《尚书》《诗经》《春秋》等儒家经典都看作是与《通鉴》及《史记》《汉书》《三

---

① 黄震：《黄氏日抄》卷四十，《文渊阁四库全书》第 708 册，第 174 页。
② 黄宗羲原撰，全祖望补修：《宋元学案》卷五十一《东莱学案》，1676 页。
③ 吕祖俭：《圹记》，黄灵庚、吴战垒主编：《吕祖谦全集》第 1 册，第 750 页。
④ 丁少瞻：《祭吕祖谦文》《吕祖谦全集》第 1 册，黄灵庚、吴战垒主编，第 792 页。
⑤ 《与朱侍讲》，黄灵庚、吴战垒主编：《吕祖谦全集》第 1 册，第 416 页。

国志》等相同性质的史书"①。这些观点比起尊经抑史的狭隘见解,显然更为通达。东莱不仅好读史、论史,而且还著史,撰述了《历代制度详说》《十七史详节》《大事记》《两汉精华》等史书。东莱可谓宋代理学家中最有史学造诣的俊杰之士,其实这正折射出东莱治学"无所偏滞"的中正平和与广博渊深。

东莱中正平和的学人气度,赢得了学界的交口赞誉和士人的广泛认同,成为其时最有人缘的理学家。朱熹、陆九渊、张栻、尤袤、杨万里、辛弃疾、陈亮、陈傅良、叶适等当时名士,对东莱的道德文章无不称赞。② 性格并不温和的朱熹,常"逞口舌以与诸公角",却与东莱相处甚洽,视东莱为自己难得的箴友。③ 为人有些张扬的陈亮,屡遭时人诟病,却与东莱成为莫逆之交,视东莱为自己难得的知音。④ 于此可见东莱中正平和之学人气度所赢得的广泛人缘。

(二) 辞气平和的文论主张

吕祖谦中正平和的学人气度,体现在其文论主张上,就是强调辞气平和,反对疾言厉色。吕氏强调"治气"重于"治言","气"和方能"辞"和:

> 于此有本焉,柯干固未尝改也,春气至,则枯者荣,衰者盛,陈者新,悴者泽;秋气至,则荣者枯,盛者衰,新者陈,泽者悴。气也者,潜乎柯干

---

① 黄灵庚:《吕祖谦全集·前言》,黄灵庚、吴战垒主编:《吕祖谦全集》第 1 册,第 16 页。

② 参见这些名士给东莱写的祭文,其中张栻先于东莱去世,其对东莱道德文章的称赞可以参见两人往来书信。

③ 朱熹:《祭吕祖谦文》:"呜呼哀哉! 天降割于斯文,何其酷邪! 往岁已夺吾敬夫,今者伯恭胡为又至于不淑也邪! 道学将谁使之振,君德将谁使之复邪? 后生将谁使之诲,斯民将谁使之福邪?《经说》将谁使之继,《事记》将谁使之续邪? 若我之愚,则病将孰为之箴,而过将孰为之督邪? 然则伯恭之亡,曷为而不使我失声而惊呼,号天而恸哭邪!"(《东莱吕太史文集》附录卷二,黄灵庚、吴战垒主编:《吕祖谦全集》第 1 册,第 752 页)从中可见朱子对东莱的情谊,其中"若我之愚,则病将孰为之箴,而过将孰为之督",则是将东莱视为自己的箴友。

④ 陈亮:《祭吕祖谦文》:"孰知夫一舫之恸,徒以拂千古之膺! 伯牙之琴已分,其不可复鼓,而洞山之灯,忍使其遂无所承!"(《东莱吕太史文集》附录卷二,黄灵庚、吴战垒主编:《吕祖谦全集》第 1 册,第 769 页)用伯牙、钟子期的典故,将东莱视为知音。

之中，而浮乎柯干之外者也。惟言亦然。温厚之气加焉，凡劲暴粗厉之言，皆变而为温厚；忿戾之气加焉，凡温醇和易之言，皆变而为忿戾。不动一辞，不移一字，而善恶相去若天渊然，是孰使之然哉？气也。气可以夺言，言不可以夺气。故君子之举，治气而不治言……治言而不治气，虽有正礼大义，反为忿戾之所败。不足以解纷，而反以速祸，岂不甚可惜哉！①

东莱用春秋之气与树木荣枯的关系为喻，说明了气之于言的决定作用，并主张"君子之学，治气而不治言"。当然，东莱主张"治"的"气"并非"忿戾之气"，而是"温厚之气"，亦即平和之气。由此气催生出来的温醇和易之言，也就是平和之言。东莱还将"气"与"辞"联为一词并强调"和"之重要："大凡为人须识纲目。辞气是纲，言事是目。言事虽正，辞气不和亦无益。"②

东莱主张为文要辞气平和，并以此为矩矱臧否文章。东莱肯定那些言语有力但不露锋芒之作。他盛赞《易传》："语有力而不露锋芒者，善言也。自孟子以后，无如《易传》言近而指远者。"③又称扬其先祖吕公著，"正献公奏疏，言语有力，又却无锋芒"④。吕祖谦还对揭短之作"无迫切噪忿之气"颇为肯定，据叶适记载："吕氏言刘挚善为疏，其攻短安石，模写精妙，情态曲尽，而无迫切噪忿之气，一时莫能及。"⑤从这些评述中，都可以看到东莱对辞气平和的肯定与褒扬。

东莱肯定辞气平和之作的同时，也自然会对气躁辞激之作提出批评，如其在给朱熹的一封书信中写道：

---

① 《楚灭夔》，黄灵庚、吴战垒主编：《吕祖谦全集》第 6 册，第 350 页。
② 《门人周公谨所记》，黄灵庚、吴战垒主编：《吕祖谦全集》第 1 册，第 719 页。
③ 《丽泽论说集录》卷九《门人所记杂说一》，黄灵庚、吴战垒主编：《吕祖谦全集》第 2 册，第 250 页。
④ 《丽泽论说集录》卷九《门人所记杂说一》，黄灵庚、吴战垒主编：《吕祖谦全集》第 2 册，第 242 页。
⑤ 叶适：《习学记言序目》卷四十九，中华书局，1977 年，第 726 页。

　　详观来谕,激扬振厉,颇乏广大温润气象。若立敌较胜负者,颇似未弘。如注中东坡字改为苏轼,不知以诸公例书名而厘正之耶? 或者因辩论有所激而加峻耶? 出于前说,固无害。出于后说,则因激增怒于治心,似不可不省察也。①

直截了当地批评朱子来信"激扬振厉,颇乏广大温润气象"。吕祖谦还对元祐诸贤之过刚颇有微词:

　　《小畜》:"九二,牵复吉。"《象》曰:"牵复在中,亦不自失也。"《易传》云:"二、五皆阳刚,为阴所畜,俱欲上复。"阳之复,其势必强。二以处中,故虽强于进,亦不至于过刚。元祐诸贤,似当深体此意。②

　　总之,我们从东莱激赏温醇和易之作与批评气躁辞激之文,这两个正反维度中,可以清晰地看到其主张辞气平和的文论观点。

(三) 从容雅淡的散文风味

　　东莱辞气平和的文论主张,落实在自身的散文写作中,就是追求一种"有力而不露锋芒"的言语表达,一种平实而又舒缓从容的雅淡文风。这种文风在其中年以后,占据主导地位。东莱早年追求新巧,尤其典型地体现于策论之中,而此期的写景、状物、叙事之作,却并不刻意求新求巧,而是常有一种平和之风。中年之后,平和之风成为主导风格,此期的叙事性作品就是这种文风的最佳体现。东莱中年以后的"实",其实就是一种文风的内敛,而这种内敛往往更容易酝酿出一种匣剑帷灯、摇曳生姿的文味,这种文味最典型地体现在传、记等叙事性较强的文体中。

---

　　① 《与朱侍讲》,黄灵庚、吴战垒主编:《吕祖谦全集》第1册,第397页。
　　② 《己丑课程》,黄灵庚、吴战垒主编:《吕祖谦全集》第1册,第536页。

《东莱公家传》①乃吕祖谦为曾祖吕好问所立之传。文章先叙东莱公的生平履历，有详有略，最详的是细致讲述吕好问深明大义劝说张邦昌还政赵宋，并不惮生命危险积极奔走斡旋，最终玉成此事的完整经过。文末以东莱公同时代的大儒胡安国之语，为东莱公辩诬，将东莱公"宁受污辱以救大事"的高风亮节展现出来，有力驳斥了无知妄人的指责。该文的妙处在于先用详尽的事实说话，然后再用大儒之言为祖上辩诬，显得很有策略，也很有意味。

东莱的时代，记游渐成风气，游记走向成熟，比较著名的有陆游《入蜀记》和范成大《吴船录》。两书记游叙事，写景状物，无不生动。② 而且两书"皆极经意。山水之外，多征古迹；朝夕之事，兼及朝章；脍炙艺林，良非无故"③，可谓苦心经营之作，其成就也颇为可观。相较而言，东莱《入越录》《入闽录》则信笔写来，随手记录，虽无完篇整章的整体感，但丽词佳句不断涌出，名物胜景纷至沓来，使人如身临其境，自有清新雅丽的本色和风味悠悠的意蕴。

东莱的文章，尤其是那些写景、状物、叙事之作，如游记、记文、赠序、传记等，辞气平和，风格雅淡，一如东莱中正平和的学人气度，但又颇富"匣剑帷灯"的文学意味。东莱文章在后世被誉为"波流云涌，珠辉玉洁，为一时著作之冠"④，与其"匣剑帷灯"的文学意味是密不可分的。

四、"早葩晚实"的文风嬗变

关于吕祖谦的文风，吴子良在《荺窗续集序》中说过一段很有名的话：

---

① 黄灵庚、吴战垒主编：《吕祖谦全集》第 1 册，第 210—224 页。
② 何宇度《益部谈资》卷上："宋陆务观、范石湖皆作记妙手。一有《入蜀记》，一有《吴船录》。载三峡风物，不异丹青图画，读之跃然。"（《文渊阁四库全书》第 592 册，第 736 页）
③ 李慈铭：《越缦堂读书记》，辽宁教育出版社，2001 年，第 1207 页。
④ 王崇炳：《重刻吕东莱先生遗集叙》，《东莱吕太史集》新增附录，黄灵庚、吴战垒主编：《吕祖谦全集》第 1 册，第 984 页。

自元祐后,谈理者祖程,论文者宗苏,而理与文分为二。吕公病其然,思融会之,故吕公之文,早葩而晚实。①

这段话既指出了东莱文风是"早葩而晚实",即前期华美,后期平实,又道出了个中原因,东莱融会了理与文。其实,融会理与文,这既是东莱文风嬗变的动因,也是其文独特价值之所在。

东莱前期文风新巧、华美,如《左氏博议》"能近取譬,尤巧设喻,波澜顿挫,盖原出苏轼而能自变化"②,可谓新巧;"脍炙人口,衣被来学,又何殊珍错之有驼象、锦绣之有华衮也哉"③,可谓华美。朱熹曾经批评东莱追求新巧坏了心路:

渠(指吕祖谦,引者注)又为留意科举文字之久,出入苏氏父子波澜,新巧之外更求新巧,坏了心路,遂一向不以苏学为非,左遮右拦,阳挤阴助,此尤使人不满意。④

其实正可看出当年东莱学习苏氏父子新巧的文风。东莱前期文风的华美,当世诸贤颇有体会,周子充称其"文敏而丽",陆九渊赞其"属思纡余,摛辞绮丽",朱熹称其"词章有黼黻之华"⑤,其实都主要指向其前期文章。

东莱前期文风的美巧应该与其从事科举教育事业颇有干系。孝宗乾道三年(1167)冬到乾道五年二月,吕祖谦在明招山为母守墓,四方学子多来从学,而重心在举业。东莱因势利导,编辑《古文关键》《诗律武库》等课本,又现身说法作《左氏博议》,为诸生备战科举指点迷津。乾道五年夏,东莱还在

---

① 吴子良:《箕窗续集序》,陈耆卿:《箕窗集》卷首,《文渊阁四库全书》第 1178 册,第 4 页。
② 钱基博:《中国文学史》,中华书局,1993 年,第 640—642 页。
③ 胡凤丹:《重刊东莱博议序》,黄灵庚、吴战垒主编:《吕祖谦全集》第 6 册,第 581 页。
④ 《与张敬夫》,朱杰人、严佐之、刘永翔主编:《朱子全书》第 21 册,第 1334 页。
⑤ 黄灵庚、吴战垒主编:《吕祖谦全集》第 1 册,第 755、767、753 页。

住所附近创办丽泽书堂(后称丽泽书院)，继续讲学。乾道八年，吕祖谦又到明招山，为父守墓，弟子云集，于是又开讲学，直到次年年底，东莱在多位师友的劝说下，方遣散学生，停止讲学。可以说，直到乾道九年停止讲学，举业与东莱都形影不离，先是自己习举业，中进士和博学宏词科，后是教举业，引导弟子通过场屋考试。举业讲究为文之术、作文之法，吕祖谦长期浸淫于此，故而此期文章新巧、华美也就不难理解了。

孝宗淳熙元年(1174)以后，东莱不再费心于讲学，特别是科举教育，而是致力于治学，学问精进。此时的东莱，随着学殖的增进，年岁的增长，阅历的增加，其中正平和的学人气度再加上中年的平和心态，促使其为文逐渐从前期的美巧嬗变为平实。东莱开始反思早年的文风，开始检讨时文的弊端，在《答聂与言》中提到："前此谕及《博议》并《奥论》中鄙文，此皆少年场屋所作，往往浅狭偏暗，皆不中理。若或诵习，甚误学者。凡朋友问者，幸遍语之。"①在《与朱侍讲》中说："'中庸不可能''道不远人'两章，反复思之，龟山之说诚为奇险，非子思本指。向日不觉其非者，政缘为程文时考观新说，余习时有在者故耳。所与诸生讲说《左氏》，语意伤巧，病源亦在是。自此当力扫除也。"②又云："所论永嘉文体一节，乃往年为学官时病痛，数年来深知其缴绕狭细，深害心术，故每与士子语，未尝不以平正朴实为先。"③东莱已开始超越《博议》《奥论》等文章的新巧文风，转而崇尚平正朴实。东莱告诫陈亮"驱山塞海，未足为勇；惟敛收不可敛之气，伏槽安流，乃真有力者也"④，指出朱熹《论语精义》"筋骨太露耳，更润色，令意微而显，乃善"⑤，又称赞陈仲举"近来议论却简径，无向来崎岖周遮气象，甚可喜也"⑥，揄扬张丈"比累得书，

①　《答聂与言》，黄灵庚、吴战垒主编：《吕祖谦全集》第 1 册，第 498 页。
②　《与朱侍讲》，黄灵庚、吴战垒主编：《吕祖谦全集》第 1 册，第 402 页。
③　《与朱侍讲》，黄灵庚、吴战垒主编：《吕祖谦全集》第 1 册，第 423 页。
④　《与陈同甫》，黄灵庚、吴战垒主编：《吕祖谦全集》第 1 册，第 479 页。
⑤　《与朱侍讲》，黄灵庚、吴战垒主编：《吕祖谦全集》第 1 册，第 429 页。
⑥　《与朱侍讲》，黄灵庚、吴战垒主编：《吕祖谦全集》第 1 册，第 421 页。

平实有味,歉然益知工夫之无穷。往年豪气,殊觉销落"①,从正反两个维度表达着对平实文风的趋向。

东莱中年以后对平实文风的喜好,不仅表现在臧否他人文章的层面,更落实在自己文章的写作上。东莱淳熙以后的作品,大都不露筋骨,温厚平和,我们先看一个例子。《重修钓台记》乃东莱淳熙七年为严州知州萧公重修严子陵祠堂而作。该文首先以简约的文辞,叙述了钓台的由来,北宋范文正公修祠为记的盛事,以及当世萧公重修钓台的大致经过。接下来发表议论,说严子陵并非忘身世事,"先生虽以巢、由自命,视一世若不足以浼之。观与侯霸尺牍,劘切之意,见于言外,岂于帝惓惓未能忘邪",并阐发严子陵高风亮节之于后世的教益:"士之闻风兴起者,坚节正操,见危受命,项背相望。其有益人之国,与朝夕献纳云台之下者,未知其孰多孰少也。"然后点出萧公重修钓台的意义:"今公作牧,复大葺祠宇,以续前人之绪。继自今以往,溯沿下上者,款门而心开,升堂而容肃。风清樾,濯寒泉,哦山高水长之诗,致足乐也。则公岂专为一邦劝哉?"②最后再附带介绍钓台的面势位置等情况。该文先叙后议,以议为主,可谓议论风生。其议论颇可注意,严子陵在一般学者看来是孤傲甚至带有一点矫激之气(奇异偏激,违逆常情)的,但到了东莱笔下却无是气,反倒显得有些平和。对东莱的这种诠释,朱熹很不满意。朱子认为"严子陵是矫激分明"③,批评东莱作文却"要辨其非矫激"。朱子与东莱同为理学家,为什么对同一个历史人物的看法却大相径庭呢?其实,这背后折射出诠释者不同的心态乃至性情。朱子慷慨奋发,故而看严子陵是矫激分明;而东莱中正平和,所以要辨严子陵非矫激。朱子批评"今日浙中士君子有一般议论,又费力,只是云不要矫激","近日浙中文字虽细腻,只是一般回互,无奋发底意思",其实正道出了中年东莱观点的平和以及

---

① 《与陈同甫》,黄灵庚、吴战垒主编:《吕祖谦全集》第1册,第469页。
② 《重修钓台记》,黄灵庚、吴战垒主编:《吕祖谦全集》第1册,第101—102页。
③ 黎靖德编:《朱子语类》卷一百二十二,第2957—2958页。

文风的平和。实际上，不惟《重修钓台记》，东莱淳熙以后的记文、序跋、碑志等，大多没有早期文章的宏肆雄辩之气，倒有一种娓娓道来的平易之风。

东莱文风"早葩晚实"的嬗变，吴子良体会颇深："东莱早年文章在词科中最号杰然者，然藻缋排比之态，要亦消磨未尽。中年方就平实，惜其不多作而遂无年耳。"①又说："吕公之文，早葩而晚实。"②其实，东莱同时代的丘崈在祭文中也提到东莱"作为文章，不驰不凿，纯正宏深，反伪以朴"，③其中"反伪以朴"云云也可作为"早葩晚实"的同义诠释。

五、融会理文的卓越成就

南宋理学家中，吕祖谦可谓最为博杂，但也可能最有文学素养。吕祖谦有深厚的家学渊源，诚如《宋史》本传云，"祖谦之学本之家庭，有中原文献之传"④。吕氏家学，"不主一门，不私一说"⑤，颇为博杂，吕祖谦治学，深受这种家风的影响。曾有人批评吕祖谦："东莱博学多识则有之矣，守约恐未也。"⑥朱熹"然之"。又云："（伯恭）日前只向博杂处用功，却于要约处不曾子细研究，病痛颇多……大抵博杂极害事。"⑦朱熹指责吕氏"博杂"，不能"守约"，并非苛评。但恰恰是这种不重"守约"，唯务"博杂"成就了吕祖谦的兼综。南宋中期，朱熹的理学，陆九渊的心学，永康、永嘉学派的事功之学，尤

---

① 吴子良：《荆溪林下偶谈》，王水照编：《历代文话》第1册，复旦大学出版社，2007年，第569页。
② 吴子良：《筼窗续集序》，陈耆卿：《筼窗集》卷首，《文渊阁四库全书》第1178册，第4页。
③ 丘崈：《祭吕祖谦文》，黄灵庚、吴战垒主编：《吕祖谦全集》第1册，第757页。
④ 《宋史》卷四百三十四《儒林传·吕祖谦传》，第12872页。
⑤ 这种家学之风，从吕祖谦的五世祖吕希哲就开始了，《宋元学案·荣阳学案》引朱熹曰："吕公（指吕希哲，引者注）家传，深有警悟人处，前辈涵养深厚乃如此。但其论学殊有病，如云'不主一门，不私一说'，则博而杂矣。"（《宋元学案》，第908页）吕祖谦的伯祖父吕本中治学也秉持这种家风，全祖望在《宋元学案·紫微学案》中说："大东莱先生（指吕本中，引者注）为荣阳冢嫡，其不名一师，亦家风也。"（《宋元学案》，第1233页）
⑥ 黎靖德编：《朱子语类》卷一百二十二，第2949页。
⑦ 《与张敬夫》，朱杰人、严佐之、刘永翔主编：《朱子全书》第21册，第1333—1334页。

为显学,吕祖谦博采众长,兼收并蓄,自成一家。关于此,潘富恩、徐余庆认为吕氏"不拘门户之见,以综合当时各家学说为己任,故而其思想反映了南宋社会思潮的总趋向"①。

吕祖谦的博采兼综,使得身为理学家的他也不可能固守道学先生重道轻文的偏执主张,而他深厚的文学素养无疑又会使他比一般理学家更能鉴文,更能为文。《宋史》本传记载:

> 尝读陆九渊文喜之,而未识其人。考试礼部,得一卷,曰:"此必江西小陆之文也。"揭示,果九渊,人服其精鉴。②

陆九渊《祭吕祖谦文》也提及此事:

> 辛卯之冬,行都幸会。仅一往复,揖让而退。既而以公,将与考试。不获朝夕,以吐肝肺。公素与我,不交一字。糊名誊书,几千万纸。一见吾文,知非它士。公之藻镜,斯已奇矣。③

此则记载说明了吕氏具有对文章的"精鉴"之能,而他选编评点的《古文关键》更是证明了他的文学鉴赏能力。吕祖谦不但有很强的文学鉴赏能力,而且有娴熟的文字驾驭技巧,但这恰恰引来了固守重道轻文传统的道学家讥评:"伯恭有个文字腔子,才作文字时,便将来入个腔子做,文字气脉不长。"④"伯恭是个宽厚底人,不知如何做得文字,却似个轻儇底人?"⑤道学家的讥评刚好从反面证实了吕氏对文字技巧的重视和谙熟。

---

① 潘富恩、徐余庆著《吕祖谦评传》(南京大学出版社,1992 年)卷首内容简介。
② 《宋史》卷四百三十四《儒林传·吕祖谦传》,第 12873 页。
③ 陆九渊:《祭吕祖谦文》,黄灵庚、吴战垒主编:《吕祖谦全集》第 1 册,第 767—768 页。
④ 黎靖德编:《朱子语类》卷一百三十九,第 3321 页。
⑤ 黎靖德编:《朱子语类》卷一百二十二,第 2953 页。

　　吕祖谦作为一位具有渊深文学素养的理学家，又继承了博采兼综的吕氏家风，其融通理学与文学，采文学之妙以论理学之要，当然也就是水到渠成的事了。

　　东莱散文中，最有文学意味的可能要算《左氏博议》了，而此书的理学色彩也是很浓的。可以说，该书既呈现出厚实的理学底色，又流露出鲜明的文学异彩，而且二者融合无间，色彩调和，理学思想的阐发借助于文学的表达，而文采流溢的华衮又包裹着理学的真身。①郝政民先生在《东莱博议》注释本前言中云该书"融史、论、文为一炉"，肯定了该书的文学色彩，再云"既宗儒学，又尚理学，故其文内容充实，故其论犀利风发"②，又肯定了该书的哲学意蕴。

　　其实，不惟《左氏博议》，东莱的其他文章也大多既有理学意蕴，又有文学意味。吴子良在《筼窗续集序》中感慨元祐后"理（理学）与文（文学）分为二"，又提到吕祖谦"思融会之"，"故吕公之文，早葩而晚实"，点出了吕氏之文融会理学与文学的特质。当代学者程千帆、吴新雷两先生更是直截了当地指出："吕祖谦是把理学和文学合而为一的创新者。"③

　　吕祖谦融会理文的散文，在南宋中叶别具一格。孝宗、光宗、宁宗之际，散文作家大致有两类，一是功利派，一是理学派。功利派散文以陆游、陈亮、辛弃疾和叶适为代表，大多写得奋发扬厉，壮怀激烈。理学派以朱熹、真德秀为代表，"他们多以学者而为文人，有较深厚的儒学修养。所作虽涉世务，但不及功利派急切，风格上也以雍容典雅见称"④。王琦珍先生又将理学家散文分为论理派和论文派，朱熹等归入论理派，吕祖谦等归入论文派，王先生说：

---

　　① 参阅拙著《宋代春秋学与宋型文化》（中国社会科学出版社，2008年，第269—298页）第四章《以〈春秋〉经传为素材的史论散文》。
　　② 吕祖谦著，郝政民注：《东莱博议》，陕西人民出版社，1991年，第1页。
　　③ 程千帆、吴新雷：《两宋文学史》，上海古籍出版社，1991年，第268页。
　　④ 王琦珍：《南宋散文评论中的几个问题》，《文学遗产》1988年第4期，第80页。

和朱熹相对立,从理学家中又分出来论文一派,以吕祖谦为代表,他们既不同于论理派,也不同于功利派,更注意对散文艺术形式的探求,既以文贯道,又讲究章法,他们对"道"的理解也和朱熹不一样。所以,在南宋一朝,这一派实际是唐宋古文的嫡嗣与正宗……其散文便闲与从容,情词委婉,于儒雅典重,剀切犀利之中,贯穿着豪迈骏发之气……①

王先生认为以吕祖谦为代表的论文派,在南宋一朝,"实际是唐宋古文的嫡嗣与正宗",并非虚誉。吕祖谦身为理学家,却不像朱熹等人那样重道轻文,而是重道亦重文。实际上,正是吕祖谦的文道并重,使得其文章在理学家篇什里,独树一帜,大放异彩。如果说,论理派论理的语录文字"始终没在散文中取得合法地位"②,他们的其他文章也大多乏"美"可陈,那么,论文派不但其创作的散文富有艺术价值,而且就是其论理的很多文章也同样颇有文学意味,可以归入散文之列,比如《博议》。我们不妨说,论文派吕祖谦的文学主张和创作实践,为理学文论灌注了一种生气,为理学文章增添了一抹靓色。当代学者朱迎平《宋文论稿》云:"作为道学别派的吕祖谦,不但精心研讨文章作法,散文创作也有多方面的成就,确是南宋道学家中的佼佼者。而且,他的重文主张和实践也影响到他的后学。"③也是充分肯定了东莱散文的成就。

总之,吕氏融会理文的文论主张及其"衔华佩实"的散文写作,置于南宋的时代语境,可谓灼灼之光,置于中国文学史的宏阔视野,也是权衡文道关系的经典论述和成功实践。

（本文作者为台州学院中文系教授）

---

① 王琦珍:《南宋散文评论中的几个问题》,第81页。
② 王琦珍:《南宋散文评论中的几个问题》,第78页。
③ 朱迎平:《宋文论稿》,上海财经大学出版社,2003年,第222页。

"金华四大家"宋濂、王祎、胡翰、戴良的诗文成就

查洪德

提　要：宋元以来，金华地区人才辈出，在学术与文章上都颇有建树，其中宋濂、王祎、胡翰、戴良四人是元明之际的佼佼者，可称"金华四大家"。宋濂的人生分两个阶段，入明之前的为人与为文最为可取，其诗文成就和影响在四大家中最高，诗赋也颇有特色；王祎是与宋濂并称的文章家和史学家；胡翰的论学之文是其所长，学者之文是其特色；戴良的诗文理论有其独特价值。

关键词：宋濂　王祎　胡翰　戴良　诗文成就

宋元时期的金华地区，在学术与文章两个方面，都占据着至高点。金华之学，有金华东莱之学与金华朱学，金华朱学被认为是朱学嫡派。清人张夏《雒闽源流录》说："宋南渡后，新安朱子、东莱吕氏，并时而作，皆以斯道为己任，婺实吕氏倡道之邦，而其学不大传。朱子一再传为何基氏、王柏氏，又传之金履祥氏、许谦氏，皆婺人，遂为朱学世适。"①何、王、金、许，是学术史上著名的"北山四先生"。但在他们之后，金华传人多不以学术著称而以文章名世，如清人黄百家所言：

———————————

① 张夏：《雒闽源流录》卷一，清康熙二十一年黄昌衢彝叙堂刻本。

金华之学，自白云一辈而下，多流而为文人。夫文与道不相离，文
显而道薄耳。虽然，道之不亡也，犹幸有斯。

北山一派，鲁斋、仁山、白云既纯然得朱子之学髓，而柳道传、吴正
传以逮戴叔能、宋潜溪一辈，又得朱子之文澜，蔚乎盛哉！[①]

"北山四先生"之一白云先生许谦为著名学者，与他一同师事金履祥的
柳贯则以文章名家，此后，金华学派衍为金华文派。元中期，金华所产黄溍、
柳贯以及年岁晚于他们，但属同一辈分的吴莱，皆为著名文章家。三人之
后，又有宋濂、王袆、胡翰、戴良，接踵前贤，声望远播，可称元明之际的"金华
四大家"。其中影响最大、成就最高者为宋濂，王袆与宋濂同为《元史》总裁
官，也都受学于黄溍、柳贯。胡翰也是那个时代著名的文章家。与前三人不
同，戴良不仕明，成了著名的元遗民；前三人以文章称，戴良则是元末最著名
的诗人之一，而其诗并非师承黄溍、柳贯、吴莱诸贤，而是学于色目诗人余
阙，自成风格。"四大家"在元明之际影响很大，宋濂被称为明代开国文臣之
首，地位极高。以下分述宋濂与其他三人的文学主张与诗文成就。

一、宋濂的诗文

宋濂（1310—1381）字景濂，浦江人。元末以荐除翰林编修，以亲老辞。
入仙华山为道士。明初修《元史》，充总裁官。仕至翰林学士承旨兼太子赞
善大夫。正德中追谥文宪。他的学术追求和诗文主张，都鲜明地体现了金
华地区的学术精神。诗文成就和影响在"四大家"中也最高。

宋濂一生可以入朱元璋政权为界，划分为两个阶段。此前此后，宋濂之
为人判若两人，甚至可以说是两个宋濂。他的朋友王袆为他写的《宋太史

---

① 黄宗羲原撰，全祖望补修：《宋元学案》卷八十二《北山四先生学案》，中华书局，1986 年，第
2801、2727 页。

传》，描绘元时的宋濂是："性疏旷，不喜事检饬。宾客不至，则累日不整冠。或携友生彷徉梅花间，索笑竟日；或独卧长林下，看晴雪堕松顶，云出没岩扉间，悠然以自乐。"①而《明史》本传中的宋濂，在明初的政治环境以及文学侍从之臣的身份拘束下，变得谨小慎微而泯没了全部个性："濂性诚谨，官内庭久，未尝讦人过。所居室署曰'温树'，客问禁中语，即指示之。"②"温树"乃用汉代孔光事。孔光为人谨重，言不及朝省事。或问光："温室省中树皆何木也。"光默不应，答以他语。由此我们也可以想见宋濂前后期文章的不同风格。

我们喜欢元时的宋濂，喜欢他的为人与为文。我们不对他的创作作全面介绍，只介绍他写于元时的几篇人物传记。这些文章有几个特点：第一，文章所写传主虽实有其人，但文章却并非其人之实录，而实实在在属于传记文学，文章不重记事，而重在渲染传主之精神风貌。第二，我们所选诸篇，所记均为有奇节异行、奇才异能、特立独行之士，作者写他们超尘出俗之人格与行为，表达了对他们由衷的钦敬，从而也表达了对世俗的批判。第三，这些文章中所表现的观念和意趣，与金华文派，尤其是其师吴莱的文风和诗文主张是一脉相承的。由此我们知道，他在理论和观念上走向乃师的反面，应该是后期的事。他在自撰的《白牛生传》中为自己画像，刻画了一个不同流俗的学古君子的形象，他之言行举止不入世人之目，不为世人理解，人们"笑其迂""疑其拙""以为狂""虑其诈""谤其偏"，作者一一予以驳斥。这类文章中给人们印象最深、最可称为代表作的是《秦士录》，兹录于下：

　　邓弼字伯翊，秦人也。身长七尺，双目有紫棱，开合闪闪如电，能以力雄人。邻牛方斗不可擘，拳其脊，折仆地；市门石鼓，十人舁，弗能举，

---

　　①　王祎：《王忠文公文集》卷二十一，《北京图书馆古籍珍本丛刊》(98)影印明嘉靖元年张齐刻本，第 377 页。
　　②　《明史·宋濂传》卷一百二十八，中华书局，1974 年，第 3786 页。

两手持之行。然好使酒怒视人，人见辄避，曰："狂生不可近，近则必得奇辱。"

文章开头，对人物作简笔描述。我们如何评价？我想说：天地间绝无此人，天地间定有此人。以事求之，行事决不可能，世间绝无此人；以神求之，人物凛凛有生意，读者但觉似曾相识，天地间当有此人。

> 一日独饮娼楼，萧、冯两书生过其下，急牵入共饮。两生素贱其人，力拒之，弼怒曰："君终不我从，必杀君亡命走山泽耳，不能忍君苦也。"两生不得已从之。弼自据中筵，指左右揖两生坐，呼酒歌啸以为乐。酒酣，解衣箕踞，拔刀置案上，铿然鸣。两生雅闻其酒狂，欲起走，弼止之曰："勿走也。弼亦粗知书，君何至相视如涕唾？今日非速君饮，欲少吐胸中不平气耳。四库书从君问，即不能答，当血是刃。"两生曰："有是哉？"遽摘七经数十义叩之，弼历举传疏，不遗一言。复询历代史，上下三千年，缅缅如贯珠。弼笑曰："君等伏乎未也？"两生相顾惨沮，不敢再有问。弼索酒被发跳叫，曰："吾今日压倒老生矣……"

我以为元代文章有以传奇为传记一格，虽记真人，却纯然如一篇传奇。此文可作例证，这一节便是传奇笔法入传。以一具体事，写出常人眼中的邓弼，证实"狂生不可近，近则必得奇辱"之说。所谓欲扬先抑，但抑中展示出邓弼奇才，为文章的核心内容的叙写做好了充分的铺垫：

> 泰定末，德王执法西御史台，弼造书数千言，袖谒之。阍卒不为通，弼曰："若不知关中有邓伯翊耶？"连击踣数人，声闻于王。王令隶人捽入，欲鞭之。弼盛气曰："公奈何不礼壮士？……"庭中人闻之，皆缩颈吐舌，舌久不能收。王曰："尔自号壮士，解持矛鼓噪前登坚城乎？"曰：

"能！""百万军中可刺大将乎？"曰："能！""突围溃阵，得保首领乎！"曰："能！"王顾左右曰："姑试之。"问所须，曰："铁铠良马各一，雌雄剑二。"王即命给与。阴戒善槊者五十人，驰马出东门外，然后遣弼往，王自临观，空一府随之。暨弼至，众槊并进。弼虎吼而奔，人马辟易五十步，面目无色。已而烟尘涨天，但见双剑飞舞云雾中，连斫马首堕地，血涔涔滴。王抚髀欢曰："诚壮士！诚壮士！"命酌酒劳弼，弼立饮不拜，由是狂名振一时，至比之王铁枪云。①

真是天地间一位奇人。由此文，我们看到了陈亮以来，方凤、吴莱等人身上所体现的浙东人文精神在宋濂身上的延续。应该说，这才是真实的宋濂，指"温树"而不言的宋濂，是被压抑、被异化了的宋濂。这组文章，还有《竹溪逸民传》《抱瓮子传》《吾衍传》《樗散生传》，传主全都奇装异服，彰显的是他们的奇节异行。这些人个个都有奇才异能，但其德才却不为世人所知，甚至不为当世所容。《竹溪逸民传》的主人公"戴青霞冠，披白鹿裘，不复与尘事接。所居近大溪，篔竹翛翛然生。当明月高照，水光潋滟，共月争清辉。逸民辄腰短箫，乘小舫，荡漾空明中。箫声挟秋气为豪，直入无际，宛转若龙鸣，深泓绝可听。箫已，逸民叩舷歌曰：'吹玉箫兮弄明月，明月照兮头成雪。头成雪兮将奈何，白鸥起兮冲素波。'人见之，叹曰：'是诚世外人也，欲常见且不可得，况狎而近之乎？'性嗜鞠，种之满园，顾视若孩婴。黄花一开，独引觞对酌，日入不倦。"五十岁后，又自言"将渔于山樵于水矣"②。作者由其言断定，这是一位有道者。读《抱瓮子传》恍然进入桃花源："予尝游括之少微山，俯瞰四周，如列屏障。山之趾有随地形高下为蔬圃，约二十亩，凡可茹者咸艺焉，傍列桃杏梨李诸树。时春气方殷，蔬苗怒长，满望皆翡翠色，树亦作红白花，缤纷间错，如张锦绣段。心颇讶之，曰：'是必有异。'因曳杖而降，冉

---

① 黄灵庚校点：《宋濂全集》，人民文学出版社，2014年，第1932—1933页。
② 黄灵庚校点：《宋濂全集》，第331—332页。

冉至其处。气象幽夐,绝不闻鸡犬声。遥望草庐一区,隐约出竹阴间。疑中有隐者,亟前候之,良久见一士,戴棕叶冠,身被紫褐裘,抱瓮出,汲水灌畦。予进问曰:'夫子何名?'曰:'山泽之民,无所名也。'强之,曰人以其抱瓮也,遂呼为抱瓮子尔。"在不同寻常的环境中有一位不同寻常的人,他的服饰和言行都让人感到高深莫测。在说了一番"灌畦之道"的哲理后,"入竹阴间,闭户高卧,扣之不见答"①。这显然是一位遗世独立的高士,有似《庄子》中的渔父。《吾衍传》中的吾衍,意气简傲,"居生花坊一小楼,客至,僮辄止之,通姓名,使其登乃登。廉访使徐琰一日来见,衍从楼上呼曰:'此楼何敢当贵人登邪?愿明日谒谢使节。'琰素重衍,笑而去。生徒从衍游者常数十百人,衍坐童子地上,使冠者分番下授之,时出小青凉伞教之低昂作舞势。或对宾游谈,大噱,解发濡酒中为戏。群童皆肃容莫敢动。衍左目眇,又跛右足,一俯一仰,妩媚可观,宛有晋宋间风致。畜两铁如意,日持弄之。或倚楼吹洞箫数曲,超然如忘世者。"②就是这样一位清雅之士,却因被俗卒所辱,死不知所终。宋濂这组写奇人的奇文,使人过目不忘。

长期以来,文学史研究者都以为宋濂文学成就主要在文,又以传记文最具特色与个性。至于诗,评价不一,有肯定者,但也是有限肯定,王世贞评其诗"严整妥切"③,朱彝尊以为"景濂于诗,亦用全力为之。盖心慕韩、苏而具体者。"否定者则直言:宋濂文章,"评者以本朝第一目之",而"韵语则非所长。集虽多,不作可也。"④但明人陆深却发现,宋濂诗歌成就因文献缺失而被掩盖了。他读到了人们罕能见到的宋濂《萝山吟稿》(或题《萝山集》),认为集中作品显示了宋濂在诗歌方面的非凡成就:

> 深读先生文最早,诗则无从得焉,妄意先生于此毋乃小有所让,抑

---

① 黄灵庚校点:《宋濂全集》,第345—346页。
② 黄灵庚校点:《宋濂全集》,第318页。
③ 王世贞:《明诗评》卷三,丛书集成初编本,商务印书馆,1937年,第59页。
④ 朱彝尊选编:《明诗综》卷三,中华书局,2007年,第122—123页。

亦昔人所谓难兼以长者? 近得《萝山吟稿》五卷,读之,锻炼之精工,体裁之辨治,气韵之伟丽,词兼百家,亦国朝诗人之所未有也。欣慰累日,若还至宝。于是叹前辈之高雅,世未易尽知。①

此后这部《萝山集》便很少有人提到(清初黄虞稷《千顷堂书目》虽有著录,但不能确定黄氏曾见此书)。

有幸的是,这部销声匿迹数百年的诗集,有抄本在日本被发现。黄灵庚先生编辑校点《宋濂全集》,根据任永安博士的整理收入此集。卷首郑涛《宋太史诗序》言:"太史先生诗若干卷,简雅赡丽,各因体成赋,声调辞气,精纯弗杂。涛尝传至京师,翰林诸公莫不爱诵之,而揭文安公为之评。"②有意思的是,"宋太史""太史先生",显然是入明后才有此称,而此序作于元至正十三年(1353),序文称谓,应该是明初刊刻《萝山集》时所改。卷二末有宋濂所作识语:"右此卷诗凡百余首,皆乙未、丙申岁作也。情寓于词,颇多缪鳌纤弱,谩钞新稿后,以俟他日删去。"③今本《萝山集》卷二计收诗119首,与题识所言数合。乙未、丙申,为元至正十五、十六年。《萝山集》所收,应该都是这几年前后的作品。三年后,即至正十九年正月,宋濂被朱元璋召为五经师。其人生和创作,都进入了一个新的时期。

任永安读过《萝山集》后说:"入明后,宋濂写了不少酬应、颂圣诗作,这些充满台阁气息的诗歌严整妥切、平易雍容,但相对说来价值不高。""抄本《萝山集》则收录了大量宋濂入明前所作诗歌,这些山林之诗自由活泼、情感浓烈、风格醇深雅美,对于全面认识宋濂的诗歌创作成就具有重要价值。"④《萝山集》的重新面世,确实提出了研究宋濂诗的课题。但在我看来,还不仅

① 陆深:《题萝山集》,《俨山集》卷八十六,台湾商务印书馆影印《文渊阁四库全书》第1268册,第553页。
② 黄灵庚校点:《宋濂全集》,第2318页。
③ 黄灵庚校点:《宋濂全集》,第2368页。
④ 任永安:《日本藏宋濂〈萝山集〉抄本考述》,《文学遗产》2011年第1期。

仅是评价其成就高下的问题。宋濂诗歌在元代确实有诸多特别之处。元前中期,诗坛宗唐,人们多写近体诗。而宋濂诗学汉魏六朝,诗中近体极少。元后期,以杨维桢为宗主的铁崖体风行,学李贺,写古乐府辞,风格幽艳奇诡,其风笼罩一时,宋濂的老师吴莱也学李贺,也多写古乐府,诗风颇近杨维桢。则诗体选择上,宋濂与杨维桢尚古反律同,而风格宗尚则异。宋濂为诗,能自外世风,独辟路径。其《萝山集》开卷《杂体五首》,即效江淹《杂体三十首》,每首拟一人,五首分别拟陆机、陶潜、谢灵运、颜延之、鲍照。以下诗作,遍拟魏晋至唐名家。不仅如此,他还遍拟魏晋至唐古诗各体、柏梁体、东飞伯劳歌格、顶针体、吴歌乐府、杜甫七歌体、唐人艳阳词等,而其《越歌·约杨推官同赋》实际就是竹枝歌。这在元代诗人中仅见。如此我们就可理解陆深所说其诗"锻炼之精工,体裁之辨治,气韵之伟丽,词兼百家",所谓词兼百家,由其拟百家,拟一家即追摹一家。元明之际诗坛的拟古倾向,应与宋濂的影响有关。

郑涛《宋太史诗序》所录揭傒斯评宋濂诗:"如宝鉴悬秋,随物应象,无毫末不类。及至其玄妙自得,即之非无,索之非有,莹彻玲珑,不可凑泊,足以映照古今矣。"[1]实是说宋濂诗有晋宋风味,其评也近似。其卷二后题识自言"情寓于词,颇多缪鳌纤弱"[2],也确实符合宋濂部分诗的特点。比如其《越歌》十四首,《历代诗余》录《古今词话》录其中二首且有评:

> 宋金华以大手笔开一代风气,而亦有丽语,如:"恋郎思郎非一朝,好似并州花剪刀。一股在南一股北,几时裁得合欢袍。""有郎金凤饰花容,无郎秋鬓若飞蓬。侬身要令千年白,不必来涂红守宫。"此鉴湖竹枝也。[3]

---

① 黄灵庚校点:《宋濂全集》,第 2318 页。
② 黄灵庚校点:《宋濂全集》,第 2368 页。
③ 王奕清等:《御选历代诗余》卷一百二十,台湾商务印书馆影印《文渊阁四库全书》第 1493 册,第 413 页。

这也让我们认识了宋濂的另一面。这类诗有的确实写得很可爱,如吴歌乐府辞之作《采莲曲》:"吴娥采莲秋江渚,风吹鬟影金蝉舞。莲房嫩红丝缕缕,采莲不见莲心苦。莲心自苦人莫知,藕带未成情已移。鸳鸯若刺莲下飞,慎勿伤我带中丝。"①仿民歌作,不失民歌的清新与活泼。其他作品如怀古之作《过采石因问李白葬处》:

> 采石江头秋影湿,蛾眉亭上凉鸟集。千载芳魂唤不醒,一天月色空江声。欲寻李白题诗处,满望凄凉白杨树。暮蚕犹自学悲吟,入青云响若人诗。石麟有语寄西风,只有江流与旧同。②

诗不失含浑气象,一气流转,不见工巧,而圆活自然。宋濂论诗重气,他这些诗,也都富有生气。《饥龙行》则写元末战乱中的残像:"长淮千里无尺瓦,白蒿满地高于马。饥龙无主走西东,日啖乱尸肥似熊……举头问天天若漆,忍使生灵作枯骨。愿泻银河洗甲兵,甲兵用时日东没。"③这应该算元末战乱诗中的佳作。

《萝山集》未重新发现以前,其他文献如钱谦益《列朝诗集》所载宋濂诗也有一些不错的作品。郎瑛《七修类稿》卷三十五《宋戴遗诗》录有宋濂与戴良的一组寄赠诗,④在《萝山集》卷三题作《答戴学正》,共十首,兹据《萝山集》录其第五首:

> 盈盈白面生,骑马出重关。铁衣何皦皦,宝刀缀双环。左右千貔貅,绣旗随风翻。自云将家子,折节征百蛮。尝从大将军,三箭定天山。飘摇意气得,泰华欲成吞。庸竖震骇之,喈喈咸长叹。鄙我章句生,弃

---

① 黄灵庚校点:《宋濂全集》,第 2349 页。
② 黄灵庚校点:《宋濂全集》,第 2423 页。
③ 黄灵庚校点:《宋濂全集》,第 2355 页。
④ 郎瑛:《七修类稿》卷三十五,中华书局,1959 年,第 525—527 页。

掷同粪丸。我固孱弱躯，久服章甫冠。亦有兵百万，藏之心胸间。欲施
竟何之，目送孤云还。①

　　确实有汉魏古诗的气象和风骨，大能荡人心胸，激人血气。还有载于
《文宪集》卷三十一的《古曲》："思君不可见，忽见阶下花。此花君手植，如见
君容华。嫣然索予笑，不语意自佳。花容方窈窕，因君愈妍好。见花情尚
多，见君将奈何！"②活泼而不失蕴藉，读了颇惬人意。还有悲情泣诉使人动
情动容的《鸳鸯离》："结发成昏期白发，谁道鸳鸯中道拆。妾身虽作土中泥，
妾魂长与君同栖。娶妻只为多似续，妾有三儿美如玉。愿君勿娶全儿恩，一
娶亲爷是路人。"③一个牵挂幼子、难断旧爱的多情女子鬼魂的倾诉，这当然
是诗人的假想，也是人类普泛之情。但读来让人感到，这倾诉是那么真实，
那么可感，让人揪心。宋濂还有些富有情趣的小诗，如《题亭上壁三首》其
一："意随流水行，却向青山住。因见落花空，方悟春归去。"④诗小，但能给人
广阔的想象空间和回味余地。所有这些，这里都不可能展开了。

　　应该说，宋濂在元明之际，是名副其实的文坛领袖。他的文学主张影响
一时，他的文章成就极高，同时也是一位有待研究的诗人。

二、王祎与胡翰的文学成就

　　王祎在后世声名不显，但在当时，他是与宋濂并称的文章家和史学家。
王祎（1322—1374），字子充，号华川，义乌人。明初征为中书省掾，诏修《元

---

　　① 黄灵庚校点：《宋濂全集》，第 2377 页。
　　② 宋濂：《文宪集》卷三十一，台湾商务印书馆影印《文渊阁四库全书》第 1224 册，第 536 页。
此诗亦载《萝山集》卷四，黄灵庚校点：《宋濂全集》，第 2405 页。
　　③ 宋濂：《文宪集》卷三十二，台湾商务印书馆影印《文渊阁四库全书》第 1224 册，第 553 页。
此诗亦载《萝山集》卷四，黄灵庚校点：《宋濂全集》，第 2426 页。
　　④ 宋濂：《文宪集》卷三十一，台湾商务印书馆影印《文渊阁四库全书》第 1224 册，第 536 页。
此诗亦载《萝山集》卷四，黄灵庚校点：《宋濂全集》，第 2406 页。

史》，与宋濂同为总裁官。书成，拜翰林待制。奉使招吐蕃，至兰州召还，改使云南，招降元梁王，为元人所杀。建文中赠翰林学士，谥文节，正统中改谥忠文。今存《王忠文集》二十四卷。

宋濂、王祎之同门友、同为金华"四大家"的胡翰，同样入明为官，官位不达，名不如宋、王之显，但诗文成就颇高。胡翰（1307—1381），字仲申，在金华文派第二代中也是一位颇具特点的人物。《明史·胡翰传》言："长从兰溪吴师道、浦江吴莱学古文，复登同邑许谦之门。同郡黄溍、柳贯以文章名天下，见翰文，称之不容口。游元都，公卿交誉之。与武威余阙、宣城贡师泰尤善。或劝之仕，不应。既归，遭天下大乱，避地南华山，著书自适。文章与宋濂、王祎相上下。"①其诗文也为当时及后世所称。金华文派在元明之际有声有色，不仅靠宋濂的居高临远，还要靠王祎、胡翰、戴良的羽翼之功。

王祎在明初文坛，声望颇高。杨士奇序其文集，称其与宋濂"入翰林，持文柄""岿然一代之望也"②。《明史·王祎传》载，朱元璋曾对王祎说："江南有二儒，卿与宋濂耳。学问之博，卿不如濂；才思之雄，濂不如卿。"③人们对其文章，也颇多推崇之语，胡行简序其集，称其文"驾宋轶唐，轹西汉先秦，而骎骎乎三代也④。"客观地说，这样的推崇之语没有什么参考价值。苏伯衡序则言其"温温乎其纯雅，恢恢乎其宏辨，秩秩乎其密察也，而要其归，无不本于经者。"⑤《四库全书总目》评其文："祎师黄溍，友宋濂，学有渊源，故其文醇朴宏肆，有宋人轨范。"⑥这让我们理解：王祎之文是学者之文，其文既"醇朴"又"宏肆"，文本于学，但同时也重视"文"，因而王祎可称文章作手。王祎《宋太史传》评宋濂之文，以为得黄溍、柳贯之传而能合黄、柳二人之长。苏伯衡《王忠文公集序》评王祎文，大意近似。宋濂序王祎文，以为文有三变：

---

① 《明史》卷二百八十五《胡翰传》，第7310页。
② 杨士奇：《王忠文公文集序》，王祎：《王忠文公文集》卷首，第3页。
③ 《明史》卷二百八十九《王祎传》，第7414页。
④ 胡行简：《王忠文公文集序》，王祎：《王忠文公文集》卷首，第5页。
⑤ 苏伯衡：《王忠文公集序》，王祎：《王忠文公集》卷首，第7页。
⑥ 《四库全书总目》卷一百六十九《王忠文公集》提要，中华书局，1965年，第1466页。

早年之作"幅程广而运化弘,光焰烨烨起诸公间。"成年后出游各地及北上大都,"所见乔岳长河,摩日月而荡云烟,精神翕然与之冥会。故其为文,波浪涌而鱼龙张,风霆流而雨雹集,五采竞明而十日并照……气象益以沉雄"。再后来"退藏重山密林中,愈沉酣于古而密体于方今,凡天人之理、性命之奥,皆肆其玄览而养厥灵淳,其学遂底于成,而年亦已逾四十矣。故其为文,浑然天成,而条理弗爽,使人挹之而逾深,味之而弗竭。其平日华绮豪放之习,至是刊落殆尽。"①如果说王祎文章达到了如此高的水准则未见得,但他们对王祎文章质朴而无华彩的特点的把握,则是准确的。

王祎文章较好的如为宋濂所撰之《宋太史传》,上文已引其文章评价部分,议论相当精到。而写其状貌、性情、为人一节,又极简洁传神:"景濂状貌丰厚,美须髯,然目短视,寻丈之外不能辨人形,而雪边月下,蝇头之字可读也。性疏旷,不喜事检饬……与人交,任真无钩距,视人世百为变眩捭阖,谩若不知,知之亦弗与较,纵为人所卖,不复恤,而人亦无忍欺之者,用是咸称为有德之君子。"②文笔依然朴实,但朴实之中却显示出把握和表现人物特点的深厚功力。他有一篇《吾丘子行传》,传主与宋濂之《吾衍传》为一人,正可与宋濂文对读:

> 子行嗜古学,通经史百家言……然性放旷,不事检束。眇左目,左足跛,而风度特酝藉,一言一笑皆可喜。对客辄吹洞箫,或弄铁如意,或援笔制字,旁若无人。

几笔就勾勒出他的相貌风神,学问、形象、性情、作为,皆非常人。以下具体写:

---

① 宋濂:《王忠文公集序》,王祎:《王忠文公文集》卷首,第6页。
② 王祎:《王忠文公文集》卷二十一,第376—377页。

……僦居陋巷中，教生徒常数十人，未成童者坐之楼下，宾客谈笑，喧动邻舍，而楼上下之徒常肃然。达官贵人，闻子行名，款门候谒，非其意，斥弗与见。或从楼上遥与语，弗为礼。或与为礼矣，送之弗下楼也。东平徐公子方，海内大老也，持部使者节浙西。所蓄古器物，款识多莫能辨，咸以为非子行无能知者。徐公即命驾访子行，子行为一一鉴定之。徐公未尝不叹服其精敏。于是人皆谓徐公能下士，而子行非果于傲世者矣。①

妙笔传神，与宋濂文相较，可谓各有千秋，或者说不在宋濂文之下。类寓言的议论性文章《杂说二首》，就蜈蚣与鸡、蚊与鳖、猬与虎、乌贼与乌几种物的相互关系引发思考，在趣谈中揭示一些事理，也是不错的文章。我们看其二：

猬之为物，毛善刺人，能跳入虎耳。虎或噬之，猬皮顽不能死，则穴虎腹以出。而其性恶鹊，见鹊便自仰腹受啄。乌贼之为物，无有皮介，每暴于水上，状若已死。人取之易甚，而其性好乌。乌有下啄则卷而食之。呜呼，猬与乌贼，其形相万也，其好恶不相侔也。猬狞然而可畏，乌贼块然而可狎。狞然可畏者，宜能害鹊而反受害于鹊。块然可狎者，宜不可害乌而卒致害于乌。此其理诚有不可解者。然则人固有狞然而恶人者，其可畏。块然而好人者，其可狎耶？②

天下事有不可以常情揣度者，人的善与恶更难以凭感觉而评判。物与物之间有如此多不可思议的关系，深入考察，识其就里，方能得物与物性情与关系之实。人间事当然更复杂，必识破表象，得其本质，方能不为表象所

---

① 王祎：《王忠文公文集》卷二十一，第 372 页。
② 王祎：《王忠文公文集》卷十八，第 328—329 页。

迷。这些短文趣味盎然,妙含睿智,彻悟世事,给人们以启示,引人思考。

代表王袆文章水平的,还有《心迹双清亭记》,文章写景、感悟、议论,都达到了很高水平。这篇文章由写景、感悟、议论三个层次构成。写景文字简洁而层次分明,不用惊人之语,而能写出摄人心神的景色:

> 亭凡三楹间,高可数仞。累石为址,崇亢而疏敞。遥对尘湖、琵琶、圣井诸峰,层峦叠嶂,如翠屏排空,杳在天半。蒹姑、象山,隐如隆如,出其东;琼林、仙岩,或起或伏,列其右。群山秀色,可揽而致也。前临大溪,萦纡如带,而俯瞰琼台琳馆,浮丹涌碧,掩映于林霏苍莽间。亭之四周,大抵长松修竹,苍凝翠结,错杂相蔽亏。林飙徐兴,振发天籁,而玄猿白鹤,清响互应。游其间者,疑为真神仙境,非复人间世也。

语言朴实,但朴实中见清秀。叙述与描写相间,都不过款款道来,不用一新奇字,没有一惊人语,但让人读来,如置身其中。远近、高下、四方、或山或水,或动或植,有声有色,如毫不费力,一一呈现读者眼前耳中。写感受,借他人之口道出:

> 客有语外史者曰:"吾之游斯亭也,荡开灵襟,助法神观。恍兮惚兮,如神行万物之表,而情超八极之外,意者列御寇之御风,庄周之天游,殆不是过。心之郁者廓然以摅,迹之累者超然以舒,是可谓心迹双清者矣。盍即是以为亭名也?"①

凡有如此经历者,都有如此心灵感受。但少有人能用如此简单的语言透脱说出。最后的议论则围绕心、迹问题展开,论有心与无心,有迹与无迹。

---

① 王袆:《王忠文公文集》卷八,第154页。

"谓吾果有心乎？吾心泊然其犹太虚耳，止水耳。日月之明，不能烛其微；鬼神之灵，不能测其倪。虽吾亦不自知其主宰我者此也，是可谓之有心乎？无心乎？谓吾果有迹乎？吾虽不能不与物接，而固未尝物于物也。当吾乘天地之正，御六气之辨，以游于无物之始而无所穷止，虽吾亦不自知所当止而止矣。是可谓之有迹乎？无迹乎？心与迹俱无矣，而果孰为清乎？且吾闻之，心迹俱无者，至人也。至人无己，己不有矣，于心迹奚取哉？吾之所造，非敢及是也。"(同上引)此段议论，合理学与老庄，思理极精妙。无心便流于老庄，理学家程颐反对"无心"之说："有人说无心。伊川曰：无心便不是，只当云无私心。"[①]"心迹俱无者，至人也。至人无己，己不有矣，于心迹奚取哉"，则是发挥老庄之论。尽管这段有些玄虚，一般读者可能感觉如堕五里云雾，但毕竟显示了文章的思辨色彩，显示出学者之文的特点。

金华文派在黄溍、柳贯一代，其成就主要在文，人们所关注的也是其文。胡翰作为黄、柳的弟子，承传其学，续其文脉，人们当然也会关注其文。钱谦益《列朝诗集小传》对其有评："仲申少师事吴莱立夫，尽得其学，游于黄文献、柳文肃之门，与潜溪、华川为友，既而黄、柳凋谢，而仲申继之，一时文誉大著，与宋、王不相上下。集中《皇初》《井牧》诸文，造诣渊源，踔厉风发，视诸公殆有过之而无不及焉。……潜溪遭时遇主，一时高文典册，皆出其手；仲申老于广文，位不配望，是以天下但知有潜溪，鲜知仲申也。"[②]文章家的水平、成就和在当时的社会影响并不绝对成正比，人的社会地位和活跃程度，是文章家形成社会影响的重要因素。但后人则可以依据其文章水平和成就，比较客观地加以评价，认定其在文学史上的地位。钱谦益认为胡翰文章水平不低于宋濂、王袆，并视胡翰为黄、柳文脉的承续者。《四库全书总目》称其文章："持论多切世用……然尝与修《元史》，《五行志序论》即其所撰，今见集中，于天人和同之际，剖析颇微。《牺尊辨》《宗法论》诸篇，亦湛深经术。

---

① 程颢、程颐：《二程集·二程外书》，中华书局，1981年，第440页。
② 钱谦益：《列朝诗集小传》甲集，上海古籍出版社，1983年，第93页。

则又未尝不精究儒理也。"①关注和称赏的,是其论学之文,也让我们理解,胡翰之文,论学之文是其所长,学者之文是其特色。

胡翰并非只能作论学之文,也并非文笔迂腐。《清风楼记》就是一篇不错的写景而后生发议论的好文章。看他如何写清风楼周围的山势及自然景色,以及游于其间的感受:

> 古称金华山一名长山,袤延数十里,至赤松而风气融会,丹崖翠壁,环合为一。涧水汩濊,并山曲折,若左右顾而去。晋黄初平牧羊山中,即其地也,今灵迹故存。观之庐舍,联络错峙,各擅其胜,而是楼冠之。吾尝与德基登览其上,见山之诸峰,高者竦而侧者歧,前者伏而后者赴,矫若鸿惊,抉若猊怒,拱若人立而植圭璧,欲遽数之,不暇。晨霞夕霭,晦明吐纳。大松数千百章,柯叶弥布如车盖,他奇木异草,往往非人世间物,可服饵也。山雨日出,高爽芬烈之气袭人。其北修竹万个,如碧云苍雪,历寒暑而不变,望之有太古之色,不敢狎也。禽鸟嘤鸣荟蔚中,鹳鹤决起,清风飒然,于于徐徐而来,不暴不暗;寥寥刁刁,而草木动,涧谷应,杂若琴瑟笙筑,引金石而考之,乍鸣乍止。②

如此干净利落的描述,不蔓不枝,而又巨细远近动静声色,无不呈现,所以完全可以说,胡翰这类文章虽不多见,但由此文即可见其笔力不凡。由于写景最后落在风上,以下议论因风而发:"美哉风乎! 往来升降于两间,而浮游回薄乎四时之序,可以鼓大化,举大物。人卒遇之,可喜可愕,可悲可慨,其变不穷,而孰吹嘘是? 孰橐钥是? 吾与子皆不得而知也。临爽垲之地,处圹埌之野,台焉而观,川焉而游,鼓南薰,挹西灏,疏瀹世之污浊,由是以快一

---

① 《四库全书总目》卷一百六十九《胡仲子集》提要,第 1469 页。
② 胡翰:《胡仲子集》卷七《清风楼记》,台湾商务印书馆影印《文渊阁四库全书》第 1229 册,第 82 页。

时之怀,则人得取而乐之也。天下之物,人得而取之,故吾取之也莫与之争;人得而乐之,故吾乐之也无有不足。"(同上引)胡翰文章长于议论,但这段议论未见新意,不过读来不感陈腐,还颇觉亲切。就其流传文献看,精彩出众之作并不太多。比较好的如《谢翱传》,但放在中国文章史上看,也难称佳作,元明时为谢翱作传者颇多,如任士林、宋濂等,横向比较,胡翰所作,不及宋濂,而不劣于任士林。

　　王祎、胡翰都是不错的诗人。他们都长于古体,这与他们的诗学主张有关,也是元明之际金华文派诗人的共同特点。明人徐泰《诗谈》评元明之际金华诸人诗云:"金华胡翰雄壮,苏伯衡丰腴,太牢之味与藜藿自别;宋景濂、王子充诗亦纯雅,以文名。"①朱彝尊《静志居诗话》云:"子充文脱去元人冗沓之病,体制明洁,当在景濂之右。惟诗亦然。"《静志居诗话》说王祎文在宋濂之右,只能说是一家之言,而说其诗优于宋濂,应该比较客观。

　　他的一些具民歌风味的诗,清新自然而富有情采,如《江上曲》:"木兰船系门前树,阿郎今朝棹船去。去时为问几时归,约道归时日须暮。江上风水不可期,日暮不知归不归。"为少妇写神写心,其悬望与不安,其神与态,自在读者想象中。又《忆别曲》:"低低门前两桑树,忆君别时桑下去。桑树生叶青复青,知君颜色还如故。桑叶成蚕蚕作丝,络丝织作绫满机。欲将裁作君身衣,恐君得衣不思归。"②这让读者想到姚燧散曲[越调·凭阑人]《寄征衣》,两作同意而风味不同,描摹女子矛盾又近于可笑的心理,则异曲同工。

　　他的律诗则自具唐人风味。看以下几首写行旅况味的律诗:

　　　　飘零有若此,离别复如何。情剧酒杯少,愁添诗句多。荒村黄叶树,极浦白鸥波。回首相携处,秋风玛瑙玻。(《吴江别莲上人》)

　　　　家乡消息断,屈指已逾年。忧极浑如醉,更深转不眠。梧桐惊夜

---

① 徐泰:《诗谈》,江苏广陵古籍刻印社影印《学海类编》(五),1994年,第551页。
② 王祎:《王忠文公文集》卷三,第62、63页。

雨，薏苡怯秋天。浩荡沧洲兴，终期理钓船。(《久不得家信》)

九月忽又暮，吾行只自伤。秋兼人共老，愁与路俱长。野果迎霜赤，园花带雪黄。故人相慰藉，日晚引壶觞。(《渑池道中》)

十年奔走竟何为，转觉谋生事事非。时序每惊愁里换，家山长向梦中归。吴江岁晚寒波积，楚塞天边鸿雁稀。酒后登楼倍惆怅，缁尘犹满旧征衣。(《吴江客中冬至日》)①

由于他相当长时间奔波或客寄于外，特别是兰州、云南之行乃是在朝被排挤所致，故他的一些行旅之作直白而袒露心迹，真情感人。这些诗写飘零之感，真切动人，不假雕饰而自是佳作。

王祎长于古体，一些古体诗确实很动人。他青年时曾北上大都，渴望为时所用，虽才华为人公认，而终进取无路，内心的压抑与失落借诗以宣泄。其《赠别眘德明归省》云：

嗟我逼贫贱，束书来京师。长怀出门日，含凄拜亲闱。恐伤慈爱情，忍泪不敢挥。飘零靡所慰，时拂身上衣。今晨与君别，令我惨不怡。念君富文采，炯若珊瑚枝。成君未卒业，如何遽言归。……燕郊凉风动，淮甸白云飞。还家造膝下，再拜献酒卮。彩衣舞且饮，此乐孰与夷。人生适意少，处世多暌离。东门送子行，薄言歌我辞。②

同为求仕，同样不遇，友人先我而归，我之情当如何？恐怕自己也迟早告别都门，落魄而去。《至正庚寅二月十六日同韩秀才发都门南归并怀陈检讨》正是南归时之作："驾言驱我车，南还涉江汉。帝乡非不乐，他适岂所愿。平生抱区区，期结明主眷。天关九重深，先容孰吾援。低佪出都门，顾阙情

---

① 王祎：《王忠文公文集》卷二，第 42、46、53 页。
② 王祎：《王忠文公文集》卷一，第 25 页。

恋恋。行矣徒自伤,怀哉又谁怨。朋友幸知己,祖道纷缱绻。"读书人有志难申,失路之悲,令人动容。元末动乱,目睹生民之难而无力援手,也使他内心极度痛苦,其《感兴四首》其三云:"秋风战庭树,落叶如败兵。触目感时艰,油然百忧生。四方晏安久,一旦灾祸兴。干戈半天下,积骸比丘陵。……嫠妇不恤纬,智士若为情。"①百姓的灾难有多深,一个负救世拯民情怀的儒者,其痛苦就有多深。

遭遇朱元璋,似乎是他命运的转机。但多才而正直的儒者,注定命运多艰。看其仕履,也可称辉煌,曾官翰林待制同知制诰兼国史院编修官,文士之荣,也少有过之者。但其实他多有挫折,内心多的是痛苦无奈。其兄五十岁生日,他写了一首很长的诗祝贺。在祝贺其兄的同时,却诉说了自己的无奈:"弟也十载走官涂,备尝苦澹忘甘腴。年来霜雪生眉须,颇觉厌佩腰间鱼。便欲挂冠遂悬车,行问君王乞鉴湖。长歌式微赋归欤,与兄共读先人书。"②他其实得意时少而失意时多。其中艰难又危险的经历,一是受命使吐蕃,未至而改使拒不附明的云南。使吐蕃,一路写诗纪行。路途艰难,前途难卜,世事无常等等,都在诗中表现。其《兰州》言:"洮云陇草都行尽,路到兰州是极边。谁信西行从此始,一重天外一重天。"③《长安杂诗十首》其十则云:"人生百年中,穷通无定迹。譬如风前花,荣谢亦顷刻。当时牧羊竖,尊贵今谁敌? 憔悴种瓜翁,乃是封侯客。丈夫苟得时,粪土成拱璧。一朝恩宠衰,黄金失颜色。古昔谅皆然,今我何叹息。"④这些诗,语言朴实而内容充实,感情真挚,心胸袒露。王祎也擅长小诗,陈田《明诗纪事》:"忠文诗,质坚体洁,时作小诗,亦有风致。"⑤并举王祎《南城曲二首》其一"素罗束发双髻拖,大红衫子小红靴。并马早出南城路,问人杏花多未多。"以为"可补入枫

---

① 王祎:《王忠文公文集》卷一,第 26、27 页。
② 王祎:《王忠文公文集》卷二《长歌一首寄寿子进家兄五十》,第 49 页。
③ 王祎:《王忠文公文集》卷三,第 58 页。
④ 王祎:《王忠文公文集》卷二,第 41 页。
⑤ 陈田:《明诗纪事》甲签卷五,上海古籍出版社,1993 年,第 123 页。

江渔父（按为清人徐釚）《本事诗》也。"其小诗有风致者多有，如《古意二首》其二："一片如水青铜镜，懒教拂拭任昏沉。只为姜颜憔悴甚，照时分晓易伤心。"又如《吴中客怀二首》其一："独对一壶酒，自斟还自吟。句从闲里得，愁到醉边寻。"有风致有情趣的不仅是小诗，一些风物诗也清新有趣。生长于南方的文人到塞北高寒的上都，都对异域风景感到新奇，王祎的《白翎雀图》是题画诗，题一幅上都鸟雀的白翎雀图：

> 白翎雀，雪作翎，群呼旅食喁唶鸣。何人翻作弦上声，传与江南士女听。南人听声未识形，画师更与图丹青。图丹青，一何似，知尔之生何处是。秋高口子草如云，风劲脑儿沙似水。①

由诗可知，当时到过塞外上都的人普遍喜欢白翎雀，他们用多种媒介把白翎雀介绍给南方的人，首先有乐曲，②又有图，未到过塞外的人则以极大的好奇和兴趣，通过各种途径了解白翎雀。读王祎此诗，更增强人们了解白翎雀的欲望。

金华文人多以文名，大多诗名逊于文名。胡翰却以诗著称。清朱彝尊《静志居诗话》云："金华承黄文献溍、柳文肃贯、吴贞文莱诸公之后，多以古文辞鸣，顾诗非所好。以诗论，吾必以仲申为巨擘焉。……诵仲申五言，正犹路鼗出于土鼓，篆籀生于鸟迹，庶几哉升堂之彦乎？宜潜溪有'学林老虎文渊鲸'之目也。"据《明史·胡翰传》，胡翰原本有诗集与文集，诗集为《长山先生集》，文集为《胡仲子集》，可见其诗数量可观。今传本诗文合编《胡仲子集》十卷，其中诗的数量不多，故《四库全书总目》言其"诗不多作，故卷帙寥寥，而格意特为高秀。"胡翰诗的整体风貌，已经不可得而知之了。但可以肯

---

① 王祎：《王忠文公文集》卷四，第 59 页。
② 陶宗仪《南村辍耕录》卷二十："《白翎雀》者，国朝教坊大曲也。"（中华书局，1959 年，第 248 页）

定的是,他与王祎一样,长于五言古体。钱谦益《列朝诗集小传》:"至于五言古诗,超然夐迈,虽潜溪亦莫企及,余子何足道哉?"①其诗多为五古和骚体,而以五古为优,诗深得汉魏古意。清代《御选明诗》录胡翰诗 18 首,其中五言古诗 15 首,此外则四言、乐府歌行、五律各 1 首。他的组诗《拟古》九首,可以代表其风格特点:

> 白马谁家子,翩翩新少年。宝带千金裘,鞍乘两骙骦。五侯争驰鞚,七族莫比肩。来往长杨间,捷出飞鸟先。朝从羽林猎,夜展秦楼筵。前楹列庭实,中庖具珍鲜。赵女舞双袖,吴姬调七弦。张急调高起,酒尽意弥坚。恨无美人赠,中激壮士肝。暌离各自爱,重来还复然。(《拟古》九首其二)
>
> 梧桐生朝阳,不附众木林。上枝拂云汉,下根固重阴。岁久材质古,斫为姚氏琴。朱弦緪横理,加以玉与金。徽轸何粲粲,清弹扬妙音。重华不可见,怀思意何深。(《拟古》九首其五)
>
> 饮酒须饮醇,结交须结真。貌合不足贵,言合宁可珍?长安桃李树,家家是阳春。常时握手者,孰是同心人?吴中有双剑,一奉洛阳宾。精灵飒以合,万里情相亲。(《拟古》九首其九)②

王夫之《明诗评选》选其二,评曰:"通体陈王,乃不落陈王排设中。此天壤至文,云容水派,一以从容见神力,非吞剥古人者,得十里外间香也。"③认为其诗得曹植之精神风度而不落曹植之格套,评价极高。有些诗学《古诗十九首》,古朴中自饶风韵,如《郁郁孤生桐》:

---

① 钱谦益:《列朝诗集小传》甲集,第 93 页。
② 胡翰:《胡仲子集》卷十,第 129、130、131 页。
③ 王夫之:《明诗评选》卷四,河北大学出版社,2008 年,第 134 页。

郁郁孤生桐,托根邹峄颠。皎皎白素丝,出自岱畎间。一朝奉庭贡,妙合良自然。桐以为君琴,丝以为君弦。中含希世音,置君离别筵。征马惨不嘶,仆夫跪当前。君行千里道,岂惜一再弹。南风日渺渺,清商动山川。和者昔已寡,听者今亦难。①

当然,他只是借《古诗十九首》的表达方式,其中表达和寄寓的,也是他自己的情感。

在元明之际,如此诗风不多见。其师吴莱诗多歌行与古风,但诗风近唐李贺,奇崛怪变。他的诗风却如此质重浑厚,确如睹商尊周彝。当然,在学习汉魏古诗上,他未能避免模拟之弊。

三、遗民戴良

金华"四大家"中唯一不入明的是戴良。戴良(1317—1383)字叔能,号九灵山人。除师从柳贯外,又从黄溍、吴莱学古文,从余阙学诗,元末为诗文名。在元曾短暂出仕,也曾依附张士诚,元亡,不仕新朝,自杀身亡。

戴良的诗文理论,有其独特价值。如他反对"诗之与事,判为二途""文学政事之殊科",认为"诗之道,行事其根也,政治其干也,学其培也"②。在天下危难之际,其理论是颇具现实意义的。元代文论家以气运论文,他的探讨比较深入,认为文运之兴,条件有三:"昔人谓文章与世相高下,然亦恒发于山川之秀,本诸文献之传。"③此即气运之盛、山川之秀、文献之传。其中主导因素是气运:"世道有升降,风气有盛衰,而文运随之。"④文运随气运即时代盛衰而盛衰。如果说"气运"是影响文学的社会因素的话,自然环境与文化

① 胡翰:《胡仲子集》卷十,第129页。
② 戴良:《九灵山房集》卷十一《玉笥集序》,明正统间戴统刊本。
③ 戴良:《九灵山房集》卷二十一《求我斋文集序》。
④ 戴良:《九灵山房集》卷十二《夷白斋稿序》。

承传积累也是影响文学发展的重要因素。今人也许认为并非什么高超之论，但他在元代做这样的探讨，是很值得肯定的，也是可贵的。

戴良的诗文理论强调关注现实，以雅正为本。他的诗文创作体现着这一精神。他生活在元末的东南，受社会与地方学术风气的影响，他重功利，在动荡的政治形势下，他也关注现实。

当时人揭汯评其诗文："故其文叙事有法，议论有原，不为刻深之辞，而亦无浅露之态；不为纤秾之体，而亦无矫亢之气。盖其典实严整，则得之于柳先生者也；缜密明洁，则得之于黄文献公者也；而又加之以春容丰润。故意无不达，味无不足。其诗则词深兴远而有锵然之音，悠然之趣。清逸则类灵运，明远沉蔚则类嗣宗、太冲。虽忠宣公发之，而自得者尤多。"言其文章兼得柳贯、黄潜之长，这是评论者对宋濂、王袆的一致看法，由此可见金华之文的承传有绪，且有共同或相似的风格倾向。言其诗得之于余阙（忠宣公）而多自得之趣，也是中的之论。王袆评其诗："质而敷，简而密，优游而不迫，冲淡而不携。庶几上追汉魏之遗音，其复自成一家者欤！"①诸家对于戴良诗文风格特点的概括，是准确的。戴良诗在元末，可以说是独树一帜，在或主唐或宗宋的时代，元末金华四大家均不为世风左右，宋濂、王袆、胡翰学汉魏，戴良又与三人不同，独具晋宋风味而自成风格。《四库全书总目》卷一六八《九灵山房集》提要则说："良诗风骨高秀，迥出一时。眷怀宗国，慷慨激烈。发为吟咏，多磊落抑塞之音。"②反映了戴良诗的主导内容与风格。钱基博《中国文学史》则批评说："其诗依仿晋宋，颇得其明丽。而文则沿袭宋格，然不安于为宋，时参拗调缛语，而未能独裁一气，所以生划而不免拗蹇，条畅而或失庸絮。知其沿宋而未安，欲以变宋而不能者也。"③虽然贬抑有过，却也切中其弊。

---

① 均见《九灵山房集》卷首原序。
② 《四库全书总目》卷一百六十八《九灵山房集》提要，第 1458 页。
③ 钱基博：《中国文学史》，中华书局，1993 年，第 828 页。

戴良《九灵山房集》三十卷,按不同时期,分作《山居稿》《吴游稿》《鄞游稿》《越游稿》。

《山居稿》中值得称道的是反映离乱的诗,如五律《寄宁之鹏南兄弟二首》,其一云:

> 携家非得计,世乱粗求安。有季俱行役,谁人救急难。月从愁里没,雪向望中寒。昨夜乡书到,知君不忍看。①

沉郁悲凉。《文心雕龙》评建安诗:"世积乱离,风衰俗怨,并志深而笔长,故梗概而多气。"其特色,于此诗依约得之。

《吴游稿》中的诗,一部分写于渡海北上投奔元军途中,诗人历尽艰辛,诗中充满深沉悲慨,真如前人评杜甫夔州以后诗"不烦绳削而自合"。试举《除夜客中二首》其一、《渡海》两首:

> 忽忽岁欲暮,飘飘叹此生。孤舟游子恨,两地老妻情。数塞频思卜,途穷懒问程。遥知小儿女,犹自说升平。

> 结屋云林度平生,老来翻向海中行。惊看水色连天色,厌听风声杂浪声。舟子夜喧疑岛近,估人晓卜验潮平。时危归国浑无路,敢惮波涛万里程!②

熟悉唐诗的人会感觉到,七律《渡海》有些模拟唐卢纶《晚次鄂州》,特别是其中"舟子夜喧疑岛近,估人晓卜验潮平"一联,颇似卢纶"估客昼眠知浪静,舟人夜语觉潮生"一联,但两诗风味却远不同。应该说,这些诗达到了很高的水平,依稀杜甫的乱离之作。在举世学杜的元代,戴良受杜诗影响也很

---

① 戴良:《九灵山房集》卷三。
② 戴良:《九灵山房集》卷九。

自然,但更好的解释,应该是他不刻意学杜而不能不似杜,因为在乱离的时代,他感杜甫之所感,诉杜甫之所诉,诗似杜甫,自然而然。

相对来说,《鄞游稿》中好诗较多。经历世乱和元亡的震荡,备尝了人生的辛酸,世事之尝于心者多矣,真情动于中,肆口而出,无需文饰而自然感人。其中一组拟古乐府诗如《城上乌》《有所思》《艾如张》《西门行》等,风格古朴,确有古乐府之遗韵,但情调不免颓丧。再就是一组《客中写怀六首》(寄妇、忆子、念姊、思弟、示侄、怀友),情亲辞朴,给人的印象很深。《鄞游稿》中优秀之作在律诗,如《经金绳废寺》《自述二首》《岁暮感怀四首》,以及写亡国之痛的《秋兴五首》等。这些诗多叹老嗟贫,但真实地反映生活的凄凉、孤独与穷困潦倒,表现人生的追求及追求破灭的痛苦,也是好诗。如《自述二首》其一写文人的悲哀:

> 事业此生休,遑遑今白头。一年看又尽,数口转多忧。醉忆山公骑,寒悲季子裘。妻儿重相见,说着也堪羞。①

戴良与杜甫一样,是一位颠沛流离中、艰难困苦中都不敢忘忧国的诗人。其意可敬,其情可悲。类似这样的诗,使人感动,又不知如何言说。

邓绍基先生评戴良文不同于钱基博,他说:"前人评论戴良,多重其诗,其实他的文比诗更好。"②他有一篇动情文字《投知己书》,使人想起司马迁《报任安书》,其感慨之深沉,感情之激烈,倾诉之回肠荡气:

> 嗟乎! 仆生五十有余年矣,虽足迹不出乎吴越,交游不及乎卿相,而往还于士大夫间亦多矣。泛泛市道者固不足言,其以诗文相亲爱不啻如亲骨肉者,亦且不少矣。然方无事时,未尝不慷慨激发,期刎颈以

---

① 戴良:《九灵山房集》卷十七。
② 邓绍基主编:《元代文学史》,人民文学出版社,1991年,第535页。

相死；一旦遇小故，未至利害之相关，即变颜反目，遽然相背负有矣；或攘臂而挤之，如怨家仇人者亦有矣；至于望望然若不识知，不肯出一语辨黑白而反附和焉者，则滔滔皆是也。于斯之时，而能以道始终，不以时而去就，不以利而厚薄，考之言行而无二，窥之度量而不见其畦畛者，惟阁下一人而已。朋友道绝，仆乃幸遭逢于阁下，宁不为之感荷也乎！①

这位知己是谁？已无法考证。由"惟阁下一人而已"一语，就可推断，元明之际金华四大家，不仅政治抉择异趣，个人感情也难说亲密。我们有理由相信，戴良在金华文派中是一位孤独者。金华文派是由师门承传自然形成的文派，戴良与宋濂、王祎、胡翰等人都是同门友，他们本应是一个相互援引、相互庇护的群体。他这样孤立无援，自叹"朋友道绝"，批评的指向，无法排除宋濂、王祎等人。如果说这篇文章写在苏州张士诚幕府，则戴良的同门友陈基当时与他同僚。从这篇文章可知，他这位"知己"春秋高，居山中，不是金华文派中人。他又说自己："心志不明，暗于事几，见夷不能履，见险不能避。踉蹡颠顿，为士类羞。若夫妄言妄行，不顾是否，同于狂惑丧心者之所为，则诚有不敢。知我信我，乃不为流言之所移，嗟乎！世岂复有如阁下者乎？"这种孤立与孤独，成就了这样一篇感人至深的佳作。同在《吴游稿》中还有一篇优美的写景文字《剡源记》，其中一段以代言形式描述剡源之景，极见功力："剡源之溪以曲数者凡九，第二曲而为跸驻者，吾七世祖宋殿中监公当五代时以文学行义潜焉，吴越忠懿王亲往顾之，俗故以是名也。自跸驻东迤北汇为两湖，湖有大石离立，不可名状。去石百数步，有潭甚清冽，鱼百许头可数，所谓小盘谷也。又北东而为莲叶峰、三石溪，皆幽丽可观。至第五曲则其境尤胜，大抵异石最多，岈然洼然，若垤若穴，而穹然若室者，其大可坐十人，上有'丹霞'二字，隐隐如朱书。有洞窈然，入之甚寒，问其深，则

---

① 戴良：《九灵山房集》卷十。

其好游者不能穷也,谓之'丹山赤水之天',而赤水不常有也,此盖吾六世祖隆国文简公之所居也。又东折至六曲,而为茅渚,则吾始祖奉化公居之。公于唐末自长安使吴越,遭乱不能还,钱氏留为奉化尉,故居之也。"①读者闭目可以神游,文中夹述与地名及景色有关的事典,更增添了行文的趣味。仅就写景的真切传神说,与唐宋大家散文如柳宗元《永州八记》相比,并不逊色,其差距不在写景,而在于缺乏深刻的寄寓。在元文中,自是上品。

《鄞游稿》中有一篇《九灵自赞》,写得很好。文中或调侃,或自嘲,表现他的追求与辛酸、不幸与忠节、不平之气与坚贞之志,展示出一个文人的风致与风骨。它能引读者发笑,但笑得苦涩。这部分尚有《二灵山房记》一文,即使放在中国文章史上看,也应算一篇优秀之作:

> 　　鄞之名山水不可以一二数,而东湖为最奇;东湖之名山水不可以一二数,而二灵为最奇;二灵山房则又得夫二灵山水之最奇者也。山有二灵寺,即寺右庑为山房,寺与山房皆因山以为名。而寺乃宋和禅师讲道之处,山房则今大沙门天渊浚公之所居也。天渊自万寿退归,已逃隐此山。是时山房未成,二灵山水未见其为奇也。一日命仆人刜篅篨,翦薪蒸。辟其屋之隘陋而加葺焉,且凿东壁为牖以通明,于是山房成而境始奇。
> 　　盖东南诸山,踊跃奋迅,北走而达于湖,若奔马之饮江,若游龙之赴壑。其旁群峰,羽翼乎兹山者,亦皆效奇献巧,若翔凤之展翅,而众鸟为之后先。环之以锦屏,舒之以练带,巉然湾然,如拱如揖。凡境之最奇,所以接乎目而交乎心者,举入乎山房矣。天渊置图书几研,供张诸物于其中,客至则相与倚栏而立,纵目以嬉,不知日之将入,但见泽气上腾,与林光山色掩苒。欻兮攒青,倏兮浮白,乍合乍敛,翕忽荡漾。已而皓月微吐,横射庭隙,流乘下澈,影动虚棂。悄骨凄神,恍不类人间世。此

---

① 　戴良:《九灵山房集》卷十一。

又一奇也。

山房之境信奇矣，然必得人焉而益奇。向非天渊之居此也，是山庭宇，不过一废区耳。天渊至而山房之名出，然后里邑之人慕天渊之学者，皆往游矣；四方之人闻天渊之名者，又皆往游矣；后来继今闻风而兴起者，又将若是。而山房之境，传之以不朽，斯其为奇也，顾不益大矣乎？

噫！此予所以庆二灵之有遭，而山房之记所为作也。[1]

读者可能感到微有摹仿之痕，但总体说，不失为一篇优秀散文。

《越居稿》中的《石孝子传》可看作带传奇色彩的小说。文章写四明山一农夫，家世贫贱，早丧父，独与母居。一日以事出，其母为虎所食。"孝子即心惊，仓皇抵舍，忽见壁间一巨窦，觇之，则虎子三，据其榻处为穴。孝子知母已为其所害，即恸，且尽杀虎子。复磨一斧，坚执立窦内。顷之，母虎循窦入，即斫其首碎之，取肝脑磔诸庭，而复大恸，以斧指天曰：'吾虽杀四虎，而吾母之仇未足以报也。'乃更迹牡虎所行路，持斧阻崖石待之。牡虎果咆哮过崖下，孝子奋而前，当虎首，连斫数斧即毙。虎既毙，孝子亦随死，僵立不仆，张两目如生。而手所持斧，狞不可夺。"[2]千百年后读之，犹觉孝子不死，其精神夺人心魄，凛凛有生气。

戴良在《投知己书》中曾说自己"于书不能多读，读亦不能记忆。凡其艰苦而仅得者，不过用以资于文与诗。而于古圣贤人之大道，则固未之有闻也。"[3]这虽是他的自谦，但也确实反映了他治学的实际。与宋濂的自悔为文人不同，对于诗文，他是钟情的，也是着意为之的，并且取得了相当高的成就。

四大家之外，在金华文派第二代中有必要提及的是金涓。金涓字德原，义乌人。初受经于许谦，又学文章于黄潜。淹贯经传，卓识过人。入明后，

---

① 戴良：《九灵山房集》卷二十。
② 戴良：《九灵山房集》卷二十七。
③ 戴良：《九灵山房集》卷十。

征辟不起,教授乡里以终。同学王祎有《国宾黄先生之官义乌主簿因赋诗奉赠义乌乃仆乡邑故为语不觉其过多然眷眷之情溢于辞矣》长诗(一百二十韵)一首,诗中述及金涓,云:"德元负才气,少也不可羁。援经复据史,历历谈是非。酒酣即狂歌,襟度无畛畦。左足久蹩躠,想更容颜衰。惜哉承平世,遗此磊落姿。近闻处村僻,转与世情违。"①此可知其为人。涓曾和诗一首(长至一百九十韵,已佚),宋濂读涓和诗,欣然命笔,题其诗后,因言涓"气雄而言腴,发为文章,尤雅健有奇气,又不但长于诗而已。"②原有《湖西》《青村》二集,共四十卷,明初已佚。今存《青村遗稿》一卷,《四库全书》提要评其:"诗格清和婉约,虽乏纵横排奡之才,而格调春容,自谐雅度。"③可见有一定诗文成就。

金华学派本被视为朱学正宗,但在"北山四先生"之后,由于学源的交叉和时代出变迁,至黄、柳一辈流为文人了,于是金华学派也就衍变为金华文派。至黄、柳、吴的弟子宋濂,先是以文求道,既而自悔为文人,要去文而返道,但他们始终只是文人,没有像自己所希望的那样成为学者。到他们的弟子辈,以方孝孺为代表,继续着恢复纯正朱学的努力。《明史》卷一四一《方孝孺传》称:"孝孺顾末视文艺,恒以明王道、致太平为己任。"④方孝孺的努力是有成效的,在人们眼中,他已经是一位纯正的学者。《明儒学案·师说·方正学孝孺》给予他极高的评价,说"其扶持世教,信乎不愧千秋正学者也","在当时已称程、朱复出"⑤。金华道统恢复的同时,也就宣告了金华文派的衰微。然而,随着"靖难之战"结束,方孝孺被朱棣所杀,金华之学因而式微。

(本文作者为南开大学文学院教授)

---

① 王祎:《王忠文公文集》卷二,第 37 页。
② 宋濂:《文宪集》卷十二《题金德原和王子充诗后》。
③ 金涓:《青村遗稿》卷首,台湾商务印书馆影印《文渊阁四库全书》第 1217 册,第 473 页。
④ 《明史》卷一百四十一《方孝孺传孝》,第 4017 页。
⑤ 黄宗羲:《明儒学案·发凡·方正学孝孺》。